Für Susann, Lisa und Hanna

Michael Ehmann

Schwester
Hanna Barner

Leben und Wirken

Herausgegeben von der Diakonie Kork, Kehl 2006

Schwester Hanna Barner – Leben und Wirken

© 2006 clever-datenverlag
Hintergasse 1, 69493 Hirschberg
Telefax: 06201 592604
www.cleververlag.de

Herausgeber: Diakonie Kork
Redaktionelle Bearbeitung: Bernd Weidmann, Heidelberg
Grafik: gschwend_grafik, Heidelberg
Produktionsabwicklung: Kunkel Agentur für Druck + Kommunikation
Druck: Neumann Druck, Heidelberg
ISBN: 3-00-017792-2

I. Kindheit und Jugend
1. Nonnenweier 1916 – 1925 9
2. Konstanz 1925 – 1935 18

II. Ausbildung
1. Arbeitsdienst in Pommern 1935 24
2. Die kirchlich-religiöse Haltung des Vaters 28
3. Ausbildung zur Krankenschwester im
   Martin-Luther-Krankenhaus Berlin 1936 – 1941 36
4. Ausbildung zur Gemeindehelferin in Freiburg 1941 – 1942 42

III. Berufsleben
1. Gemeindehelferin in Mannheim 1942 – 1944 48
2. Gemeindehelferin in Radolfzell 1944 – 1947 52
3. Gemeindehelferin der Christuspfarrei und Heimleiterin der
   Evangelisch-Sozialen Frauenschule in Freiburg 1947 – 1951 57

IV. Lebensaufgabe Kork
1. Das Jahr der Entscheidung 1950 – 1951 60
2. Die Anfangszeit 1951 – 1964 73
3. Das Amt der Oberin 1964 – 1984 91
4. Im Ruhestand 1984 – 2003 133

Anhang
1. Trauerpredigt von Prof. Dr. Joachim Walter am 24. April 2003 156
2. Nachruf des Landesbischofs der Evangelischen Landeskirche in
   Baden, Dr. Ulrich Fischer, vom 6. Mai 2003 160
3. Nachruf der Präsidentin der Landessynode, Margit Fleckenstein,
   vom 20. Oktober 2003 161
4. Ilse Wolfsdorff, Starker Zuspruch auf dem Wege. Abschließende
   Segensworte anlässlich einer Feier am 20. November 2004 zur
   Umbenennung des Korker Schwesternhaussaals in Johanna-
   Barner-Saal 161
5. Lutz Drescher, „… dass der Mensch immer im Werden ist."
   Prägungen durch Schwester Hanna 163
   Quellennachweis 172
   Bildnachweis 182
   Namens- und Ortsregister 184
   Zeittafel 188

Bild 1
Korker Schwestern 1969
auf dem Roth-Hof

3. Reihe von links: Schwestern Magdalena „Lenchen" Ernst (1912 – 1995), Gertrud Weinhold (1906 – 1975), Martha Kast (1904 – 1982), Hedwig Moser, Johanna Ziegler (1904 – 1987), Lydia Noll (1912 – 2005), Katharina „Käthe" Kempf (1906 – 1988)
2. Reihe von links: Schwestern Karoline „Lina" Sauter (1887 – 1980), Luise Groß (1901 – 1978), Hilda Kiefer (1913 – 1992), Anneliese Heusser (später aus der Schwesternschaft ausgetreten)
1. Reihe von links: Schwestern Rosa Dannhäuser (1912 – 2002), Elise Willaredt (1897 – 1983), Frieda Kamm (1909 – 1997), Klara Spittler (1903 – 1988), Martha Gräßle, Ruth Bauer, Elise Gliniars (1906 – 1994), Martha Jaudas (1915 – 1996), Marianne Müller (1913 – 2003), Johanna „Hanna" Barner (1916 – 2003), Bertha Fritz (1912 – 2002), Emma Nagel (1910 – 1984), Marie Bohner (1891 – 1971)
Auf dieser Abbildung aus dem Jahre 1969 fehlen die Schwestern Karolina „Lina" Hartmann (1899 – 1985), Magdalena „Lenchen" Schuh (1910 – 1988), Martha Kappelmann (1909 – 1991), Elise Ziegler (1897 – 1980), Magdalena Weis (1896 – 1989), Anna Hertenstein (1882 – 1971), Luise Seith (1889 – 1972), Martha Beutler (1890 – 1978), Karoline Sauter (1887 – 1980), Elsbeth Weber (1935 – 2003), Helga Baum und Dora Zimmermann

Vorbemerkungen

Die folgenden Ausführungen möchten das Leben von Schwester Hanna Barner (1916 – 2003) nachzeichnen. Aus mehreren Gründen nahm ich diese nicht einfache Herausforderung an, denn ich war mir von Anfang an bewusst, dass ich die Begebenheiten nur bruchstückhaft erfassen konnte und einiges offenlassen musste. Ein Grund war die Hommage an das Amt der Diakonisse, das von Hanna Barner vorbildlich verkörpert wurde, ein Amt, welches immer mehr mit Nachwuchssorgen zu kämpfen hat, sodass wir davon ausgehen müssen, dass in wenigen Jahrzehnten das Bild der Diakonissen, wie auch das anderer Ordensschwestern, vollständig aus dem Alltag verschwunden sein wird.

Ein weiterer Grund bestand in der Tatsache, dass Hanna Barner in der evangelischen badischen Landeskirche eine so wichtige Rolle eingenommen hatte, dass auch von dieser Seite eine Biographie gerechtfertigt schien. Zunächst stand sie einige Jahre direkt im Dienst der Landeskirche, bis sie sich 1951 für ihren wichtigsten Auftrag entschied, nämlich die Herausforderung in den Korker Anstalten anzunehmen, der heutigen Diakonie Kork. Mit Kork würde sie mehr als ein halbes Jahrhundert verbunden bleiben, Höhen und Tiefen erleben und dort ihre letzte Ruhe finden.

Der wichtigste Grund war und ist für mich jedoch der persönliche Dank gegenüber Schwester Hanna, der ich mich bis zum heutigen Tag verbunden fühle. Sie war es, die mir eine hervorragende Ausbildung zum Krankenpfleger ermöglichte und die mein berufliches Selbstverständnis entscheidend geprägt hat. Als ich im April 1980 die Ausbildung zum Krankenpfleger beginnen wollte, war der Kurs eigentlich schon ausgebucht. Da ich keine Zeit verlieren wollte, bewarb ich mich auch im benachbarten Kehl um einen Ausbildungsplatz. Nachdem ich von dort die schriftliche Zusage für eine Ausbildung im Herbst bekommen hatte, bat ich um einen Gesprächstermin bei der Oberin Schwester Hanna. Ich erklärte ihr, dass ich die Ausbildung unbedingt in Kork machen wolle, aber laut der hiesigen Krankenpflegeschule der nächste Kurs schon komplett belegt sei. Als ich dann noch den Hinweis auf den zugesicherten Ausbildungsplatz in Kehl machte, war das Gespräch rasch beendet. Ich würde von ihr hören. Nur wenige Tage später hatte ich die Zusage von Kork für den von mir gewünschten Ausbildungsplatz. In der Ausbildung selber lernte ich dann meine Frau Susann kennen, die im selben Kurs war. So wurde die Begegnung mit Schwester Hanna auch jenseits des Beruflichen für mein Leben entscheidend.

Um dem Eindruck eines bloßen Erlebnisberichts zu begegnen und das für eine Biographie erforderliche Maß an Objektivität zu gewährleisten, habe ich zahlreiche Interviews mit langjährigen Weggefährten geführt, besonders mit Korker Schwestern. Sie kommen sowohl im fortlaufenden Text als auch auf gesonderten Seiten zu Wort. Dass Dokumente aus den verschiedenen Archiven ausgewertet wurden, besonders die Personalakten Hanna Barners im Archiv der Landeskirche in Karlsruhe sowie der Diakonie Kork, versteht sich von selbst.

Auf einen Punkt sei noch eigens hingewiesen: Obwohl auf den Namen Johanna Hildegard Barner getauft, wurde das Kind in der Familie von Anfang an „Hanna" genannt. Zeitlebens behielt Hanna Barner diese Abkürzung ihres Vornamens bei. Selbst in offiziellen Schriften wie z. B. in den Übersichten der Mitglieder der Landessynode[1] wurde sie mit Hanna Barner aufgeführt. Entsprechend unterschrieb sie auch von Anfang an mit diesem Namen.[2] Erst in den letzten Jahren ihres Lebens besann sie sich offensichtlich wieder auf ihren eigentlich korrekten Vornamen.[3] Die vermutlich letzte Unterschrift, die sie beim Notar am 22. Mai 2001 geleistet hat, lautet auf Johanna Barner. So steht es auch auf ihrem Grab auf dem Korker Friedhof. Und deshalb wurde am 20. November 2004 der frühere Schwesternsaal der Korker Anstalten, der heutigen Diakonie Kork, in Johanna-Barner-Saal umgewidmet. Trotzdem wird in dem vorliegenden Buch fast ausschließlich von Hanna die Rede sein. Denn als Hanna Barner lebte sie über 80 Jahre lang, war als solche den Weggefährten bekannt und darf auch als solche in unserem Gedächtnis bleiben.

Bild 2
Abschied aus Nonnenweier (1925). Von links: Hanna, die Mutter Anna mit Ruth, Eberhard, Siegfried, der Vater Alfred und Ursula

Bild 3
Die Eltern Alfred und Anna Barner (1910)

I. Kindheit und Jugend

1. Nonnenweier 1916 – 1925

Inmitten der Kriegshandlungen des Ersten Weltkrieges wurde Johanna Hildegard Barner am 7. November 1916 in Nonnenweier, einem der ältesten Rieddörfer (urkundliche Ersterwähnung 845) in der Gegend von Lahr, in unmittelbarer Nähe zum Elsass, geboren. Der Vater musste als Pfarrer nicht ins Feld ziehen, er war auf Antrag der Landeskirche unabkömmlich.[4]

Hanna war das dritte von insgesamt sieben Kindern.[5] Zuvor waren, ebenfalls in Nonnenweier, die beiden Brüder Siegfried[6] und Eberhard[7] geboren worden. Knapp drei Jahre nach ihr, 1919, wurden die Zwillinge Ursula[8] und Barbara geboren, wobei Barbara wenige Tage nach der Geburt starb. Eine weitere Schwester, Ruth[9], kam 1922 zur Welt. Lore[10], die jüngste Schwester von Hanna, sollte 1929 in Konstanz geboren werden.

Schon als Säugling erlitt Hanna einen schweren Schicksalsschlag: Eine Bettflasche war zu heiß, woraufhin sich Hanna schwere Verbrennungen am Rücken zuzog. In den folgenden Monaten konnte sie sich davon zwar erholen, doch der Unfall hinterließ Spuren, wie Hanna noch im hohen Alter, in einem außergewöhnlichen Vortrag mit dem bezeichnenden Titel „Prägungen", betonte. Neben einer „tiefen Narbe" blieb die Einsicht, „dass unser Lebensweg auch immer ein ‚Leidensweg' ist."[11] Mit Schwester Dora Zimmermann, ihrer engsten Vertrauten, hat sie immer wieder einmal davon gesprochen, dass sie durch dieses Unglück ein gewisses Urvertrauen verloren habe und Ängste zurückgeblieben seien, die sie zeitlebens begleiteten. Doch diesem Verlust stand ein großer Gewinn gegenüber: Hanna Barner wurde durch dieses traumatische Erlebnis früh daran gewöhnt, „Schmerzen auszuhalten", also eine Haltung sowohl zum Leid als auch zur Angst einzunehmen. So resümierte sie in dem erwähnten Vortrag: „Vielleicht hat nicht nur das Körperchen eine Narbe davongetragen – das Wesen hat die Kraft zur Heilung gewonnen!"

Die Eltern, Alfred Barner[12] und Anna Berta Minna Barner, geb. Köllner[13], stammten aus Familien, in denen es zahlreiche Pfarrer gab. Nicht nur drei Brüder des Vaters, sondern auch der Großvater mütterlicherseits, Wilhelm Köllner[14], übte diesen Beruf aus. Die Mutter kannte also das Leben in einem Pfarrhaushalt aus ihrer eigenen Kindheit und Jugend, sodass ihre Heirat mit einem Pfarrer nicht überraschte. Die beiden waren sich in Köndringen, einem kleinen Ort ca. 14 km nördlich von Freiburg, begegnet. Dort hatten sie auch am 26. Oktober 1910 geheiratet, um nur wenig später, am 24. November[15], in das Pfarrhaus von Nonnenweier einzuziehen. Alfred Barner war mit ausdrücklicher Zustimmung und Ge-

Bild 4
Grab von Julie Jolberg, Begründerin des Diakonissenhauses, auf dem Friedhof in Nonnenweier

Bild 5
Schwester Ida Höflin, Oberin des Diakonissenhauses in Nonnenweier von 1912 bis 1950

nehmigung von Ruprecht Baron Böcklin von Böcklinsau zum Dorfpfarrer berufen worden.

Zum 5. Juli 1911 erweiterte sich Alfred Barners Aufgabengebiet: Als berufener Inspektor regelte er maßgeblich die Belange der „Kinderpflege", wie damals das Diakonissenhaus in Nonnenweier noch genannt wurde.[16] Gegründet wurde diese Einrichtung am 8. Oktober 1844 in Leutesheim bei Kehl als „Arbeitsschule". Die Gründerin, Regine (Julie) Jolberg[17], sah ihre Aufgabe in der Unterrichtung von Kindern. Über 126 Kinder waren schon damals innerhalb kurzer Zeit zur Erziehung und Unterrichtung zusammengekommen. Unterstützt wurde Mutter Julie, so wurde sie später genannt, durch Schwestern, die in immer größerer Zahl der Gemeinschaft beitraten. Im Juni 1851 wurde das Schlösschen in Nonnenweier von Baron Böcklin gemietet und zum 15. Mai 1877 schließlich gekauft.[18] Dort befindet sich das Diakonissenhaus bis zum heutigen Tage. Nach dem Tod von Mutter Julie wurde die „Kinderpflege" von Karoline Im Thurn von 1870 bis 1912 als Oberin geleitet. Die Gemeinschaft war mittlerweile auf 550 Diakonissen angewachsen, ein Beleg dafür, wie bedeutend die geleistete Arbeit dort war.

Als am 1. Januar 1912, ein halbes Jahr nach seinem Dienstbeginn im Diakonissenhaus, die Oberin Karoline Im Thurn starb, berief Alfred Barner zum 21. September 1912 Ida Höflin als Nachfolgerin.[19] In den kommenden 14 Jahren, die offensichtlich von einer sehr konstruktiven Zusammenarbeit zwischen dem Inspektor und der neuen Oberin geprägt waren, entwickelte sich die Einrichtung zum „Diakonissenhaus Nonnenweier, Mutterhaus für Kinderpflege und Gemeindediakonie".[20] Die beiden erweiterten die Aufgaben der Kinderpflege – heute nennt man diesen Berufsstand Erzieher/-innen – um Aufgaben der Krankenpflege. Zunächst ließen sich zwei Schwestern im benachbarten Elsass in der Krankenpflege ausbilden. Zudem wurden sogenannte Handarbeits- und Gemeindeschwestern in verschiedene Regionen entsandt. Die Einrichtung wuchs nunmehr auf 770 Diakonissen an. Zahlreiche weitere Institutionen wurden in den folgenden Jahren übernommen.[21] In der Zeit vor seinem Weggang von Nonnenweier nach Konstanz war Alfred Barner maßgeblich an der Planung des größten Umbaus des Mutterhauses beteiligt, der schließlich von 1925 bis 1926 realisiert wurde.[22] Nonnenweier, vom Namen her würde man eigentlich zunächst an katholische Ordensschwestern denken, hatte sich zu einer Enklave von Diakonissen und jungen Frauen, die dieses Amt gerne antreten würden, entwickelt.

*Bild 6 oben links:
Pfarrhaus, in dem Hanna
bis 1925 aufgewachsen ist*

*Bild 7 oben rechts:
Haupteingang des
Diakonissenhauses in
Nonnenweier*

*Bild 8 rechts:
Hinteransicht des
Diakonissenhauses in
Nonnenweier*

Die Barner-Geschwister wuchsen also in einem ganz besonderen Umfeld auf. Dabei war Hanna diejenige, die ihren Lebenshintergrund mit allen seinen Bestimmungen am intensivsten erlebte und schon früh reflektierte. Von Anfang an empfand sie es als göttliche Fügung, gerade an diesem Ort zu dieser Zeit in dieser Familie geboren zu sein. Ihre diesbezüglichen Äußerungen in dem Vortrag „Prägungen" klingen geradezu existenzphilosophisch: „Ich habe mir meine Familie nicht ausgesucht, in der ich auf diese Welt kam. Aber schon da zeigt es sich, dass dieser so wichtige Rahmen nicht allein bestimmend ist. Wir waren 5 bzw. 6 Kinder. Und alle haben wir anders, verschieden über unsere Eltern und unser Familienleben empfunden. Gott hat in uns ganz bestimmte Anlagen hineingelegt, ganz persönliche, einmalige. Das ist etwas sehr Kostbares, dass wir das festhalten. Es ist kein Zufall, dass das kleine Wesen in den ersten Tagen eine so große Wunde erhielt, kein Zufall, dass es in ein Pfarrhaus hineingeboren wurde, kein Zufall, dass es gerade in dieses Dorf geboren wurde." Und auf der Rückseite des Manuskriptblattes steht als Ergänzung die zentrale Aussage: „Kein Zufall, dass ich als 3. Kind in der Mitte der Kinderschar …"[23] Alle diese Fügungen bestimmten ihren weiteren Lebensweg und liefen auf ihre spätere Tätigkeit in Kork hinaus – so sah es Hanna Barner zumindest im Rückblick. Das früh erfahrene Leid, der kirchlich-religiöse Lebenshintergrund des Pfarrhauses und des Diakonissenhauses sowie die Mittelstellung unter den Geschwistern prädestinierten sie geradezu für das Amt einer Oberin.

Stärker noch als vom elterlichen Pfarrhaus wurde Hanna Barner vom Diakonissenhaus in der unmittelbaren Nachbarschaft geprägt. Die Frauen mit ihrer schlichten Tracht waren ständig präsent: „Von meiner Geburt an bis zum heutigen Tag war ich immer intensiv begleitet von Diakonissen, die für mich gebetet haben auch in schwierigen Lebensphasen."[24] Dabei empfand sie als das Wichtigste „die grundlegende, unauslöschliche Prägung des geistlichen Lebens in der Kinderschule, bei Schwester Marie Moser. Geistliche Grundlage; Beten gelehrt. Es gab wohl kaum einen Spruch, den sie uns nicht erklären konnte auf kindlich verständliche Art. Die Kinderschule war maßgebender als das Elternhaus." Ergänzend sollte man hinzufügen: auch maßgebender als die Volksschule. Zwar entwickelte sich Hanna hier prächtig, sodass sie wegen sehr guter Leistungen auf Empfehlung des Lehrers die dritte Klasse überspringen konnte und nur drei anstatt der üblichen vier Jahre absolvieren musste.[25] Einen bleibenden Eindruck hinterließ diese Zeit jedoch nicht bei ihr, denn in ihrem Vortrag über ihre „Prägungen" verlor sie darüber kein Wort.

Bild 9
Links Eberhard auf dem Schoß seiner Patin Oberin Ida Höflin, rechts Hanna auf dem Schoß ihrer Patin Probemeisterin Luise Wahrer

Bild 10 oben:
Großvater Andreas Barner als Hoforganist in Karlsruhe

Bild 11 oben rechts:
Schwester Dora Zimmermann (links) und Schwester Hanna beim Musizieren

Ähnlich prägend wie Schwester Marie Moser im Kindergarten war die Patin Schwester Luise Wahrer, für Hanna „vielleicht das entscheidenste Vorbild"[26] unter den Diakonissen. Sie hatte jenes Charisma, das Hanna später selber in so hohem Maße besitzen sollte: „Als ich noch klein war, durfte ich einmal dabei sein, wie sie eine junge Diakonisse verabschiedete. Da hat mich eine unbeschreibliche Heiligkeit, Jenseitigkeit angerührt. Ich sehe sie heute noch vor mir." Noch im letzten Gespräch, das ich mit Schwester Hanna im April 2000 im Heinrich-Wiederkehr-Haus in Kork führen konnte, schwelgte sie einmal mehr in ihren Erinnerungen an Nonnenweier. Obwohl sie zu diesem Zeitpunkt schon unter schweren Sprachstörungen, sogenannten Aphasien, litt, konnte ich alles genauestens verstehen. Sie erzählte mir von einer der ersten Fotografien aus ihrer Kindheit, die sie auf dem Schoß einer Diakonisse zeigte. Jahre später, im Rahmen der Recherchen zu diesem Buch, würde ich dieses Bild in die Hände bekommen und mich über die Maßen freuen, dass es erhalten ist. Links sitzt Bruder Eberhard auf dem Schoß seiner Patentante, Oberin Ida Höflin, rechts Hanna auf dem Schoß ihrer Patentante, Probemeisterin Luise Wahrer.

Der Vater war viel beschäftigt und sehr gefragt. Seine begrenzte Freizeit widmete er intensiv der Familie. Die Mutter Anna, deutlich jünger als er, regelte den Pfarrhaushalt souverän. Die Kinder wurden ausgeprägt christlich erzogen. Auch die Musik spielte im Hause Barner eine große Rolle. Es wurde häufig miteinander musiziert, das Singen christlicher Lieder gehörte zum alltäglichen

*Bild 12
Ursula Willauer (2006),
Schwester von Hanna*

„*Sie war immer die Hanna bei allen. Bei ihren Klassenkameraden war sie immer ,'s Hannele'. Vor fünf Jahren habe ich mich mit einigen ihrer Klassenkameraden getroffen, und selbst da haben sie nur vom ‚Hannele' gesprochen.*

Wir wurden alle sehr geprägt von dem Mutterhaus in Nonnenweier. Mein Bruder war das Patenkind von der Oberin und Hanna Patenkind von der Probemeisterin.

Nach dem Einmarsch der Franzosen ist Hanna von Radolfzell bis Konstanz zu Fuß gelaufen, um zu wissen, wie es uns geht. Die größten Strecken ist sie gelaufen, nicht selten barfuß. Sie ist immer sehr gerne gelaufen."

Leben – bei Schwester Hanna übrigens bis zum Lebensende. In einem Brief von Ursula Willauer, einer der Schwestern von Hanna, vom 6. Juni 2003 an Lore Angelberger[27] heißt es dazu: „Nachdem sie am Karfreitag noch im Rollstuhl am Nachmittagsgottesdienst teilgenommen, noch die bekannten Lieder mitgesungen hatte (wir haben bei meinen wöchentlichen Besuchen oft gesungen, und sie konnte erstaunlicherweise den Text oft besser als ich, obwohl ihr Gedächtnis gar nicht mehr gut war und sie mir hie und da etwas sagen wollte, aber die Worte nicht finden konnte), durfte sie in den frühen Morgenstunden des Karsamstags überraschend für uns alle einschlafen für immer."

Diese Begeisterung für die Musik kam nicht von ungefähr. War doch ihr Großvater väterlicherseits, Andreas Barner[28], der hoch angesehene und weit über die badischen Grenzen hinaus bekannte Hoforganist beim Badischen Großherzog in Karlsruhe. Von ihm wird berichtet: „Er stand in besonderer Gunst des Großherzogs Friedrich I. Bei seiner Bewerbung um diese Stelle gegen zwei weitere Kandidaten an einem heißen Sommertag meinte er zum Großherzog: ‚Königliche Hoheit, i schwitz wie e Sau, darf i mei Frack auszieh?', was ihm lächelnd gewährt wurde."[29] Barner verfasste zahlreiche Choralvorspiele zu häufig gesungenen Liedern und war maßgeblich beteiligt an der Herausgabe eines Choralbuches von 1883. Seine der romantischen Tonsprache verbundene Art zu komponieren traf den damaligen Zeitgeist genau. So dürfte es kaum eine Organistenstelle in Baden gegeben haben, an der nicht seine Werke gespielt wurden.

Bei den Geschwistern zählte Hanna eher als vergeistigt und schüchtern. Abends jedoch, als sie und die Geschwister im Bett lagen, war sie eine begnadete Geschichtenerfinderin und -erzählerin. Die alltäglichen praktischen Arbeiten im Haushalt interessierten Hanna weniger. Viel lieber las sie Bücher und widmete sich der Musik. Auch ihr ausgeprägtes künstlerisches Interesse mochte auf einen der Vorfahren zurückgehen, auf keinen Geringeren als Hans Holbein den Jüngeren (1497/98 – 1543).[30] Besonders bekannt ist der Oberriedaltar im Freiburger Münster, auf dem Amalie Oberried, geb. Zscheggenbürlin[31], und Hans Oberried[32], die Stifter des Altars, mit ihren Söhnen im Bild festgehalten sind – allesamt ebenfalls Vorfahren von Hanna.

Angesichts dieser Freiheiten und Möglichkeiten wundert es nicht, dass Hanna Barner die Jahre in Nonnenweier in bester Erinnerung behielt: „Mein ‚Eindruck' dessen, was ich erlebt habe: eine fröhliche Familie."[33] Allerdings machte das sorglose, behütete Familienleben sie nicht blind für das Schicksal jener Kinder, die es weniger gut getroffen hatten als sie selber, Kinder, die kei-

Bild 13
Hanna im Alter von
6 Jahren

Bild 14
Die Schwestern Ursula, Hanna und Ruth an Weihnachten 1925

nen Zugang zur Welt des Geistes hatten, sondern im Haushalt und in der Feldarbeit mit Hand anlegen mussten: „Wir haben mit den armen Kindern gespielt. Die Kinder der Bauern haben schon früh mitgeholfen auf dem Feld und auch sonst." Hanna lernte dieses andere Leben nicht nur aus der Distanz kennen, vielmehr verkehrte sie in den bäuerlichen Familien: „Jedes von uns Kindern hatte auch sein eigenes Haus im Dorf, wo es immer willkommen war." Noch Jahrzehnte später war es Hanna einer Erwähnung wert, dass sie in „ihrem" Haus Rollmöpse gegessen hat – Hering war damals ein typisches Arme-Leute-Essen. Zu dieser Bauernfamilie aus Nonnenweier hielt sie übrigens den Kontakt bis zu ihrem Tod.34

2. Konstanz 1925 – 1935

Am 15. Oktober 1925[35] zog die Familie von Nonnenweier nach Konstanz, wo Alfred Barner eine neue Wirkungsstätte in der Lutherpfarrei fand. Hauptgrund für den Wechsel waren die besseren schulischen Verhältnisse in der Stadt am Bodensee. Denn von Nonnenweier aus war die weiterführende Schule in Lahr nur sehr beschwerlich zu erreichen, der älteste Bruder musste „täglich zu Fuß nach Allmansweier und von dort aus mit der Bimmelbahn nach Lahr"[36] – in Konstanz war dies kein Problem mehr.

Ab 1926 besuchte Hanna die Friedrich-Luisen-Schule in Konstanz. Wie aus der Festschrift „50 Jahre Höhere Mädchenschule Konstanz 1877 – 1927" zu entnehmen ist, war diese Schule eine mustergültige Einrichtung. Zum 20. Februar 1926 war das badische Mädchenschulwesen neu geregelt worden, indem man die bisherigen siebenklassigen höheren Mädchenschulen in sechsklassige Mädchenrealschulen umwandelte und optional deren Ausbau zu einer neunklassigen Mädchenoberrealschule ermöglichte. Die Festschrift verkündete stolz: „Von

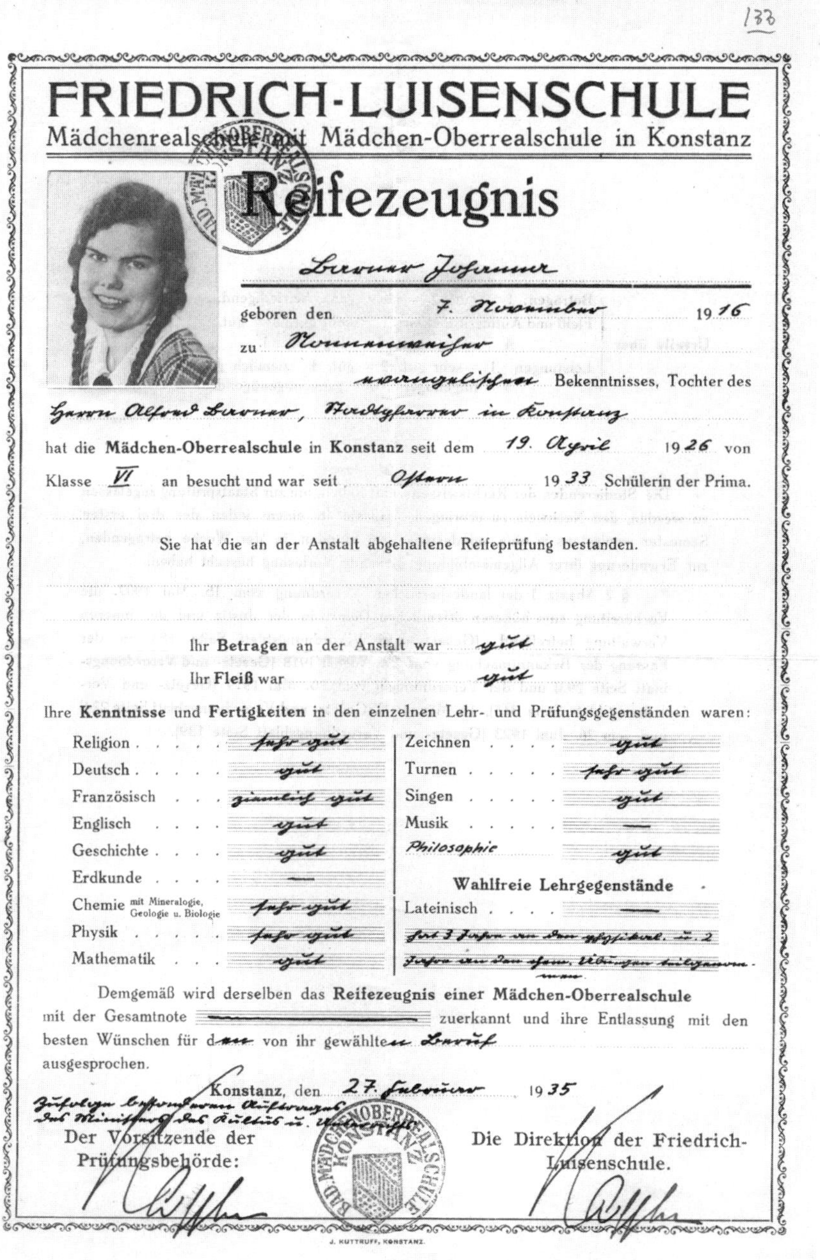

133

FRIEDRICH-LUISENSCHULE

Mädchenrealschule mit Mädchen-Oberrealschule in Konstanz

Reifezeugnis

Brauer Johanna

geboren den 7. November 1916

zu Nonnenweier

evangelischen Bekenntnisses, Tochter des

Herrn Alfred Brauer, Stadtpfarrer in Konstanz

hat die **Mädchen-Oberrealschule** in **Konstanz** seit dem 19. April 1926 von Klasse VI an besucht und war seit Ostern 1933 Schülerin der Prima.

Sie hat die an der Anstalt abgehaltene Reifeprüfung bestanden.

Ihr **Betragen** an der Anstalt war gut

Ihr **Fleiß** war gut

Ihre **Kenntnisse** und **Fertigkeiten** in den einzelnen Lehr- und Prüfungsgegenständen waren:

Religion	sehr gut	Zeichnen	gut
Deutsch	gut	Turnen	sehr gut
Französisch	ziemlich gut	Singen	gut
Englisch	gut	Musik	—
Geschichte	gut	Philosophie	gut
Erdkunde	—	**Wahlfreie Lehrgegenstände**	
Chemie mit Mineralogie, Geologie u. Biologie	sehr gut	Lateinisch	—
Physik	sehr gut	hat 3 Jahre an den physikal. u. 2	
Mathematik	gut	Jahre an den chem. Übungen teilgenommen.	

Demgemäß wird derselben das **Reifezeugnis einer Mädchen-Oberrealschule** mit der Gesamtnote — zuerkannt und ihre Entlassung mit den besten Wünschen für den von ihr gewählten Beruf ausgesprochen.

Konstanz, den 27. Februar 1935

Zufolge besonderen Auftrags des Ministers des Kultus u. Unterrichts

Der Vorsitzende der Prüfungsbehörde:

Die Direktion der Friedrich-Luisenschule.

J. KUTTRUFF, KONSTANZ.

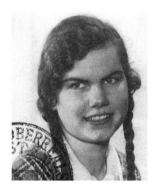

Bild 15
Hanna als Abiturientin

Bild 16
Das Reifezeugnis

Bild 17
Siegfried, Hannas Bruder

dieser Ermächtigung hat Konstanz Gebrauch gemacht, und wir werden von Ostern ab eine voll ausgebaute neunklassige Mädchenoberrealschule besitzen, deren Abitur dieselben Berechtigungen verleihen wird wie das der Knabenvollanstalten. [...] In einer Zeit schwerer wirtschaftlicher Bedrängnis hat die Stadt Konstanz vor 50 Jahren den Mut gehabt, die Mädchenfortbildungsschule in eine höhere Schule umzuwandeln, sie wird auch den neuen Umbau zur Mädchenoberrealschule nicht zu bereuen haben, denn, sagt ein Spruch im Berliner Rathaus, das Geld in Schulen angelegt, die allerhöchsten Zinsen trägt."[37] Dass dies auf jeden Fall für Hanna zutreffen würde, konnte man zu dieser Zeit freilich nur erahnen. Sie tat sich nämlich lange Zeit schwer. Dass sie in der Volksschule eine Klasse übersprungen hatte, sollte sich nun eher als Problem erweisen: „In der Schule hatte ich viel Angst. Ich hatte eine Klasse übersprungen und habe das erst in den allerletzten Klassen eingeholt."[38] Das Problem waren nicht mangelnde intellektuelle Fähigkeiten, die Hanna Barner reichlich besaß, sondern zu hohe Ansprüche an sich selber. Die Befürchtung, sie nicht erfüllen zu können, erzeugte einen Druck, der sich dann in den tatsächlich erbrachten Leistungen negativ auswirkte. Erst ein neuer Lehrer erkannte das Problem und wusste damit umzugehen: „Ein Lehrer war wohl für mich prägend. Als 1933 im April die Schule wieder begonnen hat, kam Prof. Gersbach – Mathematik." Er machte Hanna klar, dass man lernen muss „anzuerkennen, dass andere die gleiche Arbeit besser machen wie ich." Nachdem Hanna das akzeptiert hatte, machte sie einen großen Sprung. Als sie im Februar 1935 die Schule mit der Reifeprüfung abschloss, wies das Zeugnis ausschließlich gute und sehr gute Noten aus.[39]

Auch sonst entwickelte sich Hanna wie andere Mädchen. Sie hatte einen guten Freund, mit dem sie hin und wieder Ausfahrten auf dem Bodensee machte.[40] Hanna besaß ein eigenes Paddelboot, was sicherlich unüblich war für ein Mädchen in der damaligen Zeit. Überhaupt blieb sie ein Leben lang sportlich, fast möchte man sagen burschikos, auch dann noch, als ihr das von Amts wegen eigentlich gar nicht mehr zustand. So erinnert sich Hans Bayer, Landessynodalpräsident a. D., an eine gemeinsame Israelreise im Jahr 1980, als Hanna Barner schon über sechzig war: „Was halt auch auffällig war, mit der Schwester Hanna konnte man Pferde stehlen. Die hat einfach alles mitgemacht. Ich werde das nie vergessen, wir sind im Toten Meer schwimmen gegangen. Neben mir schwamm Schwester Hanna, die ich nie ohne Haube gesehen habe. Im Toten Meer musste ich erst zweimal schauen, ob es die Schwester Hanna ist."[41]

Die Zeit in Konstanz wurde freilich schon früh vom jähen Tod des ältesten Bruders Siegfried überschattet. Er starb am 11. November 1927[42], vier Tage nach Hannas elftem Geburtstag, an einer Streptokokkensepsis infolge einer verschleppten Mandelentzündung. Siegfried wurde gerade einmal 16 Jahre alt. Die Trauer um den Jungen war sehr groß. Zukünftig würde die Familie jeden Sonntag nach dem Gottesdienst zum Grab des verstorbenen Siegfried gehen. Insbesondere die Mutter konnte den schmerzlichen Verlust kaum verwinden.

Als Pfarrerstochter war Hanna Barner während ihrer Schulzeit Mitglied verschiedener evangelischer Jugendorganisationen, die der Jugendbewegung nahestanden.[43] Wie sie in ihrem Lebenslauf vom 1. Dezember 1941 schrieb, hatte sie sich zunächst drei Jahre lang im Mädchenbibelkreis (MBK) engagiert.[44] Als dieser aufgrund gescheiterter Bemühungen, eine neue Leiterin zu finden, aufgelöst werden musste, trat sie in den Bund Deutscher Jugendvereine (BDJ) ein, der 1932 im Bund Christdeutscher Jugend (BCJ) aufging.[45] Auch hier wurde Hanna Mitglied. Nach dem Urteil ihrer Schwester Ursula Willauer erlebte sie diese Zeit in der evangelischen Jugendbewegung sehr intensiv, was sie ein Stück weit von der Familie entfremdete. Zumindest für die sechs Jahre jüngere Schwester blieb der jugendbewegte Enthusiasmus ein wenig esoterisch. „Also, sie hatte eine ganz andere Lebenseinstellung, als sie Abitur gemacht hat. Grund dafür war aber auch diese Jugendbewegung mit dem Singkreis, da durfte ich gar nicht hin, weil ich noch zu jung war. Die waren aber so begeistert davon."[46] Mit „die" ist neben Hanna noch der gemeinsame Bruder Eberhard gemeint, der ebenfalls in der evangelischen Jugendbewegung engagiert war. „Was meinen Bruder Eberhard und sie sehr geprägt hat, war bei Christian Lahusen, der auch einige Melodien im Gesangbuch komponiert hat, im Singkreis in Überlingen mitzusingen. Da waren beide begeistert." Von Lahusen finden wir zahlreiche Lieder in den Evangelischen Gesangbüchern, eines liebte Hanna ganz besonders: „Meinem Gott gehört die Welt, meinem Gott das Himmelszelt, ihm gehört der Raum, die Zeit, sein ist auch die Ewigkeit"[47]. Dieses Lied, welches Lahusen 1948 zu dem Text von Arno Pötzsch komponiert hatte, beschreibt in eindringlicher Klarheit die christliche Haltung Hanna Barners, die sie insbesondere als Oberin in Kork gelebt und weitergegeben hat: an Bewohner, Patienten und Mitarbeiter. Oft hat sie es angestimmt in ihrer Korker Zeit.

Dass in Hannas Lebenslauf von 1941 die Zäsur von 1933 keine besondere Rolle spielte, ist nicht verwunderlich. Im totalitären Staat musste jede falsche Bemerkung vermieden werden. Deshalb fuhr sie sachlich-nüchtern fort, als sei die Gleichschaltung aller evangelischen Jugendorganisationen ein ganz normaler Vorgang gewesen: „Durch die Eingliederung der Evang. Jugendverbände in die HJ wurde ich Mitglied des BDM, bis ich 1935 in den Arbeitsdienst einberufen wurde."[48]

Verwunderlich ist da schon eher, dass Hanna ein halbes Jahrhundert später in ihrem Vortrag „Prägungen" nicht auf die Zäsur von 1933 einging. Zwar erwähnte sie kurz den 1935 in Pommern absolvierten Arbeitsdienst, doch der Nationalsozialismus kam mit keinem Wort zur Sprache. Wie hatte sie ihn als Jugendliche erlebt? Auch Negativerfahrungen, gerade Negativerfahrungen können prägend sein. Oder war der Nationalsozialismus für sie keine Negativerfahrung? Die mir zugänglichen Quellen und Informationen erlauben keine Antwort auf diese Frage. Dass sie dennoch berechtigt ist, zeigt die freiwillige Teilnahme am Arbeitsdienst, der 1935 fest in nationalsozialistischer Hand war. Von einer Einberufung, wie Hanna in ihrem Lebenslauf schrieb, konnte zu diesem Zeitpunkt keine Rede sein, zumal sie selber wenige Zeilen zuvor vom „freiwilligen Arbeitsdienst" gesprochen hatte.[49] Auf dieses halbe Jahr in Pommern wird noch zurückzukommen sein.

Spätestens nach dem Abitur wurde die Frage virulent, wie es weitergehen sollte. Eigentlich schien der Weg klar. Hannas Patin, die Diakonisse Luise Wahrer aus Nonnenweier, hatte ihn vorgezeichnet: „Bevor wir wegzogen von Nonnenweier, ich war etwa 8 Jahre alt, rief sie mich und schenkte mir ein kleines

Bildchen: Maria und Martha, und sie hat Schwester Marie dazu gerufen und gesagt: ‚Wenn ich einmal gestorben bin, frägst Du, ob das Hannale das Bildchen noch hat und dem Heiland nachfolgt.' Schwester Marie hat mich nie mehr gefragt, aber ich habe das Bildchen heute noch."[50] Dieses Geschenk kam einem Auftrag gleich, denn es legte Hanna den Lebensweg einer Diakonisse nahe. Die Geschichte von Maria und Martha hob nämlich in aller Deutlichkeit hervor, worin sich eine Diakonisse (Maria) von einer gewöhnlichen Krankenschwester (Martha) unterschied: Sie hörte auf das Wort Gottes, da sie erkannt hatte, dass sie nur so ihren Beruf mit dem rechten Geist erfüllte. Während Martha dem in ihrem Haus einkehrenden Jesus mit eifriger Dienstfertigkeit begegnete, setzte sich ihre Schwester Maria zu seinen Füßen, um seiner Rede zuzuhören und so den Geist zu empfangen, aus dem der Dienst am Nächsten seinen Sinn erhält (Lk 10, 38 – 42). Mochte die 8-Jährige diese Zusammenhänge vielleicht noch nicht in aller Deutlichkeit sehen, Schwester Marie Moser, die so geschickt war in der kindgemäßen Interpretation des Evangeliums, dürfte ihr die entsprechenden Hinweise schon gegeben haben.

Wahrscheinlich wussten beide nicht, weder Luise Wahrer noch Marie Moser, was sie damit in dem Kind auslösten, denn im Vortrag heißt es weiter: „Das Bildchen ist mein Lebensproblem geworden."[51] Hanna wollte zwar durchaus Diakonisse werden, doch das nur nach dem charismatischen Vorbild ihrer Patin. So sehr sie davon beeindruckt war, so sehr wich sie zugleich davor zurück: „Es hat […] die Scheu in mir leben lassen: entweder eine solche Diakonisse oder keine." Da waren sie wieder, jene hohen Ansprüche an sich selber, die ihr bereits in der Schule zu schaffen machten. Konnte sie das Amt der Diakonisse mit demselben Geist, mit derselben „Heiligkeit" und „Jenseitigkeit" ausfüllen wie ihre Patin? Offensichtlich fühlte sie sich dazu (noch) nicht imstande, denn nach dem Abitur meldete sie sich zum Arbeitsdienst, um die Zeit bis zum Beginn einer Krankenpflegeausbildung zu überbrücken; anders als heute lag damals das Eintrittsalter für diesen Beruf bei 19 Jahren. Lakonisch vermerkte sie in ihrem Vortrag: „Nach der Schule war ich im Arbeitsdienst, und dann wollte ich Krankenschwester werden, aber keine Diakonisse."

II. Ausbildung

1. Arbeitsdienst in Pommern 1935

Der Freiwillige Arbeitsdienst (FAD) entstand aus der Not der Weltwirtschaftskrise 1929, obwohl Bestrebungen in diese Richtung bereits auf den Ersten Weltkrieg und die Jahre davor zurückgingen.[52] Um die hohe Arbeitslosigkeit, besonders unter Jugendlichen, zu bekämpfen, wurde er im Sommer 1931 von der Regierung Brüning eingerichtet mit dem Ziel, die Jugendlichen von der Straße zu holen und ihre beruflichen Kompetenzen zu erhalten oder gegebenenfalls zu erweitern. Der FAD war eine sozialpädagogische und wirtschaftspolitische Institution, die von einem breiten politischen Spektrum von links bis rechts getragen wurde. Lediglich die Kommunisten lehnten ihn ab, während die Nationalsozialisten zunächst kein Interesse zeigten.

Damit die ursprünglich auf 20 Wochen befristeten Arbeitsdiensteinsätze den noch vorhandenen oder erst zu schaffenden regulären Arbeitsplätzen keine Konkurrenz machten, mussten sie die Kriterien der Zusätzlichkeit und Gemeinnützigkeit erfüllen. Nicht zuletzt das war der Grund, warum auch die Evangelische Kirche in ihren weltanschaulichen Schattierungen von den Sozialkonservativen über die Sozialliberalen bis zu den Religiösen Sozialisten in der Arbeitsdienstbewegung stark engagiert war.[53]

Eine prominente Maßnahme des FAD war die Siedlungshilfe in den dünn besiedelten deutschen Ostgebieten. Hier engagierte sich besonders der weibliche Arbeitsdienst. Da die städtischen Neusiedler aus dem Westen in der Regel unerfahren waren und darunter besonders die Siedlerfrauen zu leiden hatten, wurden ihnen Mädchen als Hilfskräfte zur Verfügung gestellt. Die Anfänge dieser Bestrebungen lagen im Kreis Köslin, Pommern, wo auch Hanna Barner ihren Arbeitsdienst verbringen sollte. Dort errichtete die Evangelisch-Soziale Schule in Berlin-Spandau 1931 ihre ersten Arbeitslager für Mädchen, nachdem der Philosoph und Pädagoge Herman Nohl versuchsweise die Stelle einer Siedlungsberaterin eingerichtet hatte und bald erfahren musste, dass eine bloße Beratungstätigkeit ohne praktische Mithilfe in Haus und Hof nicht ausreichte.[54] Da viele der eingesetzten Mädchen ihrerseits wenig Kenntnisse in der Landwirtschaft besaßen, richtete die Evangelisch-Soziale Schule neben den Arbeitslagern spezielle Umschulungslager ein, die auf die Tätigkeiten in den Arbeitslagern der Siedlungsdörfer vorbereiteten. Hier wurde neben der landwirtschaftlichen Schulung auch die Ausbildung eines religiösen Gemeinschaftsgefühls angestrebt. Der Tag wurde mit dem Hissen der Fahne und einem Morgenlied begonnen, mit dem Einzug der Fahne und einem Abendlied beendet, spezielle

„Schwester Hanna Barner" (1916 – 2003)
Zeichnung
Curt Arnold, Hirschberg, 2006

Singabende kamen hinzu. Die Mahlzeiten wurden stets mit einem Tischgebet und einem Tischspruch eröffnet. Konzeptionell waren die Umschulungslager von der Idee der Inneren Mission geprägt, durch soziale Hilfe die Menschen für den christlichen Glauben zu gewinnen.[55]

Obwohl die wirtschaftspolitische und sozialpädagogische Ausrichtung im Vordergrund stand, war der Siedlungsgedanke bereits vor 1933 ideologisch unterfüttert, auch bei der Evangelisch-Sozialen Schule. Ihr Geschäftsführer, Alexander von Viebahn, sprach in seinen Publikationen davon, die polnischen Landarbeiter zu ersetzen.[56] Viele Mädchen kamen aus der Jugendbewegung und waren nationalistisch-völkisch gesinnt. Als dann die Nationalsozialisten die Macht übernahmen, konnten sie hier problemlos anknüpfen und den Freiwilligen Arbeitsdienst rasch gleichschalten.[57]

Konsequenz der Gleichschaltung war, dass die Siedlungshilfe noch stärker ideologisiert wurde. Die wirtschaftspolitische und sozialpädagogische Zielsetzung trat in den Hintergrund, um der Gesinnungsbildung Platz zu machen. Die Frauenberufsarbeit sollte der nationalsozialistischen Ideologie entsprechend auf die Tätigkeit im Haus und auf der Scholle umgestellt, also letztlich abgeschafft werden.[58]

Diese Ideologisierung schlug sich auch im Lagerleben nieder.[59] Das Hissen und Einziehen der Fahne unter Singen wurde beibehalten, doch nun wehte die Hakenkreuzfahne über dem Lager.[60] Die Lagerdisziplin wurde verschärft und dem Militär angepasst, Verstöße dagegen wurden auf dem Führungszeugnis vermerkt, das jede „Arbeitsmaid" nach ihrer Dienstzeit ausgehändigt bekam. Wie das Leben in den beiden Lagern, die 1935 Hanna Barner besuchen sollte, aussah, berichtet die Pädagogin Elisabeth Siegel, die 1933 nach sechswöchigem Dienst im Arbeitslager Varchim an das Umschulungslager Grünwalde als Leiterin versetzt wurde.[61] Von ihr erhalten wir auch den Hinweis, dass auf der Messingbrosche, die jede „Arbeitsmaid" zu tragen hatte, der Spruch „Arbeit für dein Volk adelt dich selbst" stand.

Wie gesagt: Die Teilnahme am Arbeitsdienst war auch 1935 noch freiwillig. Zwar hatte es seit 1933 Bestrebungen zur Einführung einer Arbeitsdienstpflicht gegeben, die dann auch am 26. Juni 1935 gesetzlich festgeschrieben wurde, doch musste für den weiblichen Arbeitsdienst aus organisatorischen und finanziellen Gründen die Freiwilligkeit noch lange beibehalten werden.[62] Sie wurde erst am 4. September 1939, also zu Beginn des Zweiten Weltkriegs, abgeschafft.[63]

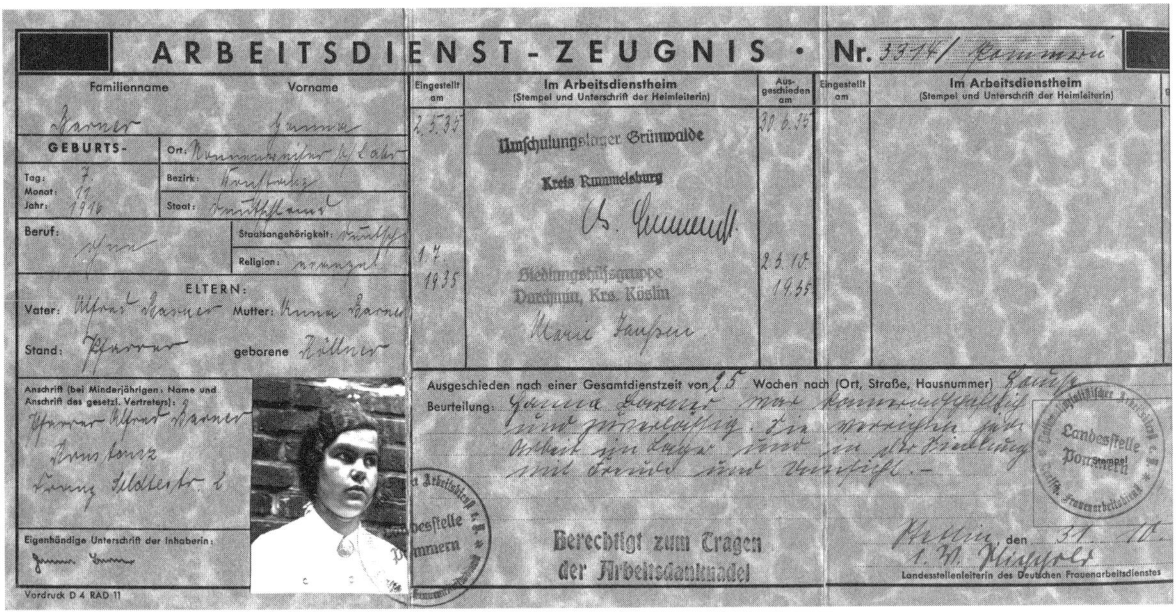

ARBEITSDIENST-ZEUGNIS • Nr. 3314/

Familienname	Vorname	Eingestellt am	Im Arbeitsdienstheim (Stempel und Unterschrift der Heimleiterin)	Ausgeschieden am	Eingestellt am	Im Arbeitsdienstheim (Stempel und Unterschrift der Heimleiterin)
		2.5.35	Umschulungslager Grünwalde Kreis Rummelsburg	30.6.35		
		1.7. 1935		25.10. 1935		

GEBURTS- Ort:
Tag: 7. Bezirk:
Monat: 11
Jahr: Staat:

Beruf: Staatsangehörigkeit:
Religion:

ELTERN:
Vater: Mutter:
Stand: geborene

Anschrift (bei Minderjährigen: Name und Anschrift des gesetzl. Vertreters):

Eigenhändige Unterschrift der Inhaberin:

Ausgeschieden nach einer Gesamtdienstzeit von 25 Wochen nach (Ort, Straße, Hausnummer)

Beurteilung:

Berechtigt zum Tragen der Arbeitsdanknadel

den

Landesstellenleiterin des Deutschen Frauenarbeitsdienstes

Landesstelle Pommern

Vordruck D 4 RAD 11

Bild 18
Arbeitsdienstzeugnis aus dem Jahr 1935

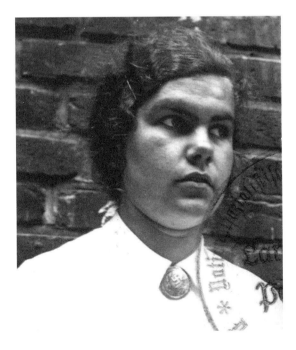

Bild 19
Hanna im Alter von 19 Jahren

Vor diesem Hintergrund muss es irritieren, dass Hanna Barner am Arbeitsdienst teilnahm. Am 2. Mai 1935, also sogar noch vor der zumindest formellen gesetzlichen Regelung vom 26. Juni 1935, fand sie sich im Umschulungslager Grünwalde, Kreis Rummelsburg, ein. Dort blieb sie bis zum 30. Juni, um dann ab dem 1. Juli in der Siedlungsgruppe Varchmin, Kreis Köslin, zu arbeiten. Als sie ihren Dienst am 23. Oktober beendete, schrieb man in ihr Arbeitsdienstzeugnis: „Ausgeschieden nach einer Gesamtdienstzeit von 25 Wochen nach Hause. Beurteilung: Hanna Barner war kameradschaftlich und zuverlässig. Sie verrichtete jede Arbeit im Lager und in der Siedlung mit Freude und Umsicht. – Berechtigt zum Tragen der Arbeitsdanknadel."[64] Gut genährt kam sie aus Pommern zurück, in der Familie war man geradezu erstaunt über ihre Gewichtszunahme.[65] Es war ihr offensichtlich gut gegangen. So enthält denn auch ihr Vortrag „Prägungen" nichts Negatives über diese Zeit. Im Gegenteil: Im Arbeitsdienst in Pommern habe sie ihre „Liebe" zu den armen, einfachen Leuten noch „vertieft" und sei „in die Verantwortung hinein[ge]wachsen."[66] Im Rückblick empfand sie die Erfahrung wohl insofern als positiv, als sie nach ihrer schwärmerischen jugendbewegten Zeit etwas geerdet wurde, was ihr später in Kork zugute kommen sollte. So erinnert sich Schwester Ruth Bauer: „Bei uns stand die Arbeit im Mittelpunkt. Und um das hat sich alles gedreht. Schwester Hanna hat auch zugepackt, hat mitgeholfen. Wenn es auf den Kartoffelacker oder in die Beeren ging, war sie immer dabei."[67]

Wie ist diese freiwillige Teilnahme am nationalsozialistischen Arbeitsdienst zu erklären? Auch auf diese Frage gaben die mir zugänglichen Quellen und Informationen keine Antwort. Vielleicht wird der Entschluss verständlicher, wenn man die kirchlich-religiöse Haltung des Vaters berücksichtigt, die auf sie eine starke Anziehung ausgeübt haben muss. Hanna „war unserem Vater am ähnlichsten, was ihren Charakter, ihr Wesen und ihre Glaubenshaltung betrifft. Ganz sicher war er ihr Vorbild, im Umgang mit den Menschen. […] Hanna hatte ja auch öfters das richtige ‚Gespür' mit ihrem Rat und ihrer Sorge für jeden Einzelnen."[68] Die junge Hanna bewunderte ihren Vater, der ohne Wenn und Aber das Evangelium predigte und preußische Tugenden pflegte: Disziplin und Aufrichtigkeit in Wort und Körperhaltung waren seine Markenzeichen – genau wie später in ausgeprägter Form auch die ihren. Oberkirchenrat i. R. Dieter Oloff bemerkt dazu Folgendes: „Das Erste, was ich seltsamerweise als Bild immer vor Augen habe, wenn ich an Schwester Hanna denke, ist ihre unheimliche – jetzt rein physisch gemeint, zunächst gar nicht im übertragenen Sinne – aufrechte Haltung und ihr gerader Gang. Das habe ich immer als Bild vor mir. Wenn man Schwester Hanna begegnete, dann ging sie immer gerade, aufrecht."[69]

2. Die kirchlich-religiöse Haltung des Vaters

Alfred Ludwig Barner, gebürtiger Karlsruher, besuchte das Großherzogliche Badische Gymnasium in Bruchsal und beendete die Schule am 15. Juli 1897 mit dem Abitur.[70] Sein Theologiestudium führte ihn über Erlangen (1897 – 1898), Basel und Tübingen (1898 – 1899) nach Greifswald, wo er schließlich 1901 sein Examen machte. Erste berufliche Stationen waren von 1901 bis 1904 das Vikariat in Weingarten und Konstanz sowie von 1905 bis 1906 das Amt eines Pastorationsgeistlichen (eines Diasporapfarrers, der in den Streugemeinden die Seelsorge übernahm) in Salem.[71] Als er dann 1906 das Amt eines Vereinsgeistlichen bei der Stadtmission in Freiburg antrat, das er bis 1910 innehaben sollte, machte er erstmals landeskirchlich auf sich aufmerksam und legte seine theologische Einstellung in aller Deutlichkeit an den Tag – Alfred Barner war ein sogenannter „Kirchlich-Positiver", der jede Form kirchlich-liberaler Bestrebungen rigoros ablehnte und mit aller Konsequenz kritisierte.

Die kirchlich-positive Richtung des Protestantismus formierte sich am Ende des 19. Jahrhunderts, als die kirchlich-liberale, vom aufgeklärten Bildungsbürgertum getragene und besonders in akademischen Kreisen vertretene Richtung des Protestantismus ihren Höhepunkt erreicht hatte.[72] Deren Versuch, den christlichen Glauben mit der modernen Kultur zu versöhnen, hielt sie für eine intellektualistische Verbeugung vor dem Zeitgeist, die das Evangelium zu verwässern drohte. Diesem kirchlich-liberalen Kulturprotestantismus von oben setzten die Kirchlich-Positiven deshalb die Idee einer Volkskirche von unten entgegen, in der die Gemeindearbeit vor Ort sowie die Missionstätigkeit in jenen Bevölkerungsschichten, die der Kirche entfremdet waren, das zentrale Moment bildeten. Weil sie gegenüber der Weltfrömmigkeit der Kirchlich-Liberalen das bedingungslose Bekenntnis zum christlichen Glauben einklagten, gerieten sie schnell in den Ruf, dogmatisch, orthodox und reaktionär zu sein.

Mit solchen Vorurteilen hatte offenbar auch Alfred Barner in Freiburg zu kämpfen. Nachdem der liberale Dekan Dr. Adolf Hasenclever in seiner Festschrift, besonders aber in seiner Festpredigt anlässlich des hundertjährigen Jubiläums der dortigen evangelischen Gemeinde entsprechende Äußerungen hatte verlauten lassen, beschwerte sich der noch junge Vereinsgeistliche direkt beim Oberkirchenratspräsidenten Albert Helbing.[73] Barners Schreiben liegt

*Bild 20
Schwester Ruth Bauer (2006) wurde Diakonisse der Korker Schwesternschaft und machte in Kork ihre Krankenpflegeausbildung.*

„Ich bin im Februar 1946 gekommen und Schwester Hanna kam im Oktober 1951. Wir alle waren sehr gespannt, wie sie aussieht. Sie war noch jung und hübsch. Lebendig und voller Leben. Und sie musste uns ja auch manchmal in Schutz nehmen vor den älteren Schwestern, die keine Ausbildung hatten. Es gab dann manchmal schon einen Generationenkonflikt. Ja, das hat eben bei uns gefehlt. In Nonnenweier, zum Beispiel, hatten die Diakonissen auch Fort- und Weiterbildung gehabt. Bei uns stand die Arbeit im Mittelpunkt. Und um das hat sich alles gedreht. Schwester Hanna hat auch zugepackt, hat mitgeholfen. Wenn es auf den Kartoffelacker oder in die Beeren ging, war sie immer dabei."

zwar nicht vor, dafür aber Helbings Antwort. Darin heißt es mit Datum vom 21. November 1907 wörtlich: „Geehrter Herr Vereinsgeistlicher! Sie haben mir durch Ihre Zuschrift vom 18. d. M. die Mitteilung gemacht, dass eine Anzahl Angehöriger der kirchlich-positiven Vereinigung sich gekränkt fühlen durch die Äußerungen des Herrn Dekans Dr. Hasenclever in seiner Festpredigt und in der Festschrift, welche im Namen der Gemeinde herausgegeben worden ist. Sie erklären, dass er ‚auf den Glaubensstandpunkt der positiv-gesinnten Gemeindeglieder Rücksicht zu nehmen' versäumt habe, ‚ihre Arbeit vollkommener würdigen und dieselbe nicht noch in den Augen der Lehrer hätte herabsetzen' sollen. Als auffälligen Beweis für diese Behandlung nennen Sie den wiederholten Gebrauch des Wortes ‚orthodox', worin Sie eine ‚Beleidigung' erkennen, da die Betreffenden sich doch wirklich nicht durch bloß ‚tote Rechtgläubigkeit' hervortun, und ‚besonders die unrichtige geringwertige Einschätzung ihres Gründers Karl Mez.' Sie sprechen dann schließlich den Wunsch aus, dass ich Herrn Dr. Hasenclever ‚darauf aufmerksam machen' möchte, und erwarten hievon gute Wirkung."[74] Helbing erläuterte Barner nun ausführlich seinen persönlichen Eindruck von der Festpredigt, die er sowohl selbst gehört als auch mehrmals auf die Beschwerden hin durchgelesen hatte: „Uns will dünken – und das ist die Ansicht sämtlicher Herren im Oberkirchenrat –, dass durch diese Rede niemand, auch nicht wer das oder jenes Stück für seine Person glaubt ablehnen zu müssen, Ursache hatte verletzt zu sein. [...] Dr. Hasenclever verwendet die Ausdrücke ‚orthodox' und ‚liberal', weil sie im weitesten Umfang gang und gäbe geworden sind. Man kann das beanstanden, wie denn z. B. ich selbst beide Namen nicht für zutreffend erachte. Aber kränkend und beleidigend ist es doch wahrhaftig nicht, wenn ein anderer sie für entsprechend hält." Angesichts dieses Streits um Worte, der auf einen Streit in der Sache verwies, kam es Helbing vor allem darauf an, die Einheit der Landeskirche sicherzustellen und sie vor diesem „Krebsschaden" zu bewahren: „Es ist einer der tiefsten Schmerzen, unter denen ich leide, und ich fürchte ihn bis zu meinem Ende nicht loszuwerden, dass man heutzutage hüben und drüben immer allerlei Bosheiten vermutet und daneben die Großzügigkeit der Liebe vergisst, die alles trägt, alles versteht und – in allem überwindet."

Mehrere Motive hatten Alfred Barner zu seiner Beschwerde bewogen. Zum einen fühlte er seine eigene Arbeit missachtet oder zumindest nicht recht gewürdigt, denn er war in der Gemeindearbeit stark engagiert: Er saß im Vorstand der Evangelischen Stadtmission, war Beirat des Missionsarbeitsvereins im evangelischen Stift sowie Mitglied im Zweigverein Freiburg beim Deutschen evangelischen Verein zur Hebung der Sittlichkeit.[75] Zum anderen solidarisierte er sich mit der Familie Mez, die in Freiburg ein großzügiges Mäzenatenwesen für Arme und Bedürftige unterhielt und zwischen 1807 und 1907 fünf Mitglieder des Kirchengemeinderats gestellt hatte.[76] Karl Mez war im sogenannten „Schenkel-Streit" als einer der eifrigsten Gegner des Buches „Das Charakterbild Jesu" von Daniel Schenkel, seit 1851 Professor und Direktor des Predigerseminars in Heidelberg, in Erscheinung getreten.[77] Dieser zählte zu den einflussreichsten Kirchenmännern Badens in seiner Zeit und führte eine liberale Ära des Kirchenregiments ein. Sein 1864 erschienenes Buch erregte weite Proteste unter den badischen Geistlichen, so eben auch bei dem engagierten „Kirchlich-Positiven" Karl Mez.

Dass die Vorurteile gegenüber den Kirchlich-Positiven nicht völlig unbegründet waren, belegte Barner selber einige Jahre später in einem anderen Zusammenhang. Als am 4. Oktober 1925, kurz vor der Beendigung seines Auftrags in Nonnenweier, eine Visitation durch den zuständigen Dekan stattfand, hielt er in der Dorfkirche eine Visitationsabschiedspredigt, deren modernitätskritischer Unterton kaum zu überhören war. „Als wir die letzte Kirchenvisitation hier hatten, tobte noch der schreckliche Krieg [der Erste Weltkrieg] und auch unsre Gemeinde musste bei dem bösen Ausgang des Krieges fürchten, dass sie von feindlichen Truppen besetzt würde. Wie leicht hätte das gottesdienstliche Leben da auch gestört werden können. Dann kam die Revolution [die Novemberrevolution, die am 9. November 1918 zur Abdankung des Kaisers und zur Ausrufung der Republik führte]. Wir fürchteten eine gewaltige kirchenfeindliche, ja religionsfeindliche Bewegung für unser ganzes Volk, von der auch unsre Gemeinde hätte betroffen werden können. Es kamen die schweren sieben Nachkriegsjahre, von denen das fünfte [die Inflation von 1923] das schwerste war und unser kirchliches Leben stark bedrohte."[78] Barner machte aus seiner konservativen politischen Haltung keinen Hehl. Er trauerte dem Untergang der Monarchie nach und konnte der Weimarer Republik kaum etwas abgewinnen. Obwohl unbegründet, stand sie bei den badischen Pfarrern im Verdacht, die ohnehin fortschreitende Entkirchlichung noch politisch zu forcieren.[79] So war Barner zwar dankbar, dass „der treue Herr" die Gemeinde vor dem Schlimmsten bewahrt und ihr „durch all die Jahre hindurch geholfen" hatte[80], doch Grund zu jubelnder Freude, wie sie der Predigttext Lk 10, 17 – 20, beschrieb, mochte er darin nicht sehen. Vielmehr behielt die moderne Welt ihren bedrohlichen Charakter.

Deshalb fragte er kritisch: „Ist es so in unsrer Gemeinde, dass das Reich der Finsternis bei uns in den vergangenen Jahren zurückgedrängt und das Reich unsres Herrn Jesu in unsrer Gemeinde gebaut wurde? Wir wollen es hoffen, dass durch unsre kirchliche Arbeit da und dort der Satanas zurückweichen musste, dass er durch Taten des Glaubens und der Liebe hart bedrängt wurde." Trotzdem wollte er sich selber von der Kritik nicht ausnehmen: „Ich will mich gerne heute zuerst unter euch beugen und bekennen, dass ich in den 15 Jahren da und dort hätte treuer sein sollen im Vermahnen, dass ich manchmal mehr den Stab Wehe hätte gebrauchen sollen als den Stab Sanft." Um das Versäumte nachzuholen, erinnerte er die Gemeinde daran, dass christliche Herzensbildung gegenüber weltlicher Geistesbildung den Vorrang hatte: „Erziehet eure Kinder, eure Söhne und Töchter, in der Zucht und Vermahnung zum Herrn! […] Denkt daran, dass nicht die Ausbildung und Tüchtigkeit eurer Kinder das Wichtigste ist, so sehr wir allen gönnen, dass ihre Gaben entwickelt werden und sie zu tüchtigen Bürgen erzogen werden. Nicht leibliche und geistige Begabung ist das Wichtigste. Beides bringt viele Versuchungen und viel Gefahr mit sich. Nicht die Gabe, sondern die Gnade bewahrt die Seele. Nicht die mit leiblichen Glücksgütern und mit geistigen Gaben begabten Menschen, sondern die begnadeten stehen in Gottes Huld. Die Welt sieht meist auf Begabung und Tüchtigkeit, der große Visitator, unser Herr und Heiland, sieht die Herzen an, die sich haben begnadigen lassen."

Dennoch disponierte die modernitätskritische, antiliberale und volkskirchliche Haltung nicht zwangsläufig für den Nationalsozialismus. Im Gegenteil: Gerade weil die Kirchlich-Positiven dem rückhaltlosen Bekenntnis zum christlichen Glauben verpflichtet waren, konnte aus ihren Reihen die Bekennende Kirche hervorgehen. Dazu zählte auch Alfred Barner, obwohl er freilich nicht an exponierter Stelle stand. Immerhin machte er bereits 1932 auf die drohende Gefahr aufmerksam, und zwar wiederum in einer Predigt anlässlich einer Kirchenvisitation, diesmal in der Lutherpfarrei in Konstanz. Der Predigttext, den er für diesen 25. September ausgewählt hatte, 2. Mose 32, 30 – 34, hatte einen engen zeitgeschichtlichen Bezug. Barner sah in Moses ein Vorbild seines eigenen Tuns, nämlich einen Mann, der in einer Zeit, da das Volk von Gott abgefallen war, die Verantwortung für dieses Volk übernahm. Seine Aufgabe war es, das Volk wieder zu Gott zurückzuführen, damit es nicht in die Hände eines irdischen Führers fiel: „In unserer Zeit wird so großer Wert auf die Führerpersönlichkeiten gelegt. Man erwartet das Heil von dem rechten Führer. Wir wollen das sicher nicht gering achten. Gerade in diesen Tagen, da uns wieder von neuem die Sorge bewegt, welchen Männern wir die Führung unseres Staates und Volkes anvertrauen wollen, wissen wir, dass davon für das Heil unseres Volkes und Vaterlandes viel abhängt. Und doch glaube ich, dass wir in dieser Beziehung zu viel erwarten. Die Gefahr ist doch sehr groß, dass man auf den Führer die ganze Verantwortung legt und dann als geduldige Herde hinter dem Führer hertrippelt. So wichtig eine gute, starke Führung ist, ebenso wichtig ist, dass jeder sich für das Heil seines Volkes und Vaterlandes, für das Wohl der Gemeinde und der Kirche verantwortlich fühlt."[81] Unmissverständlich warnte Barner vor einem Führer Hitler und erinnerte seine Gemeinde daran, dass sie einen anderen Führer hatte: „Wir Christen kennen das Angesicht unseres Gottes. In Jesus Christus leuchtet es uns, in dem, der für uns gestorben und auferstanden ist. In Christus haben wir Heil und Kraft. Welche ihn zum Führer wählen, werden nicht das Ziel verfehlen! Unter seiner Leitung lasst uns getrost vorwärtsschauen."

Diese beherzten Worte konnten freilich nicht verhindern, dass der Visitator, Prälat Julius Kühlewein und zugleich Alfred Barners Schwager[82], nach der wenige Monate später erfolgenden Machtübernahme der Nationalsozialisten die neue Regierung euphorisch begrüßte. Er verfasste einen Hirtenbrief, der am 2. April 1933 in den Gottesdiensten verlesen werden sollte. Darin hieß es unter anderem: „Was wir seit Jahren gehofft und ersehnt haben, ist gekommen: Unser deutsches Volk hat sich in seiner Mehrheit zu einer stark nationalen Front zusammengeschlossen und sich einmütig hinter die Männer gestellt, die das Oberhaupt unsres Reiches zur Führung des deutschen Volkes berufen hat. […] Wir haben auch heute allen Grund, Gott zu danken, dass er unser Volk nicht versinken ließ, sondern es in letzter Stunde vor dem Untergang bewahrte. Die jüngsten Ereignisse erscheinen uns wie das Morgenrot einer besseren Zeit, das von Gott her uns aufgeht."[83] Von Natur aus konfliktscheu und harmoniebedürftig, passte er sich rasch an und ließ sich im Juli 1933 in das neu geschaffene, am Führerprinzip orientierte Amt des Landesbischofs wählen, nachdem die Kandidaten der nationalsozialistischen Deutschen Christen und der bekennenden Kirchlich-Positiven nicht mehrheitsfähig gewesen waren.[84] Ein Jahr später, zu Beginn des Kirchenkampfes im Juli 1934, als die durchaus noch selbstständigen Landeskirchen in die Reichskirche eingegliedert und schließlich darin aufgehen sollten, stimmte er dieser Maßnahme zu, obwohl er zuvor gegenüber Kirchlich-Positiven seine Bedenken geäußert hatte. Entsprechend groß waren dort Wut und Enttäuschung über dieses Einknicken.[85]

Allerdings widerrief Kühlewein im Dezember 1934 seine Unterordnung unter den Reichsbischof und betrieb im Oberkirchenrat die Wiederausgliederung der Landeskirche aus der Reichskirche. Diese Wende lag zu einem großen Teil an günstigen kirchenpolitischen Entwicklungen.[86] Dennoch dürfte eine Intervention Alfred Barners, der eine Spaltung der Landeskirche vermeiden wollte, ihre Wirkung nicht verfehlt haben. Am 7. November 1934 hatte er sich an den Landesbischof mit den Worten gewandt: „Die bei einer Bußtagstextbesprechung versammelten Pfarrer des Kirchenbezirks Konstanz haben mich als Dekanatsstellvertreter in großer Sorge um das Schicksal unserer badischen Landeskirche einstimmig gebeten, mich an Sie mit der herzlichen und dringenden Bitte zu wenden: Der Herr Landesbischof möchte alles tun, dass unsere badische Kirche nicht zerspalten werde. Es muss, wenn es nicht anders möglich ist, das Opfer des Rücktritts des Herrn Reichsbischofs gefordert werden. Es müssten, wenn nicht anders möglich, um die Spaltung der Kirche zu vermeiden, von beiden sich gegenüberstehenden Parteien Opfer gebracht werden."[87] Zu den versammelten Pfarrern gehörte auch Hermann Senges aus Konstanz-Wollmatingen, der im weiteren Leben Hanna Barners noch eine Rolle spielen sollte.

Es war wohl mehr als eine familiäre Gefälligkeit, als Kühlewein im Oktober 1935 seinen Schwager Alfred Barner zum Dekan berief. Dass dafür auch kirchenpolitische Motive ausschlaggebend waren, die für Kühleweins Haltung im Kirchenkampf sprachen, belegt die Reaktion des nationalsozialistischen Deutschen Christen Pfarrer Heinrich Sauerhöfer. Er verfasste ein Protestschreiben an Reichskirchenminister Hanns Kerrl, in dem er sich darüber beschwerte, dass sich Kühlewein von einer ministeriellen Weisung nicht habe hindern lassen, „4 Dekanatsernennungen ganz im Sinne der Bekenntnisfront vorzunehmen, wobei anzufügen ist, dass 2 dieser Herren als Pfarrer wiederholt Gegenstand von Beschwerden der NSDAP gewesen sind. [...] Wir bitten darum den Herrn Minister, er möge in der badischen Landeskirche in möglichster Bälde so Ordnung schaffen, dass das bisherige kirchliche Parteiregiment der Vergangenheit angehört."[88] Kühlewein sammelte offensichtlich seine Getreuen. Obwohl er in seiner Zeit als Landesbischof bis 1945 noch so manchen Kompromiss mit den Machthabern eingehen würde, wagte er sich doch auch immer wieder aus der Deckung. So wehrte er sich im Mai 1938 (allerdings erfolglos) gegen die Einrichtung einer Finanzabteilung in der Landeskirche durch das Reichskirchenministerium. Durch diese Maßnahme sollte die staatliche Kontrolle der widerstrebenden Landeskirchen endgültig gesichert werden.[89] Mit allen Mitteln wurden die Mitarbeiter der Finanzabteilung in die landeskirchlichen Strukturen eingegliedert. Die Kompetenzen der Finanzabteilung waren nahezu unbegrenzt. Auch bei der Einstellung, Versetzung und Beförderung von Geistlichen war regelmäßig die Finanzabteilung zu hören. Zunächst wunderte man sich seitens der Kirchenleitung über die langen Bearbeitungszeiten, bis freilich klar wurde, dass in jedem einzelnen Fall Anfragen von der Finanzabteilung an die Geheime Staatspolizei (Gestapo) gestellt wurden. Eine solche Anfrage würde sich später auch in den Akten Hanna Barners finden.

Zwar zählte Alfred Barner in dem zitierten Schreiben von Heinrich Sauerhöfer nicht zu jenen beiden neu ernannten Dekanen, die mit den Nationalsozialisten in Konflikt geraten waren, doch wurde er eindeutig zur Bekennenden Kirche gerechnet. Wie seine Haltung zu den Nationalsozialisten aussah, zeigt sein Bericht an den Evangelischen Oberkirchenrat anlässlich der Gleichschaltung des Bundes Christdeutscher Jugend im April 1934. In seiner feierlichen Ansprache zollte er den Machthabern zwar den nötigen Tribut, indem er die Jugend nicht nur auf den „Totalitätsanspruch unseres Herrn Jesus Christus", sondern auch auf den „Totalitätsanspruch des Staates" hinwies, doch ließ er keinen Zweifel, wem der Primat gebührte: „Nur eine Jugend, die sich ganz ihrem Herrn und Meister hingibt, wird auch unserm Staat, Volk und Vaterland am besten mit allen Kräften des Leibes, der Seele und des Geistes dienen können." Weil auch das noch eine gewisse Nähe von Kirche und Staat suggerieren könnte, was Barner vorgeben musste, aber keineswegs beabsichtigte, schloss er mit den Worten: „Es ist unser herzlicher Wunsch, dass unsere evangelische Jugend, die nun in den Reihen der Hitlerjugend steht, nicht vergisst, sich immer wieder zu den religiösen Erbauungsstunden des Christdeutschen Bundes zu sammeln, um hier die innerlichste Rüstung für den Lebenskampf zu erhalten. Wir laden alle evangelischen Mädchen, die über 14 Jahre alt sind, einerlei ob sie dem BDM angehören oder nicht, zu diesen religiösen Erbauungsstunden, die jeden Dienstag Abend um 8 Uhr im evangelischen Gemeindehaus stattfinden, herzlich ein."[90] Barner stellte sich also keinesfalls außerhalb der staatlichen Ordnung, ging aber immer dann auf Distanz zum Staat, wenn er die Identität der Kirche bedroht sah. Er opponierte nicht gegen das System, identifizierte sich aber auch nicht damit. Seine Haltung war völlig unpolitisch und blieb auf innerkirchliches Engagement beschränkt. Das war schon in seiner Auseinandersetzung mit den Kirchlich-Liberalen so gewesen und blieb es auch in seiner Auseinandersetzung mit den Deutschen Christen.

Wie immer man diese Haltung beurteilen mag, Hanna Barner hatte sie von ihrem Vater übernommen. Auch sie stellte sich keineswegs außerhalb der staatlichen Ordnung. Noch im Vortrag über ihre Prägungen schrieb sie: „Unser Leben ist hineingestellt in eine bestimmte Zeit, in ein bestimmtes Volk in einem bestimmten Raum auf dieser Erde. Das ist gegeben. Und dazu ‚Ja' zu sagen, ist ganz sicher nicht immer leicht. Wir als Christen: ‚Da wo dich Gott hingesät hat, da sollst du blühen' ist ein Wort, das mir schon oft geholfen hat."[91] In diesem Sinne dürfte sie auch die Zeit im Arbeitsdienst in Pommern verbracht haben: indifferent gegenüber dem System und seiner Ideologie, aber mit tätiger Hingabe gegenüber den Siedlerfamilien in der Erfüllung ihrer Aufgabe.

3. Ausbildung zur Krankenschwester im Martin-Luther-Krankenhaus Berlin 1936 – 1941

Nach dem Arbeitsdienst verbrachte Hanna Barner ein Jahr zu Hause, um „gründliche Kenntnisse in Hauswirtschaft, Kochen und Nähen im Besonderen, zu erwerben."[92] Ihre Ausbildung zur Krankenschwester begann sie dann am 1. Oktober 1936 im Martin-Luther-Krankenhaus in Berlin-Schmargendorf. Die 1931 nach einjähriger Bauzeit in Betrieb genommene Einrichtung war das erste evangelische Krankenhaus der Stadt und mit 400 Betten zugleich ein Großkrankenhaus.[93] Seine Leitung war dem Evangelischen Diakonieverein Berlin-Zehlendorf übertragen worden. Dieser war keine „Mutterhausdiakonie", wurde aber auch nicht zu den „Freiberuflichen" gezählt. Als genossenschaftlicher Verbund von Schwestern, die im Privatleben selbstständig blieben, war er vergleichsweise locker und offen organisiert. Die Schwestern nannten sich ganz bewusst „Diakonieschwestern" und unterschieden sich von den Diakonissen, die einem Mutterhaus zugehörten, in vielen Aspekten. Sie kamen vorwiegend aus dem höheren Mittelstand und machten ihren Anspruch auf Bildung und Selbstbestimmung geltend. Der Diakonieverein kam diesen Erwartungen entgegen, indem er seinen Schwerpunkt auf die Berufsausbildung, besonders auf die Ausbildung zur Krankenschwester, legte und weniger hierarchisch organisiert war. So konnten die Frauen über ihren Berufsort frei entscheiden und den Schwesternverband leichter verlassen. Im Diakonieverein waren die individuellen Entfaltungsmöglichkeiten eindeutig größer als in der Mutterhausdiakonie.[94]

Dass Hanna ihre Ausbildung zur Krankenschwester gerade am Martin-Luther-Krankenhaus machte, war also kein Zufall. Vor dem Hintergrund ihres „Lebensproblems", der Frage, ob sie nach dem Vorbild ihrer Patin Luise Wahrer eine

Diakonisse werden sollte, schien dieser Schritt wohlüberlegt. Aus Sorge, der Herausforderung nicht gewachsen zu sein und in einer hierarchisch organisierten Einrichtung hinter den eigenen Ansprüchen zurückzubleiben, entschied sie sich gegen eine Mutterhausdiakonie wie Nonnenweier, was von ihrer Herkunft eigentlich nahegelegen hätte. Dennoch wollte sie ihre tief verwurzelte Bindung an die diakonische Idee keinesfalls preisgeben. Der Evangelische Diakonieverein erschien ihr deshalb als die beste Lösung. Er befriedigte ihr Bedürfnis nach religiöser Gemeinschaft, ohne ihren Handlungsspielraum allzu sehr einzuschränken.

Hier zeichnet sich ein Charakterzug ab, der uns in Hannas Leben noch öfter begegnen wird: das Bestreben, sich verschiedene Möglichkeiten offenzulassen und sich nicht zu früh festzulegen. Der Eintritt in den Diakonieverein war kein Ausdruck von Schwäche, von zögerlicher Unentschlossenheit, sondern gerade umgekehrt Ausdruck entschlossener Selbstbestimmung. Er entsprang der Fähigkeit, warten zu können, und bedeutete eine weitere Etappe auf Hannas lebenslangem Weg der Ergründung dessen, was Gott mit ihr vorhatte. Noch im hohen Alter, 1992, rief sie sich zu: „Glaub nur nicht, dass du einmal fertig bist!"[95]

Doch zurück an das Martin-Luther-Krankenhaus in Berlin-Schmargendorf im Jahr 1936. Als Hanna ihre Ausbildung dort begann, trat sie in die Jungschwesternschaft des Evangelischen Diakonievereins Berlin-Zehlendorf ein. Der Betrieb und die Atmosphäre des Hauses wurde von dem Engagement der Diakonieschwestern, insbesondere der leitenden Schwester, Oberin Lina Lingner, nachhaltig geprägt.[96] Für Hanna dürfte diese beeindruckende Frau ein Vorbild geworden sein, denn was Oberin Lina Lingner für das Martin-Luther-Krankenhaus war, würde sie selber später für Kork werden: die Kraft, die dem Ganzen einen Geist verlieh.

Am 1. September 1938 legte Hanna nach der damals noch üblichen zweijährigen Ausbildungszeit das Krankenpflegeexamen mit „sehr gut" ab. Diese Note entsprach allerdings ganz und gar nicht ihrer Selbsteinschätzung sowie den praktischen Erfahrungen der folgenden Jahre. In ihrem Vortrag „Prägungen" schildert sie diese Zeit so: „Ich habe zwar ein sehr gutes Examen gemacht, aber ich war eine schlechte Krankenschwester. Unter viel Angst und Versagen habe ich gelernt und gelebt. Jede einfache Schwester konnte mehr und wusste besser, was gerade nötig war, als ich. Als der Krieg ausbrach, musste ich nach 1/4 Jahr Einarbeitung einen gynäkologischen OP leiten. 54 Kaiserschnitte habe ich instrumentiert, aber fragen Sie nicht, unter wie viel Angst."[97] Doch gemäß ihrer frühen Einsicht, dass der Lebensweg immer auch ein Leidensweg war, dass der Weg zu sich selbst, zu dem, was Gott mit einem vorhatte, zwangsläufig über Niederlagen und Enttäu-

Bild 21
Krankenpflegediplom aus dem Jahr 1938

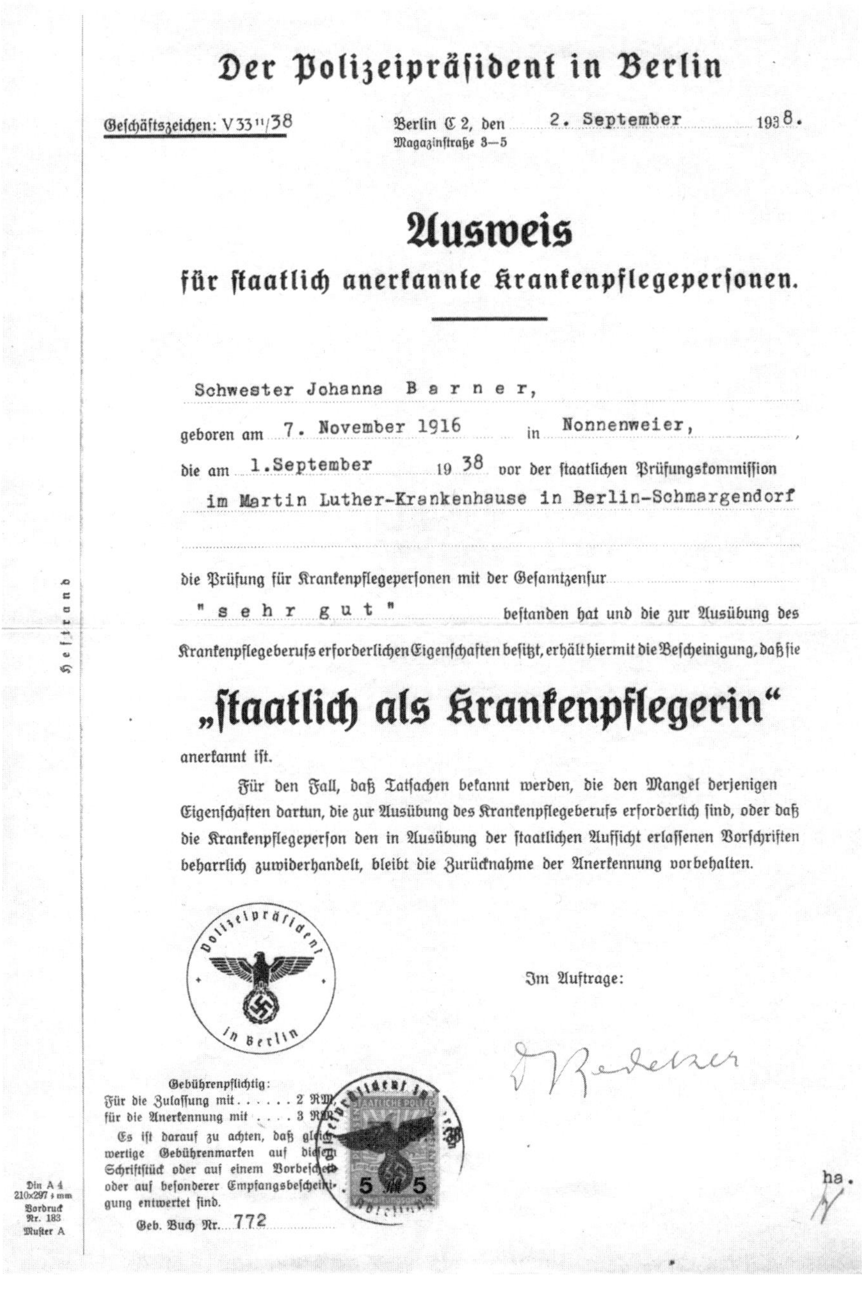

Der Polizeipräsident in Berlin

Geschäftszeichen: V 33 11/38

Berlin C 2, den 2. September 1938.
Magazinstraße 3—5

Ausweis
für staatlich anerkannte Krankenpflegepersonen.

Schwester Johanna B a r n e r,

geboren am 7. November 1916 in Nonnenweier,

die am 1.September 1938 vor der staatlichen Prüfungskommission im Martin Luther-Krankenhause in Berlin-Schmargendorf

die Prüfung für Krankenpflegepersonen mit der Gesamtzensur " s e h r g u t " bestanden hat und die zur Ausübung des Krankenpflegeberufs erforderlichen Eigenschaften besitzt, erhält hiermit die Bescheinigung, daß sie

„staatlich als Krankenpflegerin“

anerkannt ist.

Für den Fall, daß Tatsachen bekannt werden, die den Mangel derjenigen Eigenschaften dartun, die zur Ausübung des Krankenpflegeberufs erforderlich sind, oder daß die Krankenpflegeperson den in Ausübung der staatlichen Aufsicht erlassenen Vorschriften beharrlich zuwiderhandelt, bleibt die Zurücknahme der Anerkennung vorbehalten.

Polizeipräsident in Berlin

Im Auftrage:

Gebührenpflichtig:
Für die Zulassung mit . . . . . . 2 RM,
für die Anerkennung mit . . . . 3 RM.
Es ist darauf zu achten, daß gleichwertige Gebührenmarken auf diesem Schriftstück oder auf einem Vorbescheid oder auf besonderer Empfangsbescheinigung entwertet sind.

Geb. Buch Nr. 772

Heftrand

Din A 4
210x297 mm
Vordruck
Nr. 183
Muster A

hs.

schungen führen musste, zeigten ihr die deprimierenden Erfahrungen im Operationssaal zugleich, wo ihre Stärken lagen: in der Seelsorge. Das hatte man auch im Krankenhaus rasch erkannt. Schwester Hanna wurde nämlich für die heiklen Fälle vorgesehen, die keiner übernehmen wollte: „Wenn bei einer Geburt etwas Außergewöhnliches war, eine Hasenscharte, eine Missbildung oder gar eine Totgeburt, war das für unsere Hebammen und Ärzte immer eine furchtbare Sache: Wie sage ich das der Mutter! Und da bekam ich die Mütter zu mir auf die andere Seite in ein Untersuchungszimmer geschoben. Für mich war das nichts, was ich abschieben wollte, sondern im Gegenteil, solch eine Aufgabe hat meine innersten Kräfte mobilisiert." Damit war klar, dass der Beruf der Krankenschwester nicht ihre Bestimmung war. Wie Luise Wahrer es in weiser Voraussicht vorweggenommen hatte, war Hanna für das Amt der Diakonisse bestimmt. Das wurde ihr im Berliner Martin-Luther-Krankenhaus bewusst. Noch Jahre später würde sie im Unterricht an der Krankenpflegeschule in Kork bekennen, „dass sie keine gute Krankenschwester in der Pflege direkt geworden wäre."[98]

Das hieß freilich noch nicht, dass Hanna ihrer eigentlichen Aufgabe, der Seelsorge, von Anfang an gewachsen war. Die Erkenntnis, die sie vom Martin-Luther-Krankenhaus mitnahm, war durchaus ambivalent: „Die reine Martha war also nicht die rechte Prägung. Aber der Maria fehlte scheinbar auch noch vieles."[99] Deshalb entschloss sie sich zu einer stärker theologisch orientierten Weiterbildung. Sie wollte einen Beruf erlernen, mit dem sie sich in die praktische kirchliche Gemeindearbeit einbringen konnte. Noch von Berlin aus bewarb sie sich um eine Stelle an der Evangelisch-Sozialen Frauenschule in Freiburg. Oberin Lingner beschrieb im eigens für diese Bewerbung ausgestellten Zeugnis die enormen Fähigkeiten von Hanna: „Im Anschluss daran [gemeint ist die Krankenpflegeausbildung] arbeitete sie in unserem Hause auf den verschiedensten Stationen, hatte die selbstständige Vertretung einer inneren Frauenstation und leitete den gynäkologischen Operationssaal. Im letzten halben Jahr gaben wir Schwester Hanna Gelegenheit, ihre organisatorische Begabung unter Anleitung der beiden Hausschwestern zu erweitern. Diese Möglichkeit war ganz besonders in der Weihnachtszeit beim Einkaufen, Richten der Gabentische und bei der Gestaltung des Festes in der Kriegszeit gegeben. Schwester Hanna ist außerordentlich musikalisch. Sie leitete den Chor der jüngeren Schwestern und der Hausgehilfinnen. In beiden Gruppen fand ihr fröhliches und gehaltenes Wesen stärksten Widerhall. Durch ihre Anpassungsfähigkeit im Schwesternkreise sowie an die mit ihr zusammenarbeitenden Hausgehilfinnen, Praktikantinnen, Pflichtjahrmädels

*Bild 22
Traudel Müller (2006) machte die Ausbildung zur Krankenschwester in Kork.*

„Wenn sie erzählt hat, dann fand ich das faszinierend, wie sie das rübergebracht hat, wie sie das auf den Punkt gebracht hat. Ich weiß, dass das nicht nur mir so gegangen ist. Sie hat immer wieder einmal erzählt, dass sie keine gute Krankenschwester in der Pflege direkt geworden wäre. Das fand ich unheimlich ehrlich und irgendwie toll, dass sie das so zugegeben hat.

Dann war da noch ein Ausspruch, den kennen viele: Wo viel Licht ist, ist auch viel Schatten. Ja, sie gab uns kleinen Schülerinnen die Sicherheit: Auch ihr seid wichtig, ihr habt eure Stärke. Das sind so Punkte, die mich fasziniert haben und auch Nähe geschaffen haben zu Schwester Hanna."

usw. hat sie sich auf vielen Gebieten reiche Kenntnisse erworben. Schwester Hanna ist tief gegründet im Evangelium. Sie weiß, dass dort die stärksten Kraftquellen liegen."[100] Die Hinweise auf die Anleitung der Hausschwestern, heute würde man dazu Pflegedienstleitung sagen, belegen, dass man Hanna offensichtlich im Martin-Luther-Krankenhaus schon bald eine Leitungsfunktion eingeräumt hatte. Dagegen unterstrich der Hinweis auf die tiefe Gründung im Evangelium ihre „kirchlich-positive" Prägung durch das Elternhaus.

Dass die Wahl des Schulungsortes auf Freiburg fiel, hatte einen traurigen familiären Grund. Am 5. November 1940 starb nach einer Verwaltungsratssitzung in Nonnenweier völlig unerwartet Hannas Vater im Alter von 64 Jahren an einem

Ev. Diakonieverein e. V.

Postanschrift:
Ev. Diakonieverein Berlin-Zehlendorf, Postfach
(ohne Hinzufügung eines Namens)
Telegramm- und Bahnanschrift:
Diakonieverein Berlin-Zehlendorf
Postscheckkonto:
Berlin Nr. 101 75

Tgb.-Nr. C/960 s
Bei Beantwortung ist obige
Nummer anzugeben.

Berlin-Zehlendorf, den 11. Februar 1942
Glockenstraße 8
Fernsprecher: 84 34 26

Bescheinigung.
=================================

Wir bescheinigen hiermit, dass Schwester Hanna B a r -
n e r , geb. am 7.11.1916, unserer Jungschwesternschaft angehört hat. Sie war

vom 1.10.36 - 1.10.38   als Krankenpflegeschülerin und
vom 31.1.39 - 17.11.40   und
vom 1.12.40 - 28.2.41   als Hilfsschwester in unserm Diako-
                          nieseminar, Martin Luther Kranken-
                          haus zu Berlin-Schmargendorf,tätig.

Schwester Hanna hat im September 1938 in Berlin-Schmargendorf die staatliche Krankenpflegeprüfung bestanden.
Berlin-Zehlendorf, d.11. Februar 1942.

Bild 23
Bescheinigung des Zehlendorfer Diakonievereins aus dem Jahr 1942

Schlaganfall. Vermutlich hatte er sich mit seinem Arbeitspensum über Jahrzehnte hinweg überfordert. Hinzu kam, dass er an einer schweren Herzinsuffizienz erkrankt war. Hinweise auf die Schwere der Erkrankung finden sich schon in einem ärztlichen Attest vom 20. Mai 1938, als sich Alfred Barner zur Erholung in Baden-Baden aufhielt: „Herr Dekan Barner ist wegen eines schweren Herzleidens vorerst noch nicht dienstfähig, voraussichtlich noch bis ca. 1. August."[101] Kurzfristig ließ sich Hanna beurlauben, um der Mutter und den Geschwistern in Konstanz beizustehen. Auch für sie selber war der relativ frühe Tod des Vaters ein schwerer Schicksalsschlag, eine weitere schwere Prüfung, denn den ältesten Bruder hatte sie ja schon als junges Mädchen verloren. Hanna hing, nach Aussagen ihrer Schwester Ursula, sehr am Vater. Sie war ja, wie schon zuvor erwähnt, von allen Geschwistern dem Vater am ähnlichsten. Wieder zurück in Berlin, betrieb sie umgehend ihre Bewerbung für die Evangelisch-Soziale Frauenschule in Freiburg, denn dorthin war die Mutter nach dem Tod des Vaters umgezogen. Hanna blieb noch offiziell bis zum 28. Februar 1942 als Hilfsschwester im Diakonieseminar und als Krankenschwester im Martin-Luther-Krankenhaus, ließ sich aber ab 1941 beurlauben und kehrte nach Freiburg zurück.

4. Ausbildung zur Gemeindehelferin in Freiburg 1941 – 1942

Vermutlich über vorhandene Beziehungen – Alfred Barner war kurz vor seinem Tod 1940 zum Kirchenrat berufen worden, und der Mann ihrer früh verstorbenen Tante Elsa Kühlewein, geb. Barner, war bekanntlich der Landesbischof Julius Kühlewein – erhielt Hanna eine Sondergenehmigung für die verkürzte Ausbildung zur Gemeindehelferin an der Evangelisch-Sozialen Frauenschule in Freiburg. Im Schreiben vom Januar 1941 an den Oberkirchenrat bat die Leiterin, Frau Dr. Julie Schenck, um entsprechende Ausbildungsverkürzung auf ein Jahr. Offiziell begründet wurde der Antrag mit dem besonders guten Zeugnis des Martin-Luther-Krankenhauses. Ihm wurde stattgegeben, sodass Hanna zum zweiten Mal in ihrem Leben ein Jahr übersprang. Was war das für eine Einrichtung, die Evangelisch-Soziale Frauenschule in Freiburg, die heutige Evangelische Fachhochschule? Offiziell besiegelt wurde die Gründung in Freiburg am 18. Juni 1918 zwischen der Freifrau Marie von Marschall zu Bieberstein und der Freiin Helene von Dungern.¹⁰² Zumindest Helene von Dungern kannte schon Vater Barner aus seiner Freiburger Zeit – die Familie von Dungern war dort in der evangelischen Gemeindearbeit engagiert. Die Einrichtung, die gedanklich nach dem Ersten Weltkrieg aus dem „Frauenverein für Innere Mission" entstanden war und auch realisiert wurde, nannte sich schon bald „Evangelisch-Soziale Frauenschule". Zunächst leitete Helene von Dungern die Einrichtung selbst, bis 1922 Frau Dr. Meyer-Kulenkampff und schließlich ab 1923 Dr. Julie Schenck (1894 – 1955) die Leitung übernommen hatte.¹⁰³ Schenck gliederte 1931 an die Einrichtung ein Internat an, welches von Liselotte Kattermann als „Hausmutter"

Bild 24
In der Ausbildung zur Gemeindehelferin in Freiburg im Jahr 1942.
Von rechts: Elsbeth Dick, Hanna Barner, Lore Laut, Martha Mechtersheimer, Schwester Pauline Sigmann

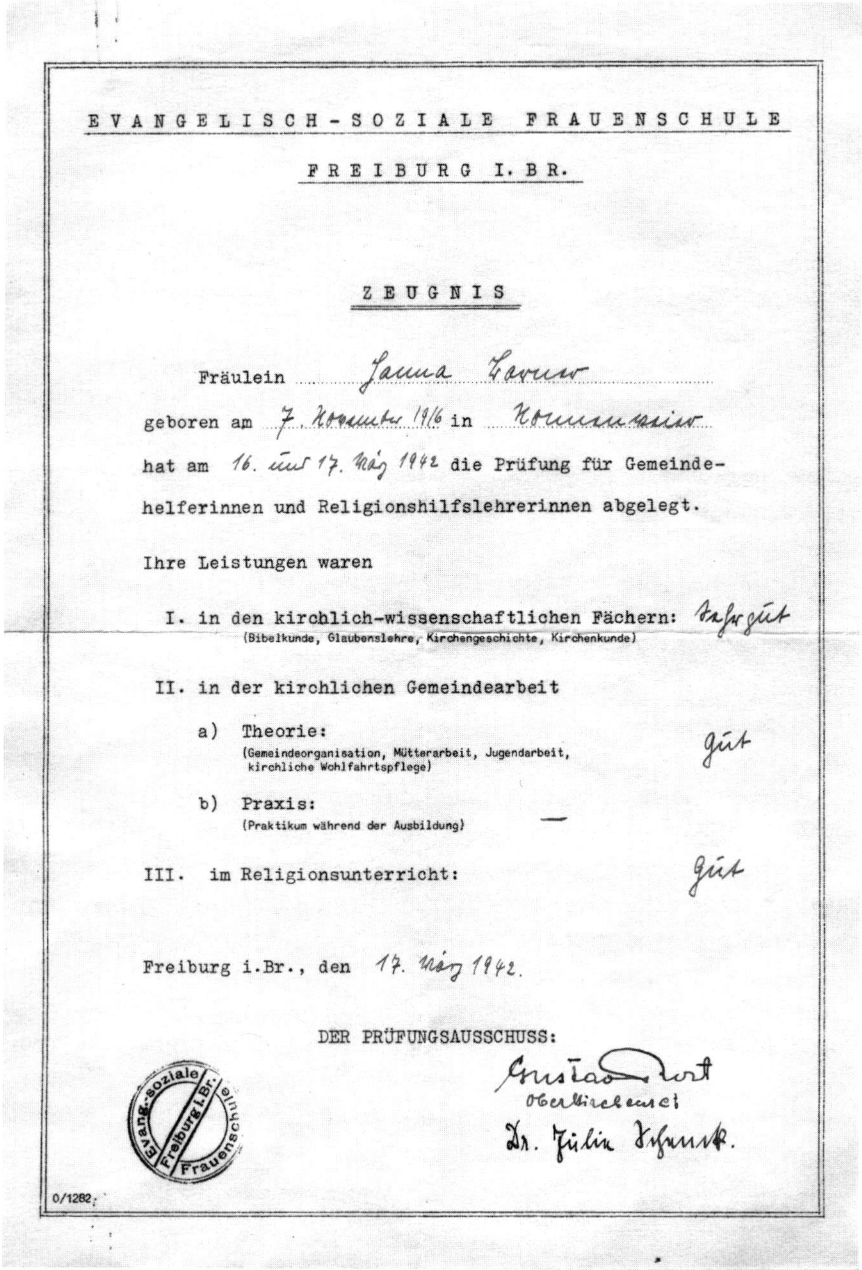

E V A N G E L I S C H - S O Z I A L E   F R A U E N S C H U L E

F R E I B U R G I. B R.

Z E U G N I S

Fräulein [illegible]

geboren am 7. November 1916 in [illegible]

hat am 16. und 17. März 1942 die Prüfung für Gemeindehelferinnen und Religionshilfslehrerinnen abgelegt.

Ihre Leistungen waren

I. in den kirchlich-wissenschaftlichen Fächern: sehr gut
(Bibelkunde, Glaubenslehre, Kirchengeschichte, Kirchenkunde)

II. in der kirchlichen Gemeindearbeit

a) Theorie: gut
(Gemeindeorganisation, Mütterarbeit, Jugendarbeit, kirchliche Wohlfahrtspflege)

b) Praxis: —
(Praktikum während der Ausbildung)

III. im Religionsunterricht: gut

Freiburg i.Br., den 17. März 1942.

DER PRÜFUNGSAUSSCHUSS:

Gustav Rost
Oberkirchenrat
Dr. [illegible]

Evang.-soziale Frauenschule Freiburg i.Br.

0/1282

Bild 25
Zeugnis zur Gemeindehelferin aus dem Jahr 1942

Bild 26
Dr. Julie Schenck im Mai 1952, Leiterin der Evangelisch-Sozialen Frauenschule in Freiburg von 1923 bis 1955

geleitet wurde.[104] Der Vater von Liselotte Kattermann war der Freiburger Stadtpfarrer Philipp Kattermann, der wiederum schon mit Alfred Barner im Vorstand der Evangelischen Stadtmission in Freiburg gesessen hatte. Hanna bewegte sich also wieder einmal auf den schier unendlichen Pfaden des Vaters.

Wie viele ähnliche Einrichtungen wurde die Evangelisch-Soziale Frauenschule 1933 rasch gleichgeschaltet, und wie viele ähnliche Einrichtungen begrüßte man in Freiburg zunächst den Nationalsozialismus. Die Mitbegründerin der Schule, Freifrau von Marschall, bezeichnete sich in einem Schreiben vom 27. Januar 1934 an Oberkirchenrat Karl Ludwig Bender in Karlsruhe selbst als Nationalsozialistin[105], während die Leiterin der Schule, Julie Schenck, eine Position im Führungsgremium der neu organisierten evangelischen Frauendienste einnahm[106]. Die ursprünglich rein kirchliche Ausbildung an der Evangelisch-Sozialen Frauenschule wurde nun um eine staatliche Ausbildung ergänzt, neben das eng umgrenzte Berufsbild Gemeindehelferin trat das eher schwammige Berufsbild Volkspflegerin.[107] Dieses unvereinbare Nebeneinander drohte die kirchliche Ausrichtung der Schule zu sprengen, obwohl Schenck nach außen hin betonte, wie gut beide Zweige harmonierten. Ihre Begrüßungsansprache zum Frauenschultag 1938 im Kuppelsaal der Freiburger Universität beschloss sie mit den Worten: „So ist die heutige Gestalt unserer Schule, die in zwei besonderen, aber innerlich miteinander verbundenen Zweigen berufliche Kräfte für den Dienst der Frau in Staat und Kirche, also für den Dienst der Frau an unserem Volk ausbildet, weder etwas entscheidend anderes, als sie es im Ausgangspunkt gewesen war, noch etwas innerlich Uneinheitliches, das etwa nur mühsam von außen zusammengehalten würde. Es ist vielmehr der sichtbare Ausdruck menschlicher Wirklichkeit, zu der es gehört, dass des Menschen letzte Heimat jenseits der Welt ihn nicht vom Dienst und Leben in dieser Welt entbindet, sondern umgekehrt ihn hineinstellt mit allen Kräften des Leibes und der Seele. Wir dürfen deshalb dieses kurze Grußwort, das auch zeigen soll, wes Geistes Kind wir sind, schließen mit dem feierlichen Gruß an den Führer unseres Volkes."[108] Lässt man einmal die Reverenz an den Führer beiseite, scheint das die gleiche Haltung zu sein, die auch Alfred und Hanna Barner eingenommen hatten: äußere Anpassung bei innerer Distanz. Nach dieser Haltung war es undenkbar, sich außerhalb der staatlichen Ordnung zu stellen, aber zugleich geboten, sich ihrer Übergriffe zu erwehren. Zu dieser Gratwanderung schien die Leiterin jedoch nicht imstande. Ihr fehlte offensichtlich die Kraft, aus dem Bekenntnis heraus zu leben. Was sie im Dezember 1941 ihren Schülerinnen zu sagen hatte, klang wie eine Absage an die Bekennende Kirche: „Advents- und Weihnachtszeit: Wer von uns fände den Mut, den Tagen, durch die wir gehen, dem, was sie uns bringen mögen, die Weihnachtsbotschaft entgegenzustellen? Wie gut, dass wir darum nicht gefragt sind: dass diese Botschaft aus sich selber spricht und wirkt und von uns nichts anderes verlangt, als dass wir uns ihr öffnen und auf sie hören. Wie gut, dass sie an unserm Weg steht, damit wir uns von ihr beschenken lassen dürfen. Unwesentlich ist, ob uns das leicht fällt oder schwer. Wesentlich ist, dass sie erklingt, uns ruft und Macht hat, uns zu wandeln."[109]

Vor diesem Hintergrund, angesichts dieser Haltung verwundert es nicht, dass Hanna schon bald nach ihrer Ankunft in der Evangelisch-Sozialen Frauenschule aneckte: Die Einrichtung war ihr „nicht fromm genug", wie sie in ihrem Vortrag „Prägungen" schrieb.[110] Hanna hatte einen eigenen Willen, der bis zum Eigensinn gehen konnte. Sie wurde schnell unduldsam, wenn sie sah, dass andere nicht nach denselben hohen Ansprüchen lebten wie sie selber: „In der Sozialen Frauenschule, die ich – immer noch im Krieg – besuchte, war ich aufmüpfig. Vieles passte mir nicht." Das kann auch Elsbeth Bühler bestätigen: „Sie war auch manchmal sehr kritisch und hat da schon etwas Wirbel gemacht, auch der Obrigkeit gegenüber. [...] Ja, eben ein bisschen mehr kirchliche Ausrichtung [hätte Hanna von der Einrichtung erwartet]. Wie gesagt, das Gegengewicht war der Pfarrer Hof an der Christuskirche. Der war sehr positiv, und das hat sie auch gesagt [gegenüber der Leiterin Julie Schenck]. Da hat sie kein Blatt vor den Mund genommen. Ist dadurch manchmal ein bisschen angeeckt bei der Obrigkeit. Aber im Grunde haben sie sie auch akzeptiert, so wie sie war. [...] Also wir haben alle von ihr profitiert. Sie war menschlich zugänglich und fröhlich, es war einfach eine gute Freundschaft, die daraus entstanden ist."[111]

So, wie Elsbeth Bühler diese Zeit erinnert, war Hannas Kritik zwar in erster Linie kirchlich-religiös, indirekt aber auch politisch motiviert. Das legt zumindest der Hinweis auf Otto Hof (1902 – 1980) nahe, dessen Vorlesungen die jungen Schülerinnen besuchten. Er war eine der bedeutendsten Persönlichkeiten der Bekennenden Kirche in Baden, nach 1945 wurde er Prälat und Oberkirchenrat der Landeskirche. Vor diesem Hintergrund hieß „zu wenig fromm" so viel wie „zu politisch", zu sehr angepasst an die nationalsozialistische Weltanschauung, wie die oben zitierte Äußerung von Schenck belegt. Hanna selber stellte die Situation in ihrem Vortrag „Prägungen" jedoch etwas anders dar. Ihr schien es tatsächlich nicht um die Politik zu gehen, sondern allein um die rechte Art, den Glauben zu leben. Und was das betraf, war sie durchaus selbstkritisch und

Bild 27
Elsbeth Bühler (2006), geb. Dick, machte mit Schwester Hanna zusammen die Ausbildung zur Gemeindehelferin in Freiburg.

„Sie kam nach ihrer Zeit im Krankenhaus in Berlin. Wir begegneten uns im Seminar, wo sie den zweiten Teil der Ausbildung mit uns gemacht hat. Sie war schon die Beste in unserer Runde. Äußerlich war sie eigentlich unscheinbar, schlank, ziemlich klein, aber sehr lebendig und fröhlich. Sie hat uns allen gutgetan. Also sie war eine fröhliche Glaubenszeugin. Da hat man wirklich nur Respekt haben können. Wir hatten mal irgendeine Diskussion gehabt nach einem Unterricht. Auf jeden Fall hat sie gesagt, also wenn wir mal im Himmel sind, dann gilt nur noch das Lob Gottes, Halleluja, dann ist alles andere unwichtig."

zur Einsicht fähig. Sie ließ sich davon überzeugen, dass sie bisweilen einen Hang zur Selbstgerechtigkeit an den Tag legte, also zu einer Haltung, die ganz und gar nicht christlich war, und zog daraus eine bemerkenswerte Schlussfolgerung: „Eines Tages rief mich die Leiterin und sagte: ‚Sie wollen immer so christlich sein. Aber von Ihrem Christsein merkt man überhaupt nichts. Wenn Sie sich in unsere Form nicht einfügen können, dann verlassen Sie unsere Schule.' Also: Auch mit der Maria stimmt es nicht bei Dir."[112] Hanna begann zu lernen, dass es verschiedene Weisen gab, im Glauben zu leben. Im Rückblick markierte diese Erfahrung ihren Eintritt ins Erwachsenenalter: „Es ist jugendlich und notwendig, dass wir lernen, was zu uns gehört. Aber dann kommt der Zeitpunkt, wo ich lernen muss, den andern ganz zu akzeptieren und auch seine Prägung, seine Art anzunehmen." Diese Einsicht war vor allem für das Verhalten zu den Kranken und Hilfsbedürftigen wichtig.

Als die Abschlussprüfung nahte, stellte der Vorsitzende der Finanzabteilung des Evangelischen Oberkirchenrates nach einer gängigen Praxis am 6. November 1941 einen Antrag bei der Geheimen Staatspolizei in Karlsruhe zur Überprüfung der politischen Haltung von Hanna Barner. Man wollte wissen, ob sie und fünf weitere Kandidatinnen politisch unbedenklich waren, bevor man ihnen die Zulassung zur Ausübung des Religionsunterrichts ausstellte: „Insbesondere ist mir zu wissen nötig: Ist Hanna Barner Mitglied der NSDAP? Gehört Hanna Barner einer Gliederung der NSDAP oder einem ihr angeschlossenen Verband an? Ist Hanna Barner Mitglied der NSV [Nationalsozialistischen Volkswohlfahrt]? Ist Hanna Barner Mitglied der Bekenntnisfront oder steht sie ihr nahe? Gehört Hanna Barner zu den ‚Deutschen Christen'? Hat sich Hanna Barner am Kirchenstreit beteiligt und zutreffendenfalls in welchem Ausmaß."[113] Am 28. November 1941 erhielt die Finanzabteilung des Evangelischen Oberkirchenrates Nachricht vom Kultusministerium, dass nach Auskunft der Gestapo Hanna Barner und die fünf anderen Gemeindehelferinnen „bisher in politischer und strafrechtlicher Hinsicht nicht in Erscheinung getreten seien. Danach können von hier aus Bedenken hinsichtlich der Erteilung des Religionsunterrichts bei den Genannten nicht erhoben werden."[114]

Am 17. März 1942, also schon nach einem Jahr, legte Hanna die Prüfung zur Gemeindehelferin und Religionshilfslehrerin mit guten und sehr guten Noten ab. Die Lehrprobe, die sie im Rahmen der Prüfungen abzuhalten hatte, basierte auf einem Text aus der Apostelgeschichte: „Der Hauptmann Kornelius" (Apg 10). Sie dauerte insgesamt 25 Minuten und brachte Hanna die Note 2 ein.[115]

III. Berufsleben

1. Gemeindehelferin in Mannheim 1942 – 1944

Zum 18. April 1942 trat Hanna ihre erste Stelle als Gemeindehelferin in der Mannheimer Markuspfarrei an.[116] Die Markuskirche war erst vier Jahre zuvor, am 24. Juli 1938, eingeweiht worden. Am Sonntag Jubilate, den 26. April 1942, wurde Hanna im Gottesdienst von Pfarrer Eugen Speck feierlich in die Gemeinde eingeführt. Die knapp dreijährige Arbeit mit Speck verlief reibungslos. Dass Hanna ausgerechnet bei diesem kirchlich-positiven und regimekritischen Mitglied des Pfarrernotbundes, der späteren Bekennenden Kirche, eingesetzt wurde, war sicherlich kein Zufall. Integre Vertreter des Oberkirchenrates, hier insbesondere Gustav Rost (1884 – 1958), und natürlich der Landesbischof selber kannten die Einstellung von Hanna genau. Sie war eine gute Ergänzung für Speck, der bereits früh Kontakt zu den führenden Persönlichkeiten der späteren Bekennenden Kirche geknüpft hatte und zudem als „Kirchlich-Positiver Vertreter" der vom Staat angeordneten Landessynode angehörte, die sich am 23. Juli 1933[117] konstituiert hatte. So schrieb Speck am 18. September 1933 an seinen Kollegen Karl Dürr (1892 – 1976), den späteren unerschrockenen Leiter des Pfarrernotbundes, der sich zahlreicher Repressalien der Nazis ausgesetzt sah, folgenden Brief, um ihm seine Bedenken gegen einzelne Passagen der von Martin Niemöller verfassten „Selbstverpflichtung der Mitglieder des Pfarrernotbundes" mitzuteilen: „Der Brief Niemöllers kam gestern morgen in meine Hände, also an dem 17., an dem Niemöller bereits meine Antwort haben wollte. Ich konnte natürlich am Sonntag die Kollegen nicht zusammenkriegen, habe sie aber heute sofort zusammengerufen, um die Sache zu besprechen. [...] Wir sind zu der Überzeugung gekommen, dass wir die Verpflichtung, so wie sie ist, nicht unterschreiben können. Wir haben allerdings das dringende Bedürfnis, unseren Brüdern, denen die Not auf den Nägeln brennt, irgendwie zu helfen."[118] Auch Speck übernahm aus strategischen Gründen ein Amt in der „Landesjugendkammer". Viele Anhänger der Bekennenden Kirche versuchten über diesen Weg, die Prägung der Jugend in ihrem Sinne zu sichern. Die Gottesdienste von Speck wurden regelmäßig von der Gestapo besucht. Bei der Verlesung des Hirtenbriefes von Landesbischof Kühlewein vom 21. Juli 1934 anlässlich der Eingliederung der Landeskirche in die Reichskirche erlaubte sich Speck, wie zahlreiche andere Pfarrer der Landeskirche auch, diesen mit einer eigenen Anmerkung zu verlesen.[119] Allein diese Tatsache veranlasste den Oberkirchenrat, mit Schreiben vom 18. August 1934 folgende Rüge zu erteilen: „Sie haben vor der Verlesung des Hirtenbriefes des Herrn Landesbischofs folgende Erklärung abgegeben: ‚Im schuldigen Gehorsam gegen die Anordnung der obersten Kirchenbehörde bringen wir folgenden Hirtenbrief unseres Herrn Landesbischofs zur Verlesung.' Der Auftrag hat dahin gelautet, dass Sie den Hirtenbrief des Herrn Landesbischofs der Gemeinde kundzugeben haben. […] Durch die Hinzufügung der obigen Erklärung hat zwar die Gemeinde wohl kaum erkennen können, dass Sie eine vom Hirtenbrief abweichende Stellung einnehmen. Trotzdem hätte sie unterbleiben müssen, da Sie doch tatsächlich Ihre abweichende Meinung damit andeuten wollten."[120] Dieses Schreiben belegt sehr gut die hektische Betriebsamkeit im damaligen Oberkirchenrat gegen „abtrünnige" Pfarrer. Ein Jahr später, zum 29. Juli 1935, erhielt Speck erneut Post vom Oberkirchenrat. Dieser bat um umgehende Mitteilung darüber, warum Speck eine beauftragte Rundfunkpredigt nicht gehalten habe, und fügte hinzu: „Ich habe gehört, dass Ihnen Ihre Predigt mit Streichungen zurückgegeben worden sei. Diese Predigt ist mir ebenfalls vorzulegen."[121] Speck wurde also nicht nur observiert und denunziert, sondern auch noch unverhohlen in seinen Predigten zensiert! Ein erdrückender Beleg dafür, dass die Führung der badischen Landeskirche, nahezu komplett, sehr früh gleichgeschaltet war. Den „Deutschen Christen" entging nichts mehr.

Die Dienstanweisung[122], die Hanna mit ihrem Arbeitsvertrag erhielt, vermittelt einen guten Überblick über das vielfältige und weitgesteckte Tätigkeitsfeld einer Gemeindehelferin. Sie sei deshalb an dieser Stelle in vollem Umfang zitiert:

§ 1
Es wird von der Gemeindehelferin erwartet, dass sie sich im Bekenntnis und Wandel als lebendiges Glied der evang. Landeskirche erweist und am gottesdienstlichen Leben ihres Dienstsprengels teilnimmt.
§ 2
Die Haupttätigkeit der Gemeindehelferin besteht in der Mitarbeit bei der Pflege des Gemeindelebens. Dazu gehört:

   1.) die Besuchstätigkeit. Diese soll der Herstellung einer lebendigen Wechselwirkung zwischen Gemeinde und Pfarramt dienen. Dabei umfasst der besondere Auftrag der Gemeindehelferin
      a) die Einordnung der Neuzugezogenen in die Gemeinde,
      b) die Aufrechterhaltung der evang. Familie (z. B. Besuche bei Bräuten,

Jungmüttern, evang. Frauen und Kindern in konfessionsverschiedenen Ehen),
c) die kirchliche Betreuung der weiblichen Alten und Kranken,
d) den nachgehenden Dienst an den der Kirche entfremdeten Frauen, wie
e) an den weiblichen Gemeindegliedern, die der seelsorgerlichen oder fürsorgerischen Hilfe im Einzelfall bedürfen (hier hat die Gemeindehelferin die erforderlichen Beziehungen zum Pfarrer, zu kirchlichen Hilfsstellen und zu den öffentlichen Ämtern herzustellen),
f) die Betreuung der Hausangestellten, sofern dafür nicht eine übergemeindliche Organisation sorgt.
2.) *die Mitarbeit in den Gemeindeorganisationen, d. h. an Arbeitseinrichtungen und Veranstaltungen der Gemeinde (z. B. Hilfsverein, Gemeindeabende, Mütter- und Frauenabende),*
3.) *die Mitarbeit in den kirchlichen Vereinen, auch in der übergemeindlichen Arbeit wie Missionsvereinen, Fürsorgevereinen usw.,*
4.) *die evang. Jugendarbeit. Sie umfasst Mithilfe in der kirchlichen Unterweisung, im Kindergottesdienst und dessen Helferkreis, in der Leitung der Gemeindejugend und in deren Einzelbetreuung,*
5.) *die karitative Arbeit an hilfsbedürftigen evang. Familien, an gefährdeten Kindern und Jugendlichen sowie an evang. Gemeindegliedern, die von der öffentlichen Wohlfahrtspflege ausgeschlossen sind, deren Betreuung aber vom kirchlichen Auftrag her begründet ist,*
6.) *die Führung und Instandhaltung des Verzeichnisses der Gemeindeglieder (Kartothek), anderer pfarramtlicher Listen (Gemeindejugend, Frauenarbeit, Freunde der Inneren und Äußeren Mission, Austritte und Übertritte, konfessionsverschiedene Ehen usw.), die Besorgung der schriftlichen Einladungen zu besonderen Gemeindeveranstaltungen (Gemeindeabende, Feste der kirchlichen Vereine);*
7.) *soweit sie die kirchenbehördliche Ermächtigung dazu besitzt, kann die Gemeindehelferin zur Erteilung von Religionsunterricht herangezogen werden. Diese Beschäftigung soll jedoch in der Regel die Zahl von 8 Wochenstunden nicht übersteigen.*
8.) *Ebenso kann sie aufgrund einer entsprechenden Ausbildung, soweit keine Sonderregelung getroffen ist, aushilfsweise im Organistendienst verwendet werden.*

§ 3
Die Gemeindehelferin hat ihre ganze Kraft in den Dienst der ihr zugewiesenen Aufgaben zu stellen. Andere Beschäftigungen darf sie ohne Genehmigung des Oberkirchenrats nicht übernehmen.
§ 4
Die Gemeindehelferin ist verpflichtet, sich zu den Dienstbesprechungen mit dem zuständigen Pfarrer, die wöchentlich mindestens einmal erforderlich sind, einzufinden, ebenso zu den in den größeren Gemeinden regelmäßig abzuhaltenden Arbeitsbesprechungen für die Gemeindehelferin.
§ 5
Die Gemeindehelferin hat über alles, was ihr in Ausübung ihres Berufes bekannt wird, Verschwiegenheit zu wahren.
§ 6
Die Gemeindehelferin hat in den 3 Jahren nach ihrer Erstanstellung jährlich im Laufe des Monats Januar über ihre Tätigkeit im verflossenen Jahr zu berichten. Der Bericht ist durch das zuständige Pfarramt und Dekanat an den Oberkirchenrat zu richten.
Vom 4. Dienstjahr ab legt die Gemeindehelferin ihren Tätigkeitsbericht zur Visitation der Kirchen- oder Sprengelgemeinde vor, in deren Dienst sie steht. Er hat unabhängig vom pfarramtlichen Visitationsbericht, mit dem er einzureichen ist, das gesamte Arbeitsgebiet der Gemeindehelferin zu berücksichtigen. Wertvoller als statistische Zahlen über Sprechstunden- und Besuchstätigkeit ist ein anschauliches Bild ihrer Arbeitserfahrungen, die Herausstellung von Wünschen und Notwendigkeiten, die sich daraus ergeben, namentlich auch der Erfordernisse, die künftig bei der Ausbildung von Gemeindehelferinnen berücksichtigt werden sollten.
§ 7
Die Gemeindehelferin hat im Falle von Krankheit oder dringender Abhaltung sofort das Pfarramt zu verständigen.

Hanna lernte in der Mannheimer Zeit auch den jungen Vikar Bühler kennen, der später Elsbeth Dick, eine Kurskollegin von ihr während der Freiburger Studienzeit an der Evangelisch-Sozialen Frauenschule, heiraten wird. Das Verhältnis zu dem jungen Vikar war wohl so gut, dass man sich darauf einigen musste, sich weniger oft gemeinsam in der Öffentlichkeit zu zeigen. „Und dann hat sie eben mit dem Vikar Bühler regen Kontakt gepflegt in Mannheim. Bis mein Mann dann gesagt hat, also so können wir nicht weitermachen. Mannheim ist ein Dorf, und da gibt's Gerüchte und das geht nicht, dass wir uns im Waldpark treffen. Aber sie sind miteinander in Vorträge gegangen."[123] Übrigens war es auch der gleiche Vikar Bühler, der schon einige Jahre zuvor bei einem angeregten Gespräch Hanna gegenüber festgestellt hatte, dass sie die richtige Gemeindehelferin für Pfarrer Speck sei: „Und die Hanna hat eben den Vikar Bühler voll in Beschlag genommen und hat mit ihm diskutiert, und dann hat mein Mann damals zu ihr gesagt, Sie sind die richtige Person für die Markuskirche in Mannheim. Also, er hat ja keinen Einfluss gehabt und nichts, aber sie kam dahin, nach dem Examen."[124]

Mannheim war für Hanna nicht nur politisch ein gefährliches Pflaster (wie erwähnt, stand ihr Dienstherr auf der Liste der Gestapo). Die Stadt wurde zudem wiederholt bombardiert und war zum Ende des Zweiten Weltkrieges nahezu vollständig zerstört. Hanna hatte großes Glück, als im März 1944 das Gesuch des Oberkirchenrates zu ihrer Versetzung nach Radolfzell eintraf. Denn nur wenige Monate später, am 19. Oktober 1944, wurde erst die Markuskirche, ein Vierteljahr darauf, am 1. Februar 1945, das Pfarrhaus durch Volltreffer zerstört.[125] Die Markuskirche lag in unmittelbarer Nachbarschaft zu den Lanz-Werken, einer kriegswichtigen Industrieanlage. In Mannheim war man sich seines Lebens nicht mehr sicher. Hanna hätte jederzeit ein Opfer der Bombardierungen werden können.

2. Gemeindehelferin in Radolfzell 1944 – 1947

Der Dekan von Konstanz, Fritz Mono, Nachfolger von Alfred Barner, erklärte mit Schreiben vom 28. April 1944 Hannas zukünftige Aufgaben.[126] Demnach hatte sie Religionsunterricht an den Schulen in Konstanz-Wollmatingen, Allensbach, Bohlingen, Weiler, Öhningen, Wangen und Gaienhofen zu halten, zudem Konfirmandenunterricht in Wollmatingen-Hegne sowie Gaienhofen und nicht zuletzt auch noch Gestaltung der Kindergottesdienste in Wollmatingen, Reichenau, Allensbach und Radolfzell. Langweilig wurde es Hanna zu dieser Zeit in diesem großen Bezirk sicherlich nicht. In jedem Fall lebte sie dort sicherer als in Mannheim. Die Region wurde von Bombardements komplett verschont. Zudem war Hannas Vater zu seiner Zeit als Konstanzer Dekanstellvertreter schon Vorgesetzter von Senges gewesen, der nun seinerseits ihr Vorgesetzter wurde. Er war ebenfalls ein „Kirchlich-Positiver", der das schon erwähnte Schreiben vom 7. November 1934 „Spaltung der Landeskirche muss verhindert werden"

Bild 28
Eberhard, Hannas Bruder

mitinitiiert hatte. Hanna hatte also wiederum einen Vorgesetzten, der ihrer persönlichen Einstellung zum untergehenden Nationalsozialismus entsprach. Mit ihrer Stellung als Gemeindehelferin in Radolfzell war Hanna zudem wieder „zu Hause" angekommen. Sie kannte die Region rund um den Bodensee aus ihrer Jugend.

Am 8. Mai 1945 endete schließlich auch der Zweite Weltkrieg, der weit über 50 Millionen Todesopfer gefordert hatte. Auch Hannas Familie blieb nicht verschont. Der zweite Bruder von Hanna, Eberhard, wurde kurz vor Kriegsende als vermisst gemeldet. Kurzfristig war er in eine Sanitätskompanie an die Front abberufen worden. Eberhard hatte, wie auch schon der Vater, in Tübingen Theologie studiert. Er sollte die Pfarrertradition der Familie weitertragen. Die Mutter und die Geschwister sahen ihn nie mehr wieder. Auch der Mann der Schwester Ursula, Ernst Willauer, ebenfalls Pfarrer und „Kirchlich-Positiver", kehrte als Militärpfarrer aus dem Krieg nicht mehr heim. Ursula Willauer blieb zurück mit ihren kleinen Töchtern Christa und Dorothea.[127] Ernst Willauer, der schon 1934, im Alter von 23 Jahren, in Heidelberg mit dem Thema „Das Problem der theologischen Anthropologie bei Karl Barth"[128] promoviert hatte, wäre ganz sicher vor einer großen theologischen Laufbahn gestanden. Die Mutter von Hanna hatte noch mehr Leid zu beklagen. Zwei Schwestern von ihr kamen mit ihren Familien kurz vor Kriegsende in Pforzheim und Berlin auf tragische Weise ums Leben. So blieben nach Kriegsende 1945 die Barner-Schwestern Hanna, Ursula, Ruth und Lore in enger Verbindung und würden sich in vorbildlicher Weise um ihre Mutter kümmern.

Mit Datum vom 14. Juli 1946 findet sich ein zweiseitiges Schreiben von Hanna an den neuen Landesbischof Julius Bender[129], in dem sie im Auftrag von Pfarrer Hermann Senges über dessen Arbeit im christlichen Landerziehungsheim, der heutigen Evangelischen Internatsschule[130], in Gaienhofen berichtete – ein merkwürdiger Vorgang, über dessen Hintergründe wir nichts erfahren, die uns aber auch nicht weiter zu interessieren brauchen. Interessant ist vielmehr der Brief selber, denn er gibt Auskunft über die Schwierigkeiten des Neuanfangs nach 1945 und über die Nöte einer Gemeindehelferin.

Nach dem Ende des Krieges und der Diktatur waren auch in der Evangelischen Kirche Menschen gefragt, die sich noch einen Rest von Idealismus bewahrt hatten und die praktischen Fähigkeiten besaßen, ihn umzusetzen. Pfarrer Senges war offensichtlich so jemand. Hanna wies darauf hin, dass er „eine ganz besondere organisatorische Gabe hat, Verbindungen knüpft, Beziehungen auszunützen versteht, sodass – wider alles Erwarten aller an der Schule Interessierten – sowohl die wirtschaftliche wie auch die schulische Seite von Woche zu Woche Fortschritte machte. Wie schwer das alles ist, brauche ich Ihnen ja nicht zu beweisen im Einzelnen. Heute hat die Schule fast mehr Schüler wie seit Jahren. Pfarrer Senges hat die sehr mangelhafte Ernährungslage mit Kühnheit und Zähigkeit für die letzten und nächsten schwierigen Wochen gesichert, Geschirr besorgen können und die sehr mitgenommenen Wohn- und Schulräume instand setzen lassen können."[131]

Schwerer als diese technisch-organisatorischen Probleme wog der Mangel an geeignetem Personal. Hanna erwähnte nicht, warum die bisherigen Lehrkräfte für die neuen Aufgaben nicht mehr infrage kamen, doch man darf vermuten, dass einige politisch belastet, andere nicht entsprechend ausgebildet oder zu unerfahren waren. Das legt zumindest der folgende Passus nahe: „Sehr schwierig war die Ablösung der bisherigen Lehrkräfte, die zum Teil eine Haltung hatten, die in einer christlichen Schule untragbar war. Außerdem ist es sehr wenigen gelungen, sich durchzusetzen, da der Geist dieser Schule nicht angetan war, die Autorität der einzelnen Lehrer zu stärken. Eine straffe Disziplin lag ihr völlig fern. Das habe ich 2 Jahre lang selber erlebt. Aber mit viel Klugheit und zäher Widerstandskraft ist es Pfarrer Senges jetzt gelungen, fast alle untragbaren Lehrkräfte zu ersetzen. Die neuen Lehrer scheinen – was ich aus den sehr vertrauensvollen Erzählungen der älteren und jüngeren Mädels erfahren konnte – einen neuen Geist mitzubringen. Vor allem wird tüchtig gearbeitet und viel verlangt, sodass vor allem eine straffe Haltung in die Schule kommt." Besonders dieser letzte Aspekt verdient Beachtung, denn er sagt nicht nur etwas über Pfarrer Senges aus, sondern mindestens ebenso viel über Hanna selber. Fleiß und Disziplin waren auch für sie Tugenden, die das Leben bestimmten und deshalb bereits in der Schule eingeübt werden mussten.

Durch ihre weitgehende Anpassung an den nationalsozialistischen Staat hatte die Evangelische Kirche viel von ihrer Legitimation verloren, sodass es ihr nur mühsam gelang, im geistigen Vakuum der Nachkriegszeit ein glaubwürdiges Sinnangebot zu unterbreiten. Diese Sorge teilte auch Hanna. So schrieb sie an den Landesbischof: „Ob durch die neuen Lehrer und den intensiven Religionsunterricht ein echter, lebendiger christlicher Geist in die Schule kommen wird, liegt mir sehr am Herzen. Das muss ja erst wachsen. Noch nie habe ich es so empfunden wie dort drüben am See, wie schwer es ist, von einem Leben mit Christus zu zeugen ohne den Hintergrund einer Gemeinde."

Angesichts dieser Nöte war es für Hanna von besonderer Bedeutung, dass die Kirchenleitung für die Probleme an der Basis nicht nur ein offenes Ohr hatte, sondern auch bemüht war, sich vor Ort ein Bild zu machen. Deshalb schloss sie ihren Brief an den Landesbischof mit einem herzlichen Wort des Dankes. Bender hatte die Gemeinde Radolfzell kurz zuvor besucht und dort einen Gottesdienst abgehalten, aus dem sie Mut und Kraft für ihre weitere Arbeit schöpfte: „Ihr Besuch in der Gemeinde hat ein gutes Vertrauen hinterlassen. Die innere Wärme jenes Gottesdienstes wird oft besprochen. Ich persönlich freue mich heute noch, dass ich so offen und frei mit Ihnen reden durfte. Wir, die vom ‚niederen Klerus', wie wir in Mannheim oft genannt wurden, stehen ja mit besonderer Freude in der Landeskirche. Nicht nur weil wir ab und zu mal Hilfe suchen beim Oberkirchenrat zum Schutz unseres Amtes, sondern weil wir durch Freiburg so stark untereinander verbunden und miteinander immer wieder ausgerichtet werden auf die Bedürfnisse und Notwendigkeiten, die sich aus der Zeit heraus für die Landeskirche ergeben. Und wenn man persönliches Vertrauen haben kann zu den Männern, die die Verantwortung tragen müssen, ist die Freude an der Arbeit doppelt groß. Denn wir lieben alle unsere Arbeit besonders."

Dass Hanna dem Landesbischof so offenherzig schrieb, kam nicht von ungefähr. Julius Bender war von 1928 bis 1946, als er zum Landesbischof ernannt wurde, in fast unmittelbarer Nachfolge von Hannas Vater Vorsteher des Mutterhauses in Nonnenweier.[132] Oft wurde und wird Julius Bender als der erste Vorsteher der Einrichtung genannt, Alfred Barner war ja nur Inspektor gewesen. Richtig ist jedoch, dass vor Bender, in den Jahren von 1925 bis 1928, Pfarrer Friedrich Bastian der erste Vorsteher war. Und von wem wurde Bastian damals in diese Position gebracht? Von Alfred Barner natürlich, denn bei ihm war er an der Dorfkirche zu Nonnenweier Pfarrvikar.

Landesbischof Bender wusste also sehr genau, aus welchem Hause Hanna stammte. Darüber hinaus war er sicherlich von ihrem schon damals ausgeprägten Charisma beeindruckt. So antwortete er ihr bereits vier Tage später in ebenso herzlicher Weise: „Liebes Fräulein Barner! Sie haben mir mit Ihrem Bericht vom 14. 7. über das christliche Landerziehungsheim in Gaienhofen eine richtige Freude gemacht. Dafür danke ich Ihnen. Das Entscheidende freilich, das haben Sie selbst angedeutet, ist die Erfüllung nicht nur des Religionsunterrichts, sondern des Gesamtunterrichtes, ja des gesamten Lebens in der Schule mit dem lebendigen Worte Gottes. Das kann nur durch eine, wenn auch noch so kleine Gemeinschaft von rechten Christenleuten seinen Ausgang nehmen. Ich denke noch gerne an meine Reise durch den Seekreis. Gott erhalte uns in der erkältenden Luft unserer Tage ein warmes Herz durch sein Wort für die Gemeinde."[133]

Im September 1946 bat Hanna den ihr persönlich gut bekannten Oberkirchenrat Gustav Rost zur Überprüfung der Frage, ob sie nicht zu ihrer Familie nach Freiburg zurückkehren könne.[134] Rost besprach ihr Anliegen umgehend mit dem Kreisdekan (heute würde man sagen: dem Prälaten) Otto Hof, der Hanna und ihre Familie natürlich auch persönlich kannte und ebenfalls alle Hebel in Bewegung setzte. Allerdings sollte es noch ein Jahr dauern, bis Hannas Wunsch entsprochen wurde. Immerhin teilte Oberkirchenrat Rost die Versetzung nach Freiburg bereits im Sommer 1947 Hannas Mutter mit: „Sehr geehrte Frau Pfarrer! Ich danke Ihnen für Ihre freundlichen Zeilen vom 17. Juni 1947. Der Brief ist durch den Aufenthalt bei der Zensur erst dieser Tage bei mir eingegangen. Die beiliegende Bescheinigung bestätigt Ihnen die Richtigkeit Ihrer Annahme, dass Ihr Fräulein Tochter die Nachfolgerin von Fräulein Buck als Gemeindehelferin an der Christuskirche werden soll."[135] Auch die Mutter wollte die älteste Tochter wieder in ihrer Nähe wissen – verständlich bei all dem Leid, das ihr durch den Krieg widerfahren war.

3. Gemeindehelferin der Christuspfarrei und Heimleiterin der Evangelisch-Sozialen Frauenschule in Freiburg 1947 – 1951

Zum 1. Oktober 1947 trat Hanna die Stelle der Gemeindehelferin an der Christuskirche in Freiburg an. Endlich wieder zu Hause bei der Familie! Sie konnte sich jetzt wieder mehr um die Mutter kümmern. Auch die Stadt selber war ihr natürlich bestens vertraut. Sie kannte Freiburg ja schon aus ihrer Studienzeit wenige Jahre zuvor. Hinzu kam, dass der Sohn des früheren Landesbischofs Julius Kühlewein, Berthold Kühlewein, Pfarrer an der dortigen Christuskirche war. Wir erinnern uns: Landesbischof a. D. Julius Kühlewein war Hannas Onkel, sein Sohn Berthold also ein Cousin. So wurde die Gemeindearbeit quasi zu einem Familienbetrieb.

Knapp zwei Jahre später machte die Gemeindehelferin Hanna Barner einen ersten Karrieresprung. Da sie eine begnadete Organisatorin war, wurde sie zum 1. Juli 1949 mit der Heimleitung der Evangelisch-Sozialen Frauenschule beauftragt.[136] Obwohl sie in ihrer Studienzeit an dieser Einrichtung als rebellisch gegolten hatte, berief man sie zur Nachfolgerin von Liselotte Rost, geborene Kattermann, seit 1932 Heimleiterin an der Evangelisch-Sozialen Frauenschule und engste Vertraute von Schulleiterin Julie Schenck. Diese konnte denn auch im

Adventsbrief von 1949 ihre Enttäuschung über den Weggang kaum verbergen: „Wie ihr Name [gemeint ist die gerade verstorbene Freifrau von Marschall, Mitbegründerin der Einrichtung], ihr Wesen und ihr Wirken seit der Geburtsstunde der Schule unter uns ist, so klingt seit dem ersten Jahr unserer ‚Residenz' im Wichernhaus der Name Liselotte Kattermann – jetzt Frau Liselotte Rost – mit dem Leben unserer Schule zusammen und ist mit den besonderen Erinnerungen, die sich an den Adventskranz und den Kerzenschein knüpfen, verbunden. Erst als jüngste Schülerin ihres Jahrgangs, dann als ‚Ehemalige', sehr bald als Sekretärin der Schule, von 1932 ab als Leiterin des Schülerinnenheims, bis sie uns am 21. April 1949 der in allen anderen Dingen so treuliche Freund und Förderer unserer Arbeit, Herr Oberkirchenrat Rost, fortgeholt hat in seine Häuslichkeit in Ettlingen und in sein Leben hinein. Das Ereignis hat sich, wie viele wichtige Ereignisse, ganz in der Stille vollzogen. So kommt es, dass einige von Ihnen doch ganz überrascht sein mögen; es kommen ja immer noch Briefe an Fräulein Kattermann an."[137] Was dann folgte, konnte durchaus als Vorwurf gelesen werden. Julie Schenck hatte kein Verständnis dafür, dass eine verdiente und bewährte Kraft ausgerechnet von einem prominenten Mitglied der Landeskirche, von Oberkirchenrat Gustav Rost, durch Heirat „fortgeholt" wurde. „Was soll man dazu sagen? [...] Es sind keine Lebenszusammenhänge zerstört, sie sind wahrscheinlich tiefer und fester geworden. Aber es ist schon ein unübersehbarer Einschnitt, wenn einer aus einer mehr als zwanzigjährigen täglichen Arbeitsgemeinschaft ausscheidet und andere an seinen Platz treten müssen."

Diese Zeilen der Anklage, die der Vergangenheit nachtrauerten, ließen nichts Gutes hoffen für Hannas Start in die neue Aufgabe. Da es sich bei diesem sehr emotionalen und persönlichen Bekenntnis nicht etwa um einen privaten Brief der Schulleiterin, sondern um eine offizielle Publikation der Schule handelte, erhielt die Enttäuschung über Liselotte Rosts Ausscheiden sozusagen einen amtlichen Status. Umso höher ist es deshalb zu bewerten, dass Julie Schenck trotz ihrer nicht zurückgehaltenen Gefühle auch für Hanna ein liebevolles Wort hatte: „Im Haus hat Fräulein Barner, weiland Gemeindehelferin an der Christuskirche in Freiburg, die Nachfolge von Frau Rost angetreten. Auch und besonders in ihre Hand ist in der Gestaltung des häuslichen Lebens und der Schulfeste die Aufgabe, Brücke zu sein, gegeben; sie weiß, mit wie viel Vertrauen wir sie in diese Arbeit geholt haben aus einem sehr geliebten Dienst, den sie nicht leicht aufgegeben hat; sie ist den jetzigen Schülerinnen zugetan in der Unzahl der täglichen Begegnungen; sie reicht den Ehemaligen herzlich die Hand – das haben schon einige erfahren, und alle andern laden wir ein, bei der Durchreise durch Freiburg die alte Gastfreundschaft zu erproben. Wir wünschen ihr und uns, das die Schule ihr so lieb werde wie die Gemeinde, aus der sie kommt."[138] Gerade vor dem Hintergrund vergangener Spannungen war das nicht selbstverständlich.

Ähnlich positiv äußerte sich Julie Schenck im Adventsbrief 1951, als Hanna Barner bereits ihre Aufgabe in den Korker Anstalten angetreten hatte: „Viele von Ihnen werden es schon wissen, dass unsere bisherige Hausmutter, Hanna Barner, als Diakonisse in Kork eingetreten ist und dort einer neuen notwendigen Arbeit entgegengeht. Da es die schwesterlich unserer Aufgabe verbundene Mutterhausdiakonie ist, die sie gerufen hat, dürfen wir ihr nicht traurig nachsehen, sondern hoffen und wünschen, dass hier eine neue Klammer entsteht zwischen den verschiedenen Formen diakonischen Dienstes, die in unserer Zeit nebeneinander und eben nicht nur nebeneinander stehen."[139] Die Differenzen, die im Ausbildungsjahr 1941/42 zwischen beiden Frauen bestanden hatten, waren also längst ausgeräumt. Für das gute Verhältnis sprach nicht zuletzt die Tatsache, dass die Evangelisch-Soziale Frauenschule im darauffolgenden Jahr die Korker Anstalten im Rahmen einer Studienfahrt besuchte. Zwei Schülerinnen berichteten im Adventsbrief 1952: „Den ganzen letzten Nachmittag unserer Studienfahrt verbrachten wir bei den Kranken. Der Rundgang durch die verschiedenen Häuser der Anstalt mit Schwester Hanna Barner zusammen brachte teilweise sehr erschütternde Eindrücke, aber auch die Erfahrung, dass hier in aller Stille Menschen mit großer Liebe und Hingabe Tag für Tag einen sehr schweren Dienst tun. Wir konnten neu begreifen, wie sehr gerade Schwester Hanna mit dieser Arbeit verbunden ist. Und wir waren besonders dankbar dafür, dass ihre alte Verbundenheit mit unserer Schule auf dem neuen Arbeitsfeld so sichtbar wurde."[140]

IV. Lebensaufgabe Kork

1. Das Jahr der Entscheidung 1950 – 1951

Wie war Hanna Barner nach Kork gekommen? Bei einer Predigt von Pfarrer Gustav Adolf Meerwein (1898 – 1969) in der Freiburger Christuskirche am Sonntag, den 8. Oktober 1950, über das Werk der Korker Anstalten war auch sie anwesend. Meerwein war zu dieser Zeit der Anstaltsleiter in Kork und suchte nach einer Krankenpflegelehrerin und Probemeisterin, die – bei entsprechender Eignung – später auch die Nachfolge der amtierenden Oberin Elisabeth Grüninger antreten sollte.[141] Nach dem Gottesdienst kam es zu einer geplanten Unterredung zwischen beiden. Eingefädelt wurde das Treffen durch Hannas Cousin Berthold Kühlewein, der schon seit 1946 dem Verwaltungsrat der Korker Anstalten angehörte und später als Vorsitzender des Verwaltungsrates von den Nöten seines Kollegen Meerwein wusste.[142]

Die Aufgabe einer Probemeisterin bestand darin, die sogenannten Probeschwestern, also Frauen, die sich für das Amt der Diakonisse oft über Jahre hinweg vorbereiten, bis zu deren Einsegnung in allen aufkommenden Glaubens- und Lebensfragen zu begleiten. Häufig war sie kraft Amtes die Stellvertreterin der Oberin. In der Leitung eines Diakonissenhauses kam ihr also eine bedeutsame Rolle zu. An die Frau, die dieses Amt übernahm, waren hohe Ansprüche gestellt.

Meerwein war sich nach dem Gespräch sicher, fündig geworden zu sein. Die kluge, weitsichtige und charismatische Hanna Barner, die bereits zahlreiche Erfahrungen als Krankenschwester, Gemeindehelferin und „Hausmutter" einer Frauenschule gesammelt hatte, war genau die Person, die Kork dringend benötigen würde. Außerdem kannte er die Familie Barner gut genug, um zu wissen, was er von ihr erwarten durfte.

Hanna selber sah die Sache jedoch ganz anders. Obwohl darauf vorbereitet, war sie mit dem Verlauf des Gesprächs nicht zufrieden. Für sie war klar gewesen, dass sie Meerwein eine Absage erteilen musste, doch sie hatte nicht damit gerechnet, wie schwer ihr das fallen würde. So sah sie sich genötigt, ihm noch einmal zu schreiben und ihre Absage zu erklären. Damit begann ein Briefwechsel, der sich über nahezu ein ganzes Jahr erstrecken sollte und Hannas Entscheidungsprozess in einer Eindringlichkeit vor Augen führt, dass ich ihn hier in voller Länge zitieren möchte.[143] Hinsichtlich seines existenziellen Ernstes ist er sogar noch bedeutsamer als der vier Jahrzehnte später gehaltene Vortrag „Prägungen", der uns bisher so wertvolle Einsichten in Hannas Persönlichkeit gegeben hat. Denn während Hanna dort in einer Haltung geistiger Überlegenheit und Souveränität auf ihr Leben zurückblickt, erscheint hier, in den Briefen des Jahres 1950/51, ihr Leben in voller Dynamik. Daran ändert auch die bedauerliche Tatsache nichts, dass die Korrespondenz nur unvollständig erhalten ist. Obwohl ausgerechnet jener Brief fehlt, in dem Hanna schließlich ihre Zusage gibt, sodass die Motive ihrer Entscheidung im Dunkeln bleiben, erfahren wir doch einiges über die Motive ihres Zögerns.

Hanna Barner an Pfarrer Adolf Meerwein, 8. Oktober 1950

Lieber Herr Pfarrer,
da wir heute Nachmittag zu keinem richtigen Gespräch – und Sie somit auch zu keiner klaren Antwort von mir kommen konnten, will ich Ihnen diese einfach kurz schreiben – dass heute ein Großangriff von Ihrer Seite kommen würde, habe ich seit letzten Sonntag gewusst, als Berthold in der Kirche Ihr Kommen ansagte. Und ich kann Ihnen ruhig sagen, dass ich mich in der vergangenen Woche ernsthaft darauf vorbereitet habe. Sonst hätte ich Ihnen in der Kirche nicht so unmittelbar meine fertige Antwort gegeben. Ich weiß auch, dass die Form und die Art, wie Sie mir begegneten, aus Ihrer großen Notlage kommt, die ich mir jetzt ungefähr vorstellen kann. Ich habe mich auch dieser Not nicht verschlossen, sondern sie als einen ganz persönlichen Anruf an mich verspürt. Ich möchte Ihnen auch ausdrücklich noch einmal sagen, dass nicht „die Diakonisse" es ist, die mich abhält, zu Ihnen zu kommen. Ich hoffe, sagen zu dürfen, dazu wäre ich jederzeit bereit, weil ich glaube, dass das irgendwo in der Bestimmung meines Wesens liegt, diakonisch zu arbeiten – ob mit oder ohne Tracht.

Und doch bin ich innerlich darüber ganz sicher, dass ich jetzt hier meinen Platz nicht verlassen darf. Nicht weil ich nicht wüsste, dass andere die Arbeit genauso machen könnten (ich habe genug Schwächen, die diese Arbeit wie eine solche bei Ihnen ernsthaft gefährden können), sondern weil ich glaube, dass ich gerade im Begriff bin, Entscheidendes zu lernen an Menschenführung, eigener Lebensführung und -haltung und einem wirklichen Dienen mitten im „Leiterin" eines Schülerinnenheims sein. Alles, was ich hier nicht ganz leicht fassen konnte, ist mir eine Hilfe geworden, mich und meine eigentliche Wesensbestimmung in der Grundrichtung neu und klarer zu erkennen und darauf zuzuleben. Und ich bin nun voll Vertrauen, dass der, der mich in diese meine jetzige Arbeit geführt hat, mir meinen weiteren Lebensweg klar und deutlich weisen wird.

Aber das sehe ich ein, dass ich einmal kommen muss, um das Leben bei Ihnen einmal wenigstens von außen kennenzulernen.

Trotzdem möchte ich Ihnen für diese Frage heute danken. „Großangriffe" machen einem immer die eigene und die fremde Haltung deutlich.

Mit herzlichem Gruß Ihre
Hanna Barner

9. 10. Ich habe heute Nachmittag auch mit Frl. Dr. Schenck gesprochen und wurde in meiner Entscheidung bestärkt. Allerdings auch darin, daß ich meinen Besuch an Weihnachten fest ins Auge fassen möchte.

Pfarrer Adolf Meerwein an Hanna Barner, 4. November 1950

Liebes Fräulein Barner!
Fräulein Gretel Clausing, die heute nach Freiburg zurückfährt, ist bereit, meine Antwort auf Ihr Schreiben vom 8. 10. für Sie mitzunehmen.

Ich will mich ganz kurz fassen. Was sollte ich auch viel Worte über die Enttäuschung machen, die mir Ihr Brief bereitet hat. Aber ich verstehe Sie auch. Es muss ja jeder Mensch seinen Weg gehen, so wie Gott uns führt.

Ich danke Ihnen aber doch sehr herzlich, dass Sie uns an Weihnachten besuchen wollen. Sie lernen dann nicht nur unser Werk kennen, sondern wir haben dann wohl auch genügend Zeit, um uns gründlich miteinander auszusprechen.

Ferner danke ich Ihnen auch noch dafür, dass Sie mir so offen geschrieben haben. Also auf ein frohes Wiedersehen an Weihnachten. Schreiben Sie mir bitte, wann ich Sie erwarten darf; selbstverständlich können Sie bei uns übernachten.

Ihr Pfarrer Meerwein

Hanna Barner an Pfarrer Adolf Meerwein, 28. Januar 1951

Lieber Herr Pfarrer,
es ist gewiss nicht Undankbarkeit oder Interesselosigkeit, dass ich erst heute mich noch einmal herzlich für die beiden Tage in Kork bedanken möchte. Sie bedeuten mir mehr für mein Leben, als ich so einfach sagen kann. Zunächst

haben Sie mich einfach einmal hier richtig in die Arbeit gestellt. Ich habe bei Ihnen erst recht erkannt, was ich hier für eine Aufgabe habe. Und manches gute Wort, manches, was ich gesehen oder nicht gesehen habe, geht nun mit mir im Alltag. Und dafür möchte ich Ihnen danken. Ich weiß, damit ist Ihnen nicht geholfen, und ich würde Ihnen gerne helfen. Aber es ist doch so, dass ich Kork lieb gewonnen habe. Lieb gewonnen im Guten und auch die Nöte. Ich denke jetzt immer wie an etwas Vertrautes daran zurück.

Manchmal denke ich, dass ich gerade in einer Zeit lebe, wo ich zur Besinnung kommen soll, wo nicht eine Arbeit die andere jagt. Und solche Zeiten, in denen man stillhalten muss, dem was einem gesagt wird [sic!], sind mir schon immer schwerer gewesen wie die anderen, in denen man sich selbst vergessen durfte im Guten aber eben auch im Bösen. Wohin das alles führt, das wird mich selbst wundern. Es mag für Sie eine Beruhigung sein, dass ich ja Berthold gegenüber ein offenes Vertrauen habe und sein Rat für mich mehr bedeutet als der Rat fast aller Menschen, da ich in ihm immer ein Stück Vater sehe. Und wenn ich mich in meinen wichtigen Lebensentscheidungen auch nicht von einem Menschen leiten lassen darf und möchte, so weiß ich doch, dass Berthold, ohne dass ich viel mit ihm reden müsste über alles, ein besonderes Verständnis für mein Wesen und Leben hat. – Dies schreibe ich nur, weil ich durch mancherlei Erfahrungen der letzten Monate die Sicherheit in mir selbst ein wenig verloren habe und augenblicklich gar nicht fähig wäre, mein Leben wie bisher immer in die Hand zu nehmen und in eine neue Aufgabe zu springen. Denn jeder „Ruf" ist auch der Ruf zu einer klaren eigenen Entscheidung.

Sehen Sie bitte diesen Brief nicht an als Unentschlossenheit oder wie auch sonst, sondern als ein Stück Vertrauen und Zeichen dafür, dass ich mich von Ihrem Werk habe anrühren lassen, sodass wirkliche Kräfte daher in meinen Alltag gekommen sind.

Grüßen Sie bitte Frau Oberin herzlich von mir.

Und herzlichen Dank und viele Grüße auch an Frau Pfarrer. Ihre Familie war mir ja schon ein wenig bekannt und ist mir durch alle Freundlichkeit und Herzlichkeit, mit der mir alle entgegenkamen, lieb geworden.

Aber mein besonderer Dank gilt doch Ihnen. Auch für alles Vertrauen und die Offenheit, mit der sie mit mir gesprochen haben über die Sie bewegenden Fragen.

Ihre Hanna Barner

Pfarrer Adolf Meerwein an Hanna Barner, 1. Februar 1951

Liebes Fräulein Barner!
Ihr lieber Brief vom 28. 1. hat mich sehr bewegt. Ich weiß auch, dass Sie selbst zu einer Klarheit kommen müssen, und will Sie deshalb nicht drängen. Aber schreiben möchte ich Ihnen doch, dass ich Ihnen für Ihren Brief dankbar bin.

Über meine eigene Not und über die große Sorge, wer mir helfen wird zu einer rechten Führung meiner Schwesternschaft und beim Unterricht in der Krankenpflegeschule, die am 1. April ds. Js. eröffnet werden soll, haben wir ja miteinander gesprochen, und Sie wissen das alles. Ich kann nur warten und hoffen, dass zur rechten Zeit auch eine Hilfe kommt. Dieses Warten haben wir hier in Kork in großen Notjahren gelernt, und auch jetzt müssen wir hier wieder in eine rechte Schule gehen.

Es ist eigenartig, dass z. B. in der Koksversorgung ich immer nur einen Vorrat für 4 Tage bekommen kann, dass es aber tatsächlich in den letzten Wochen so gegangen ist, dass zur rechten Zeit immer etwas kam. Man darf nur nicht ungeduldig werden.

So kann ich auch Ihnen nur raten zu warten, bis Gott Ihnen eine ganz klare Entscheidung schenkt. Und ich will es so annehmen, wie es Ihnen gegeben wird.

Es grüßt Sie herzlich Ihr Pfarrer Meerwein

Pfarrer Adolf Meerwein an Hanna Barner, 18. April 1951

Liebes Fräulein Barner!
Seit 1. April warte ich Tag für Tag auf Ihre Zusage, und Sie dürfen mir das nicht übel nehmen. Denn am 1. Mai beginnt meine Krankenpflegeschule. Ohne dass ich Aufforderungen hinausgehen ließ, haben sich genügend Schülerinnen gemeldet, und ich glaube, es sind sehr feine Menschenkinder.

Nun kann ich aber diese Schule nicht durchführen, wenn mir eine Lehrerin fehlt. Und dass meine 12 Probeschwestern dringend einer Probemeisterin bedürfen, wissen Sie auch. Ich kann jetzt nur noch hoffen, dass Gott mir in letzter Stunde diese so dringend erforderliche und erbetene Hilfe schenkt.

Wie glücklich wären wir alle, wenn er uns Sie ins Haus senden würde.

Es grüßt Sie herzlich Ihr Pfarrer Meerwein

Hanna Barner an Pfarrer Adolf Meerwein, 20. April 1951

Lieber Herr Pfarrer,
haben Sie herzlichen Dank für Ihren gestrigen Brief. Dass Sie noch immer ohne Antwort waren, lag wirklich nicht in meiner Schuld.

Zuerst konnte Berthold nicht mit Frl. Dr. Schenck reden, weil bei uns Examen und die schwere Krankheit von Herrn O. K. Rost auf uns lastete. Und wie Sie ja wissen, liegt Berthold seit 3 Wochen fest an dieser Kniegelenksentzündung, die anders als die letzte ist, furchtbar schmerzhaft, und nun kommt er morgen heim, ohne die geringste Besserung, mit dem Gipsbein, und es muss vor allem der Gehversuch abgewartet werden. Die Sorge ist groß. Aber da verstehen Sie, dass ich selbst auf eine besondere Weise in die Ungewissheit gestellt bin und jetzt erst recht nicht entscheiden kann.

Berthold, den ich gestern in einem erträglichen Augenblick fragte, meinte auch, ich möchte Ihnen schreiben, dass Sie nun eben eine Lehrerin einstellen möchten. Wenn Ihnen in der nächsten Zeit ein geeigneter Mensch begegnet, dann würden wir es eben als Fügung verstehen, dass ich nicht kommen soll. Sonst will Berthold die Sache in die Hand nehmen, wenn er wieder gesund ist.

Um Berthold sind wir in ernster Sorge. Das Röntgenbild ergab zwei entzündliche Stellen, und Dr. Ruska sagte etwas davon, daß der Knochen bereits angegriffen sei. Er war sich nicht ganz im Klaren, ob das nicht vom Gips kommt, und hat diesen deshalb abnehmen lassen. Aber es war doch ein eindeutiger Befund. Er hat jetzt als neuestes Mittel [...], das in großen Mengen sich steigernd gegeben wird. Sie können sich ja ärztlich so gut orientieren, dass ich keine Vermutungen und falschen Befürchtungen aussprechen muss, der Befund, die Art der wühlenden Schmerzen, die bei absoluter Ruhestellung durch den Gips in keinster Weise behoben sind, auch seine psychische Verfassung – er ist sehr labil und wechselnd, was ich an Berthold sonst doch eigentlich nicht kenne – ist ernst genug. Jedenfalls rechnet der Arzt noch mit Wochen. Wie das auf die Dauer daheim gehen wird, ist noch unklar. Vorläufig ist er dankbar, Frischluft zu atmen, seine Kinder um sich zu haben und sich in sehr bescheidenem Maß um sein Pfarramt kümmern zu können. Er ist aber z. B. noch nicht fähig, irgendetwas zu lesen oder gedanklich zu ordnen. Er bat mich deshalb, Ihnen etwas ausführlicher zu schreiben, da er das natürlich nicht kann.

Vielleicht denken Sie, dass Bertholds Krankheit ja wohl wenig mit meinen Entschlüssen zu tun haben dürfte. Aber es ist nun mal alles so seltsam verwickelt und schwierig, dass ich innerlich in eine noch unklarere Sicht gekommen bin, seit Sie hier waren. Unklarheit liegt sonst nicht in meinem Wesen, darum ist es doppelt schwer zu ertragen. Es tut mir sehr leid um der Sache willen, denn ich kann ermessen, was das für Sie bedeutet. Aber ich kann jetzt nicht anders.

Mit herzlichen Grüßen
Ihre Hanna Barner

Pfarrer Adolf Meerwein an Hanna Barner, 28. Juni 1951

Liebes Fräulein Barner!
Eigentlich wollte ich in dieser Woche nach Freiburg fahren, um Berthold zu besuchen und bei dieser Gelegenheit auch Ihnen mündlich für Ihren lieben Brief zu danken. Nun ist mir das aber nicht möglich. Dafür hoffe ich, dass wir uns in der nächsten Woche in Freiburg sehen und sprechen können. Mit der Beantwortung Ihres Briefes kann und möchte ich aber nicht so lange warten, wenn ich auch nicht viel zu schreiben habe. Denn alles, was jetzt unter uns zu erledigen ist, muss ja einer persönlichen Besprechung vorbehalten bleiben.

Das aber möchte ich Ihnen doch jetzt schon sagen, dass Ihr endgültiger Entschluss mich mit einer ganz großen Dankbarkeit erfüllt. Als ich am letzten Montag nach meiner Rückkehr vom Karlsruher Jahresfest Ihren Brief las, musste ich Gott danken, dass er uns endlich die Hilfe sendet, die wir uns schon so lange erbeten haben und ohne die wir ja unser Werk gar nicht weiterführen könnten.

Und so nehmen wir Sie in unsere Mitte auf als ein von Gott erbetenes Geschenk und sind dessen gewiss, dass Sie in seinem Segen und in der Kraft seiner Gnade hier arbeiten und damit auch die Erfüllung Ihres Lebens finden dürfen.

Es grüßt Sie, auch von Schwester Elisabeth und allen, die hier auf Sie warten, in herzlicher Verbundenheit

Ihr Pfarrer Meerwein

Hanna Barner an Pfarrer Adolf Meerwein, 16. Juli 1951

*Lieber Herr Pfarrer,
Ihr letzter Besuch hat mich – wie Sie sich wohl denken können – vor neue und nicht ganz leichte Fragen gestellt. Man kann ja gegen solche schicksalhafte Einbrüche gar nichts anderes tun, als sich fragen, was bedeuten sie für mich. Ich nehme zwar an, dass es sich für Sie bereits entschieden hat und so, dass Sie bleiben. Es ist mir bei allem ganz klar geworden, mein Entschluss, nach Kork zu gehen, kam durch die Tatsache, dass ich wusste: mit Ihnen zusammen eine Arbeit zu tun, Helferin zu sein in den tiefer liegenden, wesentlichen Ordnungen der Schwesternschaft und die Arbeit an den Jungen dann aufbauend zu dieser Ordnung hin. Mit der Zusammenarbeit steht und fällt natürlich so eine schwierige Aufgabe.*

 Die letzten Monate waren ja für mich sehr schwer, und ich konnte mich nicht so recht auf das Neue einstellen. Aber jetzt denke ich manchmal, ich müsste doch ein […] klareres Bild von allem, was ich tun soll, haben, da es ja vielleicht auch nötig sein könnte, in den Monaten bis dahin mich mit dem Nötigen zu beschäftigen.

 Um das eine noch einmal ganz klar zu sagen. Ich habe an den O. K. geschrieben, dass ich in Kork eine Probezeit von 1/2 Jahr hätte, und dass ich darum bäte, eventuell wieder als Gemeindehelferin aufgenommen zu werden, was mir O.K. […] auch zugesagt hat. Ich wollte Ihnen das aber doch noch einmal sagen, weil wir über diese Fragen vor längerer Zeit ja nicht bindend gesprochen haben. Ich glaube aber, dass ich nicht anders in diese Arbeit kommen kann. Nonnenweier hatte ihre jetzigen Lehrschwestern bzw. Probemeisterin Schw. Susanne auch zuerst eine Zeit in Zivil. Es könnte ja auch sein, dass mich Ihre alten Schwestern und das „Mittelalter" völlig ablehnen, wenn Sie mich näher kennenlernen. Falls sie wirklich bleiben, würde ich mich sehr freuen, wenn wir uns noch einmal vor meinem Urlaub am 20. 8. sehen und sprechen könnten. Jetzt, wo alles durchgestanden und geklärt ist hier, kann ich mich auch erst dem Neuen ganz auftun.

 Für Berthold kommt Kork wohl nicht in Frage. Vorläufig kann er sich eine Beeinträchtigung seiner Leistungsfähigkeit überhaupt noch nicht vorstellen, und wenn, zielt er in eine kleine Gemeinde in Baden. Lichtenthal.

 Aber auch dann, wenn Sie nicht bleiben werden, würde ich noch gern mit Ihnen vieles besprechen. Denn dann ist es ja erst recht nötig, dass Sie mich erst mal mit Ihrem guten Stamm verbinden, dass ich mit Ihnen und diesen Schwestern das Kommende schon mittragen kann. Vorstellen kann ich mir diesen „Fall" allerdings nicht sehr gut, aber ich habe nun einmal diesen Schritt gewagt und will auch nicht mehr zurückweichen vor neuen Schwierigkeiten. Grüßen Sie bitte Frau Pfarrer, Hildegard und Schwester Elisabeth herzlich. Überhaupt – man kann ja schlecht anfangen, Grüße zu bestellen, weil es so viele sind. Ihnen aber besonders herzliche Grüße, ich habe viel an Sie gedacht in diesen Tagen.

Ihre Hanna Barner

Hanna Barner an Pfarrer Adolf Meerwein, 1. September 1951

Lieber Herr Pfarrer,
die Tage gehen so schnell vorbei, dass ich ganz erschreckt war, als ich heute den 1. September entdeckte.

In der Schule hat sich nun meine Nachfolgefrage doch viel schneller gelöst. Erika Köhler, Ihre Tochter müsste sie fast kennen, will den Posten übernehmen. Nun möchte Frl. Dr. Schenck gern, dass ich früher mit meinen Möbeln ausziehe, und zwar in der ersten von mir angegebenen Woche vom 17. bis 22. September. Wäre es wohl möglich, dass es von Kork aus geholt werden könnte? Sonst müsste ich sehr rasch meinen Freiburger Möbelspediteur benachrichtigen.

Meine Möbel: 1 Kleiderschrank, 1 Bettcouch, 1 Bücherschrank, 1 Sekretär, 1 kleine Couch, 1 Sessel, 1 Waschkommode, 1 Schließkorb, 1 Bücherschaft, 1 kleiner Tisch, 4 Stühle, 1 Teppich, und verschiedene Kleingegenstände wie Bilder, […], 1 Schreibtisch noch!

Dass das nicht alles in meinem Zimmer Platz haben wird, ist mir klar. Doch kann ich schlecht von hier aus sagen, was ich stellen kann und was nicht.

Mit meinem Kommen kann es von mir aus so bleiben, wie wir besprochen haben. Ich wollte, es wäre schon so weit. Die Übergangszeit ist nicht schön.

Ich habe Berthold hier noch einige Male gesehen. Er ist im Gesamten natürlich nicht sehr beglückt über die Einsamkeit, die Abgeschlossenheit und die Ungewissheit seiner Krankheit, d. h. er ist sehr wechselnd. Aber sonst ist er ausgeruht, und wir (Frl. Roland ist ja auch in der Gegend!) finden, dass es bis jetzt doch so ganz gut war. Man wird dann schon sehen, wie es weitergeht. Jedenfalls hat er die ersten freundlichen Beziehungen angeknüpft, hält einigen

Frauen eine Bibelstunde und wird so allmählich in einen Aufgabenkreis hineinwachsen, ohne dass er es will. Deshalb gehen wir nun auch getroster fort, als es erst den Anschein hatte. Hoffentlich klärt sich das Krankheitsbild endgültig. Das macht ihm natürlich am meisten zu schaffen.

Sonst muss ich Ihnen wohl nichts mehr berichten. Ich freue mich nach all diesen zerrissenen Zeiten auf meinen Aufgabenkreis und auf eine klare innere Linie, wie sie mir in Kork entgegengekommen ist. Ich will nicht viel von mir schreiben, weil ich mich wohl erst in der neuen Aufgabe wieder ganz zurechtfinden werde, wenn das sein darf.

Und ich denke, dass Sie darin Geduld mit mir haben werden; nicht in dem, was ich als Aufgabe und Pflichtenkreis übernehmen soll, sondern mit mir selber. Denn manchmal kann und muss man das ein wenig trennen. Das Wichtigere ist jedenfalls die Aufgabe und das Werk, dem man dienen will. Und dass mich das ganz erfassen möchte, das ist eigentlich mein einziger Wunsch, und ich wünschte, dass Sie sich darin nicht in mir getäuscht haben.

Mit herzlichen Grüßen auch an Ihre liebe Familie und Frau Oberin
Ihre Hanna Barner

Hanna Barner an Pfarrer Adolf Meerwein, 10. September 1951

Lieber Herr Pfarrer,
herzlichen Dank für Ihren lieben Brief, der heute in meine Hände kam.

Ich wäre Ihnen natürlich sehr dankbar, wenn Sie von Kork aus den Transport veranlassen könnten. Es ist nun hier so, dass meine Nachfolgerin bereits am Samstag kommt, ab 22. 9. schon hier ist, und – da ich am Freitag, den 21. nach dem Schauinsland muss – so müssen die Möbel vorher fort. Ich werde mich ab Dienstag bereithalten, auch schon Montag, wenn es sein sollte. Ich wäre so sehr glücklich, wenn ich reibungslos und möglichst unauffällig hier verschwinden könnte.

Ich freue mich nun auch von Herzen auf Kork. Je mehr die Menschen mich warnen, umso getroster werde ich.

Selbstverständlich nehme ich mir am 2. so viel Zeit, wie Sie mich brauchen. Ich bin ja dann frei. Der Urlaub hat mir in jeder Hinsicht gutgetan, und so hoffe ich, dass ich mit fröhlichem, bereiten Herzen und im tiefsten Vertrauen auf Gottes Führung bei Ihnen werde beginnen können. An Frau Oberin herzliche

Grüße, ich werde ihr in den nächsten Tagen wohl einen kurzen Gruß schreiben, es sieht sonst so merkwürdig aus, wenn ich so stur nur mit Ihnen im Briefwechsel stehe. Aber bisher fürchtete ich mich vor allem und jedem. Das ist nun viel besser geworden.

Mit herzlichem Dank für alle Ihre Mühe
Ihre Hanna Barner

Unter diesen Briefen war der erste sicherlich der wichtigste, denn er enthielt bereits Hannas ganze Problematik, die sie in beeindruckender Klarheit erkannte und auf den Punkt brachte. Gleich zu Beginn schrieb sie, dass ihre Absage nichts mit der Vorstellung zu tun hatte, für immer das Leben einer Diakonisse führen zu müssen. Eher das Gegenteil war der Fall: „Ich hoffe, sagen zu dürfen, dazu wäre ich jederzeit bereit, weil ich glaube, dass das irgendwo in der Bestimmung meines Wesens liegt, diakonisch zu arbeiten – ob mit oder ohne Tracht." Auch wenn sie vor Jahren in den vergleichsweise offen und locker organisierten Zehlendorfer Diakonieverein eingetreten war, hieß das nicht, dass sie die ordensähnliche Lebensform abschreckte. Von den drei „Evangelischen Räten" bereiteten ihr die Armut und der Gehorsam überhaupt keine Schwierigkeiten. Sie hatte nie im Überfluss gelebt, war gewohnt zu teilen und war an allen Arbeitsstellen eine kritische, pflichtbewusste und integre Mitarbeiterin. Allenfalls die Ehelosigkeit bedeutete ein Problem. Hanna war mit 34 Jahren noch vergleichsweise jung, zudem gebildet und attraktiv, sie hätte durchaus einen Partner finden können. So würde sie noch Jahrzehnte später vor ihren Schülerinnen und Schülern ganz offen darüber sprechen, wie schwer ihr die Entscheidung zur Ehelosigkeit gefallen war. Andererseits hatte ihr bisheriger Lebensweg mit der Ausbildung zur Krankenschwester und Gemeindehelferin nicht unbedingt im Zeichen einer künftigen Familiengründung gestanden. Vielmehr lief er auf eine Aufgabe wie in Kork hinaus. Erinnern wir uns: Die Weichen waren durch die Kindheit in Nonnenweier und den bleibenden Eindruck ihrer Patin, Schwester Luise Wahrer, früh gestellt worden. Von ihr hatte sie das Bildchen von Maria und Martha bekommen, durch das ihr das Amt der Diakonisse (Maria) aufgegeben war. Zwar hatte sie sich zunächst für den Beruf der Krankenschwester (Martha) entschieden, doch war das keinesfalls eine Abkehr von ihrer Bestimmung, sondern lediglich ein Umweg. Hanna hatte zu viel Scheu und Ehrfurcht vor dem Diakonissen-

*Bild 29
Hanna im Alter von
25 Jahren*

*Bild 30
Julie und Adolf Meerwein*

amt, um diesen Schritt unmittelbar einzuschlagen. Jetzt hatte sie Gelegenheit, den Kreis zu schließen, doch offensichtlich fühlte sie sich noch immer nicht reif dazu. Sie sei, so schrieb sie an Meerwein, gerade dabei, „Entscheidendes zu lernen an Menschenführung, eigener Lebensführung und -haltung und einem wirklichen Dienen mitten im ‚Leiterin' eines Schülerinnenheims sein." Was Hanna für die ihr zugedachte Aufgabe glaubte zu benötigen, hatte sie in Freiburg noch nicht erworben, sie stand dort erst am Anfang. Kork drohte diesen Anfang zunichte zu machen und konnte so gesehen das Ende bedeuten.

Verfolgt man den Briefwechsel in seiner Chronologie, wird deutlich, dass Hanna Berührungsängste hatte. Nach ihrem Weihnachtsbesuch schienen ihre Bedenken zunächst gar nicht mehr so groß. Sie war zwar noch nicht so weit, hatte sich aber doch schon so gut wie entschieden. „Ich habe", so schrieb sie am 28. Januar 1951 an Meerwein, „bei Ihnen erst recht erkannt, was ich hier für eine Aufgabe habe." Sie benutzte nicht den Konjunktiv („was ich hier für eine Aufgabe hätte"), sondern den Indikativ, und berichtete, wie sehr sie in ihren täglichen Gedanken schon bei Kork sei. Das machte Meerwein Hoffnungen. Er ermutigte sie zwar, sich Zeit zu lassen, rechnete aber aufgrund der positiven Signale des Briefes mit einer baldigen Zusage. Als sie nicht kam, wurde er ungeduldig und begann zu drängen, erst brieflich, dann persönlich, worauf Hanna zurückwich: „Es ist nun mal alles so seltsam verwickelt und schwierig, dass ich innerlich in eine noch unklarere Sicht gekommen bin, seit Sie hier waren. Unklarheit liegt sonst nicht in meinem Wesen, darum ist es doppelt schwer zu ertragen. Es tut mir sehr leid um der Sache willen, denn ich kann ermessen, was das für Sie bedeutet. Aber ich kann jetzt nicht anders." Umso erfreuter war Meerwein dann, als zwei Monate später doch die Zusage kam. Hanna hatte sich endlich durchgerungen und am 25. Juni 1951 bei der Landeskirche gekündigt.[144] Dass sie sich ihrer Sache dennoch nicht ganz sicher war, zeigt ihre Irritation angesichts eines möglichen Weggangs von Meerwein. Sie hatte ihre Entscheidung für Kork stark an seine Person geknüpft und war nun verständlicherweise besorgt, ihre neue Aufgabe ohne jede Unterstützung antreten zu müssen. Das war wohl auch der Grund, warum sie sich beim Oberkirchenrat die Option zur Rückkehr in die Landeskirche offengehalten hatte. Die gewachsene Gemeinschaft besonders der älteren Schwestern war ihr nicht ganz geheuer. Sie befürchtete, einen schweren Stand zu haben, falls sie von ihnen nicht akzeptiert wurde. Nachdem sie jedoch ihren Dienst in Kork angetreten hatte, wurde ihr schnell klar, dass ihre Befürchtungen unbegründet waren.

2. Die Anfangszeit 1951 – 1964

Als Hanna Barner im Oktober 1951 nach Kork kam[145], fand sie eine Einrichtung vor, die aus verschiedenen Gründen im Umbruch begriffen war. Es bestand das, was man gemeinhin eine offene Situation nennt, also eine Situation, die dem, der sie zu nutzen weiß, einige Möglichkeiten und Chancen bietet, aber auch Risiken enthält.

Da war zunächst die ungeklärte Frage nach dem Selbstverständnis der Schwesternschaft. Wie das Kündigungsschreiben an die Evangelische Landeskirche belegt, war Hanna Barner in der Meinung nach Kork gekommen, die Einrichtung sei eine Mutterhausdiakonie.[146] Das war sie aber keineswegs. Obwohl die „Heil- und Pflegeanstalt für epileptische Kinder" bereits am 30. November 1892 ihren Dienst aufgenommen hatte und seit dem 16. November 1905 eine satzungsmäßig konstituierte Schwesternschaft besaß, dauerte es bis 1919, als mit der Straßburgerin Mathilde Fürst erstmals eine eingesegnete Diakonisse ins Werk geholt wurde.[147] Ein knappes Jahrzehnt später, 1928, wurden dann im Abendgottesdienst des Erntedankfestes zwei Probeschwestern feierlich aufgenommen. Eine Einsegnung erfolgte jedoch nicht, denn man ging davon aus, dass dies nur den Schwestern der Kaiserswerther Mutterhausdiakonie vorbehalten war.[148] Außerdem fehlte es an einer Oberin. Die Alternative zur Einsetzung einer Oberin wäre der Anschluss an eine andere Schwesternschaft gewesen, so etwa an die Mutterhausdiakonie in Nonnenweier oder an die Diakonissenanstalt in Karlsruhe, aber auch diesen Weg ging man nicht. Dieser Schwebezustand hatte erst ein Ende, als im April 1939 Pfarrer Adolf Meerwein die Anstaltsleitung übernahm. Er brachte die Korker Schwesternschaft entscheidend voran, indem er sich über die Bedenken seines Vorgängers hinwegsetzte und im Mai 1940 sechs Probeschwestern einsegnete. Darüber hinaus installierte er mit der bereits erwähnten Elisabeth Grüninger erstmals eine Oberin.[149] Damit erfolgte die Gründung der Korker Diakonissen ohne eine Angliederung an einen Verband.

Bild 31 – 36
Impressionen der Korker Anstalten Anfang der 50er-Jahre: schöne Gebäude und problematische sanitäre Bedingungen

Bild 32 – 34

Bild 35 und 36

*Bild 37
Schwester Hanna (in der Mitte) als Probemeisterin und Lehrschwester 1951*

Bild 38
Das Diakonissenkrankenhaus (1955) in seiner Blütezeit

Das war die Situation, als Hanna Barner in Kork eintraf, und sie dürfte darüber nicht unglücklich gewesen sein. Nach ihrem Abitur hatte sie sich ja bewusst für den offeneren Zehlendorfer Diakonieverein entschieden und nicht für die strengere Mutterhausdiakonie in Nonnenweier. Nun gehörte sie wieder einer Schwesternschaft an, die wenig festgelegt war und deshalb große Gestaltungsspielräume eröffnete.[150]

Dasselbe galt für den Aufgabenbereich der Anstalt, die seit Ende der 1940er-Jahre, nachdem die gröbste Not der unmittelbaren Nachkriegszeit überwunden war, stark expandierte.[151] Kork wurde von den französischen Besatzungsbehörden gebeten, das Städtische Krankenhaus Kehl aufzunehmen, das nach seiner Evakuierung nach Bad Peterstal im November 1944 nicht mehr in die besetzte und gesperrte Stadt zurückkehren konnte. Da der Umbau des ehemaligen Pflegehauses zu einem modernen Krankenhaus noch Jahre dauern würde, wich man behelfsmäßig auf ein anderes Gebäude aus: Im sogenannten „Mädchenhaus" konnte bereits am 15. Februar 1948 eine vorläufige chirurgische Station mit 40 Betten eröffnet werden. Damit war das Diakonissenkrankenhaus Kork gegründet. Als dann zwei Jahre später der Umbau des ehemaligen Pflegehauses abgeschlossen war, kamen zwei Stationen, eine gynäkologische und eine internistische, hinzu. Das neue Gebäude, das am 21. Mai 1950 eingeweiht und seiner Bestimmung übergeben wurde, umfasste nun ca. 120 Betten.

Was jedoch fehlte, war genügend qualifiziertes Pflegepersonal. Deshalb wurde 1951 an das Krankenhaus eine Krankenpflegeschule angegliedert. Hanna Barner, ihre Leiterin, fand auch hier große Gestaltungsspielräume vor. Da Kork unabhängig vom allgemeinen Krankenhaus eine „Heil- und Pflegeanstalt für Epileptische" blieb – die Namensänderung war bereits 1901 erfolgt, da die epileptischen Kinder der ersten Stunde mittlerweile erwachsen wurden, aber nicht, wie ursprünglich gedacht, nach dem Ende ihrer „Beschulung" in ihre Elternhäuser zurückkehren konnten[152] – und seit 1932 gar im Schloss Kork ein Altenheim unterhielt[153], gab ihr der in enger Kooperation mit den einzelnen Einrichtungen zu gestaltende Unterricht die Möglichkeit, ihre ausgezeichneten seelsorgerischen Fähigkeiten mehr als üblich mit einzubringen.

Schließlich gab es in Kork noch eine ganz andere Richtung, in der eine entsprechend veranlagte Persönlichkeit gestaltend wirken konnte. Die Anstalt war durch ihre Vergangenheit in der NS-Zeit schwer belastet. Am 28. Mai und 23. Oktober 1940 wurden 113 Kranke im Rahmen des nationalsozialistischen Euthanasieprogramms T 4 nach Grafeneck deportiert und ermordet.[154] Anstaltsleiter Adolf Meerwein versuchte zwar, die Transporte zu verhindern, konnte aber nur wenige Kranke retten, was ihn bis zu seinem Tod 1969 nicht mehr losließ.[155] Durch sein mutiges Eintreten für den Verbleib der Pfleglinge in Kork bleibt sein Name auf immer mit den Transporten des Jahres 1940 verbunden. Nach dem Überlebenskampf während des Krieges und gleich nach dem Krieg erkannten Pfarrer Adolf Meerwein und Oberin Elisabeth Grüninger sehr bald, dass eine junge, die Schwesternschaft stärkende Persönlichkeit, die das Vertrauen in die Zukunft verkörperte, dem Wiedererstarken der Korker Anstalten guttäte. Gerade dieser Aspekt erklärt, warum Adolf Meerwein so hartnäckig um Hanna Barner kämpfte. Eine andere Lehrerin für die Krankenpflegeschule hätte er problemlos finden können, eine Persönlichkeit, die dieses Versprechen für die Zukunft gab, dagegen nicht.

Für jemanden, der die Kraft zum Gestalten hatte, musste Kork eine großartige Herausforderung bedeuten. Aus der Distanz von mehr als 50 Jahren sieht es gar so aus, als seien die Voraussetzungen ideal gewesen. Doch wie gesagt: Eine offene Situation bietet nicht nur Chancen und Möglichkeiten, sondern enthält auch Risiken. Hanna Barner dürfte diese mindestens ebenso klar gesehen haben wie jene. Das würde immerhin erklären, weshalb sie so lange gebraucht hatte, um sich endlich für Kork zu entscheiden.

Das naheliegendste Risiko bestand darin, die verschiedenen Aufgaben nicht zu meistern und hinter den Erwartungen zurückzubleiben. Es erschien Hanna Barner umso größer, als sie seit ihrer Schulzeit wusste, dass die Ansprüche, die sie an sich selber stellte, stets höher waren als die Erwartungen, die man ihr entgegenbrachte. Hinzu kam, dass sie ausgerechnet in einem Bereich eingesetzt werden sollte, in dem sie keine guten Erfahrungen gemacht hatte. Sie sollte angehende Krankenpflegerinnen und Krankenpfleger unterrichten, und das, obwohl sie wusste, dass ihr selber der Beruf schwergefallen war. Wie konnte man da überzeugend sein und junge Menschen begeistern?

Doch Schwester Hanna, wie sie nun wieder hieß, machte bald eine Erfahrung, mit der sie so nicht gerechnet hatte. Es war der Umgang mit den epileptischen Kranken, besonders den Kindern, durch den sie den Beruf der

Bild 39
Schwester Hanna und Rudolf, ein Bewohner der Korker Anstalten, bei seiner Arbeit als Briefträger

Krankenschwester neu erlebte. Anders als die meisten Patienten des Martin-Luther-Krankenhauses in Berlin konnten diese Menschen nicht gesund gepflegt werden. Um ihnen dennoch zu helfen, waren Fähigkeiten gefragt, die Schwester Hanna reichlich besaß, im Martin-Luther-Krankenhaus aber nur sehr begrenzt hatte anwenden können: jene Fähigkeiten der Seelsorge, um derentwillen sie von der Krankenpflege in die Gemeindehilfe gewechselt war. Nun kam sie wieder in die Krankenpflege zurück, ohne den Einsatz ihrer Fähigkeiten aufgeben zu müssen. Im Gegenteil: Hier erst fand sie die Wirkungsstätte, an der sie die Seelsorge leben konnte. In ihrem Vortrag „Prägungen" vermerkte sie dazu: „Aber dann kam bald der Ruf in die eigentliche, mir wie auf den Leib geschnittene Aufgabe in Kork. Da waren Menschen, die ich nicht gesund pflegen konnte oder sollte, sondern mit denen ich leben durfte. Denen ich helfen durfte, dort die Hilfe für ihr schweres Leben zu finden, die trägt."[156] Hanna Barner war angekommen. Kork bedeutete die Lösung jenes Lebensproblems, das ihr Schwester Luise Wahrer, ihre Patin, einst in der Form eines Bildchens mit auf den Weg gegeben hatte. Hier konnte sie in das Amt der Diakonisse hineinwachsen, wie es von Maria verkörpert wurde. Dabei spielte die Krankenpflegeschule eine zentrale Rolle. Sie gab ihr die Möglichkeit, den Geist weiterzugeben, den sie selber empfangen hatte.

An dieser Erfahrung lag es wohl, dass Hanna Barner die Möglichkeiten und Chancen, die sich ihr boten, zu nutzen verstand. In einer Phase des Umbruchs und Neuanfangs nach Kork gekommen, wuchs sie mit der Einrichtung wie umgekehrt die Einrichtung mit ihr. Beider Schicksal war seit 1951 eng miteinander verflochten. So dauerte es nicht lange, bis Schwester Hanna die inoffizielle Leitung der Anstalt übernahm und zur „grauen Eminenz" avancierte, selbstverständlich immer in absoluter Loyalität zur amtierenden Oberin Elisabeth Grüninger und dem amtierenden Anstaltsleiter Pfarrer Adolf Meerwein. 1953 gesellte sich ein weiterer wichtiger Mitstreiter hinzu: Dr. Eberhard Kittel. Er wurde

Chefarzt der internistischen Abteilung des nunmehr drei Jahre alten Krankenhauses. Die beiden verstanden sich vom ersten Moment an, zumal Schwester Hanna die fachlich am besten ausgebildete Krankenschwester in Kork war. „Sie war ja eine der wenigen examinierten Krankenschwestern damals. Das Krankenhaus wurde gerade in Betrieb genommen, und da waren wir beide die Fachleute. Wir haben alles, was uns notwendig, schien miteinander besprochen. […] Und unser beider Lieblingskind ist ja von Anfang an die Krankenpflegeschule gewesen und wir haben beide, wenn man das so sagen darf, einen pädagogischen Eros, das heißt, das Lehren hat uns beiden Freude gemacht. […] Es gab ja nichts, es gab damals noch kein Lehrbuch für die Krankenpflege für Schwestern, und ich habe damals selbst ein Manuskript geschrieben, das sich im Laufe einiger Jahre bewährt hat. Der Unterricht ging immer 1,5 Stunden."[157]

Bild 40
Schwester Hanna wirft ihren Schatten voraus – links im Bild Oberin Elisabeth Grüninger.

Der erste Kurs zur Krankenpflegeausbildung in Kork bestand aus acht Frauen und zwei Männern. Zu diesem Kurs pflegte Schwester Hanna zeitlebens ein besonderes Verhältnis. Sie war eine vielschichtig gebildete Lehrerin, die großen Wert auf ethische und religiöse Fragen legte. Die eher handwerklich pflegerelevanten Unterrichtsinhalte, zu dieser Zeit noch stark an medizinischen Erkenntnissen orientiert, überließ sie anderen, nicht selten den Ärzten. Der letzte Kurs, den Schwester Hanna noch bis zum Examen begleitete und mit geprüft hatte, war der von 1980 bis 1983. Diesem Kurs gehörte auch ich an, und merkwürdigerweise bestand dieser Kurs ebenfalls aus acht weiblichen und zwei männlichen Auszubildenden. Gewiss war die Prägung derjenigen aus der Anfangszeit, die Schwester Hanna noch als Schulleiterin erlebt hatten, eine intensivere. Allerdings waren die Eindrücke für diejenigen, welche Schwester Hanna „nur noch" als Fachlehrerin in Religion, Ethik und Pflegegeschichte erlebten, auch sehr prägend. Das lag an ihrer enormen Bildung und ihrem natürlichen Charisma.

Die Krankenpflegeschule in Kork wurde nie eine sehr große Einrichtung, sondern blieb immer klein und überschaubar. Besondere Räume für den theoretischen Unterricht der meist kleinen Gruppen kannte man in der frühen Anfangszeit freilich noch nicht. Bis Ende der Sechzigerjahre fand der theoretische Unterricht auf der „Bühne" des Schwesternsaales, des heutigen Johanna-Barner-Saales, statt.[158] Die Zahlen der Auszubildenden schwankten zwischen fünf bis maximal dreizehn. In manchen Jahren gelang es offensichtlich kaum, junge

*Bild 41
Dr. med. Eberhard Kittel (2006), langjähriger Chefarzt der Inneren Medizin am früheren Diakonissenkrankenhaus in Kork*

„Sie war sehr lebhaft. Wir hatten sofort einen hervorragenden Kontakt. Schwester Hanna war eine ganz ausgeprägte Persönlichkeit. Sie ging auf die Menschen zu, hatte keinerlei Berührungsängste. Fasste Aufgaben, die sie für notwendig hielt, sofort an, verfügte über eine hohe Intelligenz, das kann man sagen. Sie war ja eine der wenigen examinierten Krankenschwestern damals. Wir haben alles, was uns notwendig schien, miteinander besprochen. Wenn sie etwas für notwendig hielt und mir das sagte, habe ich eingesehen, dass es notwendig war. Und umgekehrt genauso. Schwester Hanna hat mehrmals Teile ihres Sommerurlaubs mit uns in Oberbayern verbracht und hat mit großer Begeisterung die Flora im Frühsommer genossen. Ich erinnere mich noch gut, wie wir Wanderungen machten und sie Blümlein gesucht hat, das war auch eine besondere Vorliebe von ihr."

*Bild 42
Schwester Eva-Maria Hänsch (2006) war von 1966 bis 1990 leitende Unterrichtsschwester an der Krankenpflegeschule in Kork. Sie gehört der Schwesternschaft „neuer Prägung" an.*

„Was ich natürlich auch besonders an Schwester Hanna fand, war, dass sie so schnell Zugang zu den Menschen fand. Unmittelbaren Zugang. Und sie konnte die Menschen so mitreißen und begeistern. Schwester Hanna lebte ganz stark aus ihrem Glauben, und es war ihr wichtig, dieses Christsein erfahrbar zu machen und andere Menschen dafür zu gewinnen. Das gelang ihr auch, vielfach, will ich mal sagen. Sie hat sich viel mit Kommunitäten beschäftigt, hat mir viel von Taizé und Grandchamp erzählt.

Also, wenn eine Situation schwierig war, hat sie es lieber schriftlich gemacht als im Gespräch mündlich. Sie hat mit mancherlei Ängsten zu kämpfen gehabt. Mit vielen Ängsten, denke ich, auch noch während sie schon so krank war."

Menschen für die Krankenpflegeausbildung in Kork zu motivieren. Doch vermutlich hatte die kleine Zahl von Auszubildenden an der Qualität der theoretischen und praktischen Ausbildung einen entscheidenden Anteil. Die Prüferinnen und Prüfer des Regierungspräsidiums aus Freiburg waren jedenfalls immer gern bei den mündlichen Prüfungen in Kork anwesend. „Die Krankenpflegeschule, das muss man ja sagen, war im Regierungsraum Freiburg-Südbaden die erste Krankenpflegeschule außerhalb der Universitätskliniken von Freiburg, die erste, die gegründet und durchgeführt wurde. Und da haben wir den Aufbau und den Lehrplan usw. besprochen. Das war damals die 2-jährige Krankenpflegeschule, die dann 10 Jahre später zur 3-jährigen wurde, da haben wir auch noch miteinander den Lehrplan festgelegt. Ja, das war eigentlich unser gemeinsames Lieblingskind, die Krankenpflegeschule, die ja auch einen sehr guten Ruf hatte. Wir haben es beide immer wieder gehört, dass die Absolventinnen der Krankenpflegeschule, die landauf, landab, hier und da und dort landeten, sehr gut ausgebildet seien."[159] Wer in Kork seine Ausbildung gemacht hatte, war ein gern gesehener Mitarbeiter, ganz gleich, in welchem Krankenhaus er vorstellig wurde. Zwischen 1951 und 1990 wurden insgesamt 319 meist junge Menschen für die Krankenpflege ausgebildet.[160]

Bild 43
Schwester Hanna an Pfingsten 1952 auf dem Weg zur Einsegnung

Am 2. Juni 1952, dem Pfingstfest, wurden sechs Probeschwestern eingesegnet, darunter auch Schwester Hanna Barner.[161] Ihr Vater wäre gewiss sehr stolz auf sie gewesen. Nun war die Älteste in die Fußstapfen der von ihm so hochverehrten Nonnenweierer Diakonissen getreten und bekleidete das Amt einer Probemeisterin. Die Korker Schwesternschaft war mit der Einsegnung der sechs Neuen auf insgesamt 50 Diakonissen angewachsen.

> Die Liebe Jesu Christi durchdringe mich,
> daß die Güte, die mich erhält
>   mein Wirken bestimme,
> daß ich vergebe, wie mir vergeben wird,
> daß ich das Gute stärke,
>   wo immer es mir begegnet,
> daß die Freude der ewigen Herrlichkeit
>   meinen Tag erleuchte und mir
> Frieden gebe.
> Einfachheit Reinheit Ehrerbietung

Bild 44
Eine Seite aus dem handgearbeiteten Büchlein einer Korker Schwester zur Erinnerung an die Probeschwesternzeit aus dem Jahr 1952

Die Stellung einer Probemeisterin für eine so kleine Schar von Probeschwestern weist schon auf die besondere Rolle hin, die Schwester Hanna in der Korker Anstalt zugedacht war. Der Kontakt war eng, was eine bestmögliche Betreuung garantierte, aber auch Reibungen hervorrief. Wenn Schwester Hanna einmal zu deutlich gegenüber einer Mitschwester wurde (sie konnte sehr impulsiv sein), verging der Tag nicht, ohne dass sie sich bei ihr – meist in Form einer schriftlichen Entschuldigung – noch einmal gemeldet hätte und um Verzeihung bat. „Sie war auch so sauber, und wenn man ein wenig Unstimmigkeiten mit jemandem gehabt hat, dann hat sie sich eingemischt, und wenn sie mit einem etwas gehabt hat, dann hat sie das wieder geregelt. Und wenn es dann etwas zu hart ausgefallen ist, ist sie noch am selben Tag gekommen und hat sich entschuldigt."[162] Das war eine typische Stärke von Schwester Hanna: Es durfte sich der Tag erst neigen, wenn Streitigkeiten oder Meinungsverschiedenheiten möglichst aus dem Weg geräumt waren. Steine des Anstoßes konnten von Anfang an sein: Unpünktlichkeit, Disziplinlosigkeit, Schlampigkeit und Nichteinhaltung der Kleiderordnung. Insbesondere bei den Diakonissen war auch das Zigarettenrauchen völlig undenkbar.

Als das Städtische Krankenhaus Kehl 1953 wieder seinen Betrieb aufnahm, relativierte sich die bis dahin gültige Sonderstellung des Diakonissenkrankenhauses Kork, die sich unter anderem darin ausgezeichnet hatte, dass nahezu alle Einwohner des Hanauerlandes zwischen Kriegsende und 1953 hier geboren wurden. Auf die Entwicklung des Hauses zu einer bedeutenden Institution im Ortenaukreis hatte dieses Datum freilich keinen Einfluss. In den drei Abteilungen blieb die Bettenbelegung nach wie vor hoch. Zu dem guten Ruf des Hauses trug Hanna Barner nicht unwesentlich bei. Sie übernahm schon früh Verantwortung für die Geschicke der Anstalt und sorgte dafür, dass geeignete Kräfte dauerhaft an das Werk gebunden wurden. Wie das im Einzelnen vor sich gehen konnte, zeigt das Beispiel der Kinderschwester Irmtraud Schellenberg. Sie wollte vom Amt der Diakonisse zunächst nichts wissen, wurde aber von Schwester Hanna dazu inspiriert: „Meine erste Begegnung ist ein Witz. Ich kam ja völlig als freie Schwester her. Ich hab' meine Ausbildung schon gehabt. Ich war Kinderschwester. [...] Ich hab' da im Luisenheim geschlafen, und dann sagte meine Cousine zu mir: ‚Schau, da kommt Schwester Hanna, die Probemeisterin und Lehrschwester.' Was brauchte ich eine Probemeisterin, wozu brauchte ich eine Lehrschwester? Ich kam ja nicht her, um hier einzutreten, ich war freie Schwester, und das war gut. [...] Aber dann hab' ich im Lauf vom ersten Jahr doch gemerkt, was die Frau für eine Persönlichkeit ist. Die Hebamme war auch Probeschwester, und wenn sie mir dann so von den Stunden erzählt hat, wäre es eigentlich doch schön. Ja, die Schwester Hanna war schon da im Hintergrund. Und das ging dann bis zum Herbst, bis sie mir auf verschiedene Weise erklärt hat, ich könnte eigentlich hier bleiben. Ich hab' ein ganzes halbes Jahr überlegt, soll ich, oder soll ich nicht. Will Kork mich haben für die Schwesternschaft? Dann kam der entscheidende Moment im September, ein Gespräch mit ihr. Zum Geburtstag hat sie mir eine Karte geschrieben und da stand drauf: ‚Möchten Sie bald in Kork zu Hause sein, wie wir Sie schon als Glied unseres Hauses betrachten?' Dieser Satz war der Punkt, da war die Sache klar."[163] Es bestand auch die Möglichkeit, Schwestern für das Amt der Diakonisse (oder später für die „neue Prägung") im Rahmen der Krankenpflegeschule, über den Weg der fachlichen Qualifikation, zu motivieren. Allerdings blieb die Zahl der Schwesternschaft immer klein – eine Tatsache, die Schwester Hanna bis zu ihrem Tod sehr beschäftigte, denn eigentlich wäre es ja ihre Aufgabe gewesen, so zumindest dachte sie, eine blühende „Schwesternlandschaft" zu hinterlassen.

Wie sehr Hanna Barner bereits in diesen Jahren zur prägenden Kraft, zum

Bild 45
Irmtraud Schellenberg (2006) kam als ausgebildete Kinderkrankenschwester nach Kork und wurde Diakonisse der Korker Schwesternschaft.

„Zum Geburtstag hat sie mir eine Karte geschrieben. Auf dieser Karte – ich spiele ja Blockflöte –, also auf dieser Karte ist eine Blockflöte mit Noten abgebildet, und darunter steht dann als Spruch ‚Lobe den Herrn meine Seele, und vergiss nicht, was Er dir Gutes getan hat'. Dieser Spruch begleitet mich heute noch, seit dem September 1954.

Wenn sie alleine sein wollte, ist sie auf den Friedhof gegangen. Damit sie Ruhe hat. Sie hat sehr auf Kleiderordnung geachtet. Dass wir also das anziehen, was sich auch gehört. Und nicht so die eine schwarz mit Jacke und die nächste grau mit Jacke. Das war ganz genau geregelt."

geistigen Zentrum von Kork wurde, zeigt die folgende Erinnerung von Schwester Dora Zimmermann: „Mit großer Begeisterung und Musikalität leitete Schwester Hanna in den 50er- und 60er-Jahren den Schwesternchor (die Anwesenheit der Schülerinnen war Pflicht!). Sie übte mit uns nicht nur Choräle ein für das Singen in Gottesdiensten und in den Häusern, sondern auch Kantaten und Motetten. Unvergesslich sind die festlichen Weihnachtsgottesdienste und die Gottesdienste beim Jahresfest, wenn wir als gemischter Chor mit Orgel und Instrumentalbegleitung singen durften. Schwester Hanna hatte die besondere Gabe, auf Menschen zugehen zu können und ihre Anliegen zu erspüren. Bei Gesprächen konnte sie sich rasch auf den Gesprächspartner einstellen, sich einfühlen und sehr gut zuhören. Sie erteilte dann nicht einfach fertige Ratschläge, sonder äußerte hilfreiche Denkanstöße und Fragen, die oft für den Ratsuchenden wegweisend waren. Jede wusste genau: Schwester Hanna bringt mich mit meinen Anliegen oder Sorgen im Gebet vor Gott, sie begleitet mich. Für jeden hatte Schwester Hanna ein offenes Ohr, egal ob jung oder alt, gesund oder behindert. Sie hat jeden Menschen als einmalige Persönlichkeit geachtet und stärkte in ihm das Wissen und den festen Glauben, von Gott geliebt und gebraucht zu werden. Wichtig waren Schwester Hanna auch die regelmäßigen Bibel- und Singstunden mit den anfallkranken Frauen. Alle freuten sich auf diese Stunde, und Schwester Hanna konnte manche Spannungen ausgleichen oder ausräumen und den Heimbewohner Mut machen, ihr Leben anzunehmen – auch mit allen schmerzlichen Einschränkungen. In die Vorbereitung und Gestaltung großer christlicher Feste waren die Heimbewohner in den 50er- und 60er-Jahren mit einbezogen. Mit Verheißungen, Liedversen und Bibelworten verkündeten die Heimbewohner beim Krippenspiel als Engel oder Hirten, als Maria oder Joseph oder Könige die frohe Botschaft von Weihnachten. Auch den Gottesdienst am Karfreitagnachmittag hat Schwester Hanna so mit den Heimbewohnern vorbereitet und gestaltet."[164] Was Hanna Barner mit dieser Arbeit bewirkte, erfuhr ich durch Zufall bei meinen Recherchen in ihrem Buchbestand. Als ich in dem Büchlein „Der Engel von Morcote"[165] von Erich Schick (1897 – 1966) blätterte, fiel mir ein kleines, als Lesezeichen eingelegtes Kinderbild in die Hände. Auf ihm stand zu lesen:[166]

Bild 46
Kinderbild aus den
50er-Jahren

Speise, Gott, tröste, Gott
alle armen Kind', die auf Erden sind.

*Bild 47
Schwester Dora Zimmermann machte in Kork ihre Krankenpflegeausbildung und wurde Diakonisse der Korker Schwesternschaft.*

„Zuversicht und Fröhlichkeit und auch eine Sicherheit und Bestimmtheit, besonders wenn sie mit den Schülerinnen geredet hat. Sie war auch uns Schülerinnen gegenüber streng, wir mussten pünktlich zu Hause sein. Ihre Stärken waren auch, sich einzufühlen in Menschen, die etwas Schweres erlebt haben, die mit irgendeiner Lebenssituation nicht zurechtkamen. Es war ganz egal, ob das jetzt junge Menschen oder alte Menschen waren, oder oft so junge, dass es ihre Enkel hätten sein können.

Ihre Schwäche war vielleicht, dass sie manchmal sehr impulsiv reagiert hat, und ich weiß nicht, ob das nur Probeschwestern gegenüber war. Das war sozusagen ihre Familie, und in der Familie lässt man sich dann mal eher gehen."

*Speise, Gott, tröste, Gott
alle armen Kind', die auf Erden sind.*

Und auf der Rückseite stand mit Bleistift in kindlicher Handschrift geschrieben:

*Für die Schwester Hanna.
Liebe Schwester Hanna
Ich bitte Sie darum
sind Sie so und
vergessen sie das nicht
sonst kann ich
nicht klücklich sein.*

Ein schöner Beleg dafür, wie sehr Schwester Hanna auch von den Kranken angenommen wurde. Dieser Gruß, wahrscheinlich aus den 50er-Jahren, begleitete sie durch das weitere Leben hindurch. In den folgenden Jahren würden noch viele kindliche Anfallskranke kommen, die ihre sichere und behütete Bleibe in Kork finden sollten.

*Bild 48 unten links:
Schwester Hanna wird von einer kleinen Bewohnerin der Korker Anstalten beschenkt.*

*Bild 49 unten rechts:
Auch als Probemeisterin und Lehrschwester immer im Dienst der Kranken. Das Foto stammt aus dem Jahr 1960.*

Dieses Kinderbild lag nicht von ungefähr in einem Büchlein von Erich Schick. Schwester Hanna hatte den Autor während ihrer ersten Korker Jahre in Gelterkinden bei Basel im Retraitenhaus Sonnenhof der Schwestern von Grandchamp im Rahmen von Exerzitien kennengelernt. Bis zu seinem Tod im Jahr 1966 stand sie mit ihm und seiner Frau Dora in enger Verbindung. Erich Schick war vermutlich nach dem Vater eines der größten Vorbilder für Schwester Hanna. Zu seiner Berufung als Seelsorger für die Leidenden kam er durch persönliches Leid.[167] Da er der älteste Sohn der Familie war, musste er nach dem frühen Tod des Vaters schon in jungen Jahren die Verantwortung für seine Mutter und die beiden jüngeren Geschwister übernehmen. Mit 18 Jahren meldete er sich freiwillig zum Kriegsdienst und machte dort so traumatische Erfahrungen, dass er zeitlebens nervenkrank und schwermütig war. Schon bald nach dem Ende seines Theologiestudiums wurde er an das Seminar der Basler Mission berufen. In den folgenden Jahren verfasste er mehr als 70 Bücher, woraufhin ihm die Universität Tübingen 1953 den Ehrendoktortitel verlieh. In Schwester Hannas Nachlass fanden sich neben „Der Engel von Morcote" noch

Bild 50 unten links:
Erich Schick an seinem Schreibtisch

Bild 51 unten rechts:
Dora Schick beim Tippen der zahlreichen Manuskripte für ihren Mann

einige weitere Werke von ihm, so „Begegnungen mit dem Vorbild"[168], „Vom Segnen"[169], „Schwesterndienst als Seelsorge"[170] oder „Sei ein Nächster"[171]. Alle Bücher enthalten eine persönliche Widmung an Schwester Hanna. Wir können davon ausgehen, dass insbesondere das Büchlein „Schwesterndienst als Seelsorge" Passagen enthält, die direkt oder indirekt von Schwester Hanna stammen, wie z. B. die folgende: „Krankenschwester, Schwester der Kranken! Bitten möchte ich für dieses Wort. Höchster Adel liegt darin, aber auch der Adel der Unscheinbarkeit. Zum Geschick der Krankenschwester gehört es, das Ungeliebte zu lieben, das Missverständnis zu wagen, das Verkannte zu erkennen und das Verkanntwerden zu erleiden."[172]

Als 1963 Pfarrer Adolf Meerwein in den Ruhestand ging und ein neuer Pfarrer, Martin Geiger, die Leitung des Werks übernahm, bedeutete das für Hanna Barner einen Einschnitt. Spätestens jetzt war auch in Kork die Nachkriegszeit zu Ende. Hanna musste sich neu orientieren, und sie hatte Angst. Wie würde sie sich mit dem Neuen verstehen? Könnte sie weiterhin nach ihren eigenen Vorstellungen wirken? Pfarrer Meerwein hatte ihr nicht nur freie Hand gelassen, sondern auch ein hohes Maß an Sicherheit gegeben, allein schon durch die Entschlossenheit, mit der er sie für Kork gewinnen wollte. Würde ihr Pfarrer Geiger ebenso positiv begegnen? Vieles war so anders. Pfarrer Meerwein war 18 Jahre älter als sie und fast so etwas wie ein väterlicher Freund. Pfarrer Geiger war dagegen gerade mal 35, sie fast 47. Auch die Zeitumstände schienen ungünstig. Hatte sie 1951, als die Anstalt zu expandieren begann, eigentlich nur gewinnen können, lief sie nun Gefahr, einiges zu verlieren. Sie war ja nicht irgendeine Oberschwester, die sich in ein Büro zurückgezogen hatte und dort unscheinbar Verwaltungsaufgaben erledigte, nein, sie stand mitten in der Arbeit der Einrichtung an exponierter Stelle.

Doch schon damals bei ihrem Eintritt waren ihre Ängste groß, und wie damals waren sie auch diesmal unbegründet. In die Amtszeit von Pfarrer Geiger sollte ihre Berufung zur Oberin fallen, und das gleich am Anfang. Mit ihm würde sie in den kommenden Jahren konstruktiv zusammenarbeiten, gelegentlicher Differenzen zum Trotz. Positiv sollte sich auch das Verhältnis zu Geigers Ehefrau Gudrun, geborene Schuster, gestalten, die ebenfalls theologisch gebildet war.[173] Sie umrahmte später unzählige Gottesdienste in der Anstaltskirche oder der Korker Dorfkirche als versierte Organistin.

3. Das Amt der Oberin 1964 – 1984

Wie im letzten Abschnitt ausgeführt, war Schwester Hanna über Jahre hinweg die „graue Eminenz" gewesen und 1963, dem Jahr des Eintreffens von Martin Geiger, gemeinsam mit den Chefärzten schon längst die eigentliche Leiterin der gesamten Einrichtung geworden, ganz nach dem Vorbild der Oberin Lina Lingner am Martin-Luther-Krankenhaus in Berlin. So war es an der Zeit, dass sie selber in dieses Amt berufen wurde. Es wundert nicht, dass sie auch davor Angst hatte und auf ihre eigene Art und Weise damit umging.

Obwohl die bisherige Oberin Schwester Elisabeth Grüninger ihr Amt erst mit ihrem Tod abgeben wollte, da sie fand, „eine Wiederkehr stirbt in den Sielen"[174], musste die Frage der Nachfolgerin endlich geregelt werden, denn Schwester Elisabeth war bereits 70 Jahre alt. Eigentlich war klar, dass nur Hanna Barner die nächste Oberin sein konnte. Mit Pfarrer Meerwein war ja vereinbart worden, dass sie später einmal dieses Amt übernehmen würde. Doch auch Schwester Marianne Müller (1913 – 2003) bekundete ihr Interesse daran. Sie war bereits im Jahr 1940 eingesegnet worden und bis zuletzt Adolf Meerweins rechte Hand. Das verunsicherte Hanna Barner zutiefst und bewog sie zu einem ungewöhnlichen Schritt. Um herauszufinden, dass sie auch wirklich den Rückhalt der Schwestern besaß, bevor sie das Amt der Oberin anstrebte, schlug sie vor, in dieser Frage die Schwestern abstimmen zu lassen. Das war ein riskantes Unternehmen, doch mir gegenüber hat sie einmal geäußert, „dass nur derjenige mutig sein könne, der auch Angst habe und dazu stehen könne." Angst vor Neuem war ihre große Schwäche, aus der sie aber immer wieder Kraft und Stärke schöpfte. Schwester Dora führt dazu aus: „Ja, ich glaube, sie hat die Zusage Gottes: ‚Meine Kraft ist in den Schwachen mächtig' (2. Kor 12, 9) oft selbst erlebt. Zunächst war ihr auch bange vor dem Amt der Oberin. Sie wollte wissen, ob die Mehrzahl der Korker Schwestern hinter ihr steht, oder ob viele der eingesegneten und älteren Schwestern sich vielleicht Schwester Marianne Müller als Oberin wünschen. Schwester Marianne hatte in Karlsruhe-Rüppur Krankenpflege erlernt und lebte seit 1937 in Kork. Sie hatte die schwere Zeit der Evakuierung nach Stetten und die Zeit der Euthanasie miterlebt. Als langjährige Korker Schwester äußerte sie Interesse am Amt der Oberin. Doch die Mehrzahl der Schwestern stimmte für Schwester Hanna als Nachfolgerin von Schwester Elisabeth, die damals schon 70 Jahre alt war. Schwester Marianne blieb Oberschwester im Diakonissenkrankenhaus und wurde 1967/68 von Pfarrer Geiger zur Wirtschaftsoberin berufen (sie war verantwortlich für den Gesamteinkauf, auch für die Einrichtung der neu erbauten Kinderhäuser 1968)."[175]

Nachdem die Abstimmung eine Mehrheit für Schwester Hanna erbracht hatte, konnte nun auch der Verwaltungsrat der Korker Anstalten in seiner Sitzung vom 3. März 1964 Schwester Hanna Barner zur Oberin berufen.[176] Offiziell wurde sie dann von Pfarrer Geiger am 12. April 1964 im Rahmen einer Feier in dieses Amt eingeführt.[177] Lange hatte sie auf diesen Moment warten müssen, nahezu 13 Jahre. Das kannte sie aus ihren jüngeren Jahren nicht. Da verhielt es sich ja gerade umgekehrt – wir erinnern uns an die Verkürzung ihrer Schul- und Ausbildungszeit. Vermutlich war es die erfolgreiche Arbeit in der Krankenpflegeschule sowie die feste Überzeugung, berufen zu sein, was sie so geduldig hatte warten lassen. Und genau genommen hatte sie über all die Jahre hinweg das Heft sowieso schon in der Hand.

In der Zeit von 1962 bis 1964 wurde in Kork eifrig gebaut. Endlich war es möglich geworden, für die Schwestern ein eigenes Gebäude zu errichten. Und nicht nur das, es wurde zugleich eine Kapelle integriert, die eindeutig das Verdienst von Schwester Hanna, ihren Mitschwestern und Pfarrer Adolf Meerwein war. Die feierliche Einweihung fand am 23. Mai 1964 statt. Im Vorwort eines Sonderdruckes zur Kapelle bedankte sich Pfarrer Martin Geiger bei den beiden Künstlern, die den Glasfries gestaltet hatten, sowie bei den Architekten der Kapelle und des Schwesternhauses. Im Nachwort ging er dagegen kurz auf kritische Stimmen ein, die bemängelt hatten, dass die Kapelle in das Schwesternhaus integriert war: „Die Kapelle, von der hier die Rede war, wurde 1962 – 1964 gebaut und wurde der Mittelpunkt eines geistlichen Lebens, ohne das wir diesen heilenden Dienst nicht tun können. Es hat seinen Grund, dass sie in das Schwesternhaus hineingebaut wurde. Manche bedauern es, weil die architektonische Wirkung des eigenwilligen Raumes dadurch beeinträchtigt wird. Aber der Ort, den das Gebet in unserem Dienst und Leben einnimmt, musste unbedingt eindeutig festgelegt werden."[178]

Im Schwesternhaus standen nun 46 moderne Zimmer zur Verfügung. Außer den Schwestern konnten hier auch die Krankenpflegeschülerinnen und später die Heilerziehungspflegeschülerinnen wohnen. Im Untergeschoss des Gebäudes fand später die Krankenpflegeschule mit einem Unter-

Bild 52
Schwesternhaus mit angebautem Schwesternsaal und Kapelle (auf der Abbildung ist nur die Spitze zu erkennen) nach der Fertigstellung 1964

*Bild 53
Elvira Homberger (2006) absolvierte in Kork die Ausbildung zur Gemeindepflegerin und Krankenschwester.*

„Schwester Hanna war durch ihre äußere und innere Kompetenz eine absolute Respektsperson. Weltoffen, klug und sehr belesen, auch geschichtlich kannte sie sämtliche Zahlen auswendig. Sie war resolut, wusste genau, was sie wollte, und besaß sehr gute Führungsqualitäten. Ihr Management war vorausschauend, sozial und zielorientiert.

Schwester Hanna war auch ein Mensch mit einem Auge für Schönes, sie hat auch die Kleinigkeiten in ihrer Umwelt wahrgenommen, so konnte man sie z. B. oft beobachten, wie sie vor einem Strauch oder einer Blume stehen blieb und das, was sie da sah, einfach auf sich wirken ließ."

richtsraum ihren Platz. Leitende Unterrichtsschwester war vom 12. April 1966 bis zur Schließung der Schule zum 31. März 1990 Schwester Eva-Maria Hänsch.

In ihrer neuen Funktion als Oberin verstärkte Hanna Barner ihre ohnehin ausgeprägten Bemühungen um Fortbestand und Ausbau der Schwesternschaft. Denn in Kork nahmen die Nachwuchsprobleme für die Krankenpflegeausbildung zu. In den 60er-Jahren schrumpften die Kursgrößen gelegentlich auf bis zu 5 Teilnehmer, so z. B. 1961, 1963 und 1966.[179] Auch die früheren klassischen Diakoniestationen, besetzt mit Diakonissen der verschiedenen Mutterhäuser, gingen aus Nachwuchsmangel ihrem Ende entgegen. Schwester Hanna beunruhigte dieser Zustand. Sie konzipierte deshalb, übrigens einmalig in Deutschland, einen eigenen halbjährigen Ausbildungsgang zur Gemeindepflegerin. Die Teilnehmerinnen – das Angebot richtete sich ausschließlich an Frauen – waren nach erfolgreichem Abschluss „berechtigt zur Ausübung der Gemeindepflege in evangelischen Kirchengemeinden Badens."[180] Eine der Teilnehmerinnen, Elvira Homberger, beschreibt die Ausbildungszeit wie folgt: „Man fragte mich, ob ich die Gemeindepflegeausbildung machen wolle. Dies geschah auf Vorschlag von Schwester Hanna, um meine finanzielle Lage zu verbessern. Ich denke heute dankbar, sie sah darin die Existenzsicherung für mich und mein Kind. Die praktische und theoretische Ausbildung dauerte damals ein halbes Jahr. Hauptsächlich wurde die Altenpflege vermittelt, Geschichte der Krankenpflege und Anatomie. Schwerpunkt war die Pflege älterer oder pflegebedürftiger Menschen. Heute würde man sagen: Schulung der sechs großen „B" in der Pflege, d. h. Beziehung aufnehmen, Beobachten, Betreuen, Beraten, Begleiten, Behandeln. Die Schulung über verschiedene Krankheitsbilder wurde nur gestreift. Während der Ausbildung war ich eine Zeit lang im Schloss tätig, das früher ein Altenheim war."[181]

Berufspolitisch betrachtet war dieser Ausbildungsgang ein äußerst fragwürdiges Unterfangen. Die Idee wurde von den Fachleuten der Pflegeberufe zu Recht sehr kritisch beurteilt. Deshalb suchte Schwester Hanna strategisch geschickt den Schulterschluss mit dem Diakonischen Werk in Baden, obwohl dort ebenfalls große Skepsis bestand. Im „Nickelblättchen" Nr. 3, 1963, stellte sie ihre Idee vor: „Wir sind auf den Gedanken gekommen, unser Werk in seiner Vielgestaltigkeit könnte ein guter Boden sein, auf dem Gemeindepflegerinnen ausgebildet werden. Was sind Gemeindepflegerinnen? Frauen oder Mädchen, die in Kurzausbildung die Gemeindekrankenpflege, wie sie heute gebraucht wird, erlernt haben, die ein Examen vor dem Gesamtverband der Inneren Mission ablegen, um dann zunächst mit einer erfahrenen Gemeindeschwester zusammen im Dienst der Gemeinde zu stehen. In jedem Gemeindeblatt kann man lesen, dass schon heute da und dort eine Gemeinde keine Krankenschwester mehr hat und auch keine bekommen kann. In jeder Gemeinde aber gibt es Frauen und reifere Mädchen, deren Leben nicht recht ausgefüllt ist. Eine unserer Gemeindepflegerinnen hat ihre Eltern betreut und gepflegt, bis sie heimgegangen sind. Das Pflegen ist ihr dabei lieb geworden. Außerdem half sie ihrem Pfarrer in großen und kleinen Aufgaben. Aber um das Pflegen in der Gemeinde als Lebensberuf auszuüben, bedarf es eben einer fachlichen Ausbildung und auch einer ganz persönlichen Zurüstung. [...] Dass es auch meist reifere Menschen sind, die hier bei uns so manches eigene erfahrene Leid hineinbergen können in die gemeinsame Last und auf der anderen Seite so viel Verständnis mitbringen, macht das Geben und Nehmen so schön und fruchtbar. Denn auch wir tragen unseren Alltag bewusster und darum leichter, wenn wir spüren, dass andere dadurch zubereitet werden dürfen für ihren Dienst in der Gemeinde. So glauben wir, dass wir schon einen Weg gefunden haben, um unseren inneren Auftrag nicht nur zu erhalten, sondern noch zu vertiefen." Um zu verstehen, wie sehr Hanna Barner mit solchen Vorstellungen dem Trend zur ständigen Ausdifferenzierung des Krankenpflegeberufs entgegenwirkte und in eine längst überwundene Zeit zurückfiel, erscheint es angebracht, einen kurzen Exkurs über die Bedeutung des Krankenpflegeberufes in Deutschland einzuschieben.

In Lehrbüchern der Krankenpflegeausbildung aus dem 19. und frühen 20. Jahrhundert fällt auf, dass sie grundsätzlich von Ärzten verfasst wurden. Schon das ist ein Beleg dafür, wie wenig sich die Pflegeberufe in der damaligen Zeit als eigenständige Berufsgruppe wahrgenommen haben. Das lag sicherlich mit daran, dass die Anfänge professioneller Pflege ausschließlich in den Händen evangelischer und katholischer Glaubensgemeinschaften, eben im Amt der Diakonisse und der Nonne, sowie der organisatorisch sehr ähnlich strukturierten Rotkreuzschwesternschaften lagen. Strenge Hierarchien waren und sind Ausdruck dieser Schwesternverbände. Allerdings entspricht die heute oftmals kritisch geäußerte Sicht, wonach genau durch diese Schwesternverbände die eigentliche Professionalisierung der Pflegeberufe in Deutschland verzögert worden sei, nicht den Tatsachen. Vergessen wir nicht, dass die berühmte Begründerin der „weltlichen" Krankenpflege, Florence Nightingale (1820 – 1910), ihre Pflegeausbildung in den Jahren 1850 und 1851 in Kaiserswerth, bei den dort wirkenden Diakonissen, erlangt hat.[182]

Auszüge eines Lehrbuches aus der Anfangszeit der Krankenpflegeausbildung in Deutschland sollen das damalige „Pflegeverständnis" ein wenig beleuchten:

§ 1 *Eine der schönsten Betätigungen der Nächstenliebe ist die Pflege der Kranken. Wer jemals selbst einen Unfall erlitt oder an schwerer Krankheit daniederlag, der schätzt jene oft kleinen und niedrigen Dienste, die ihm freundlich pflegende Hände erwiesen haben, unendlich hoch. [...] Wer die Krankenpflege in gedeihlicher Weise ausüben will, der muss folgende Bedingungen erfüllen; er muss:*
1. *durch Herzensreinheit und Frömmigkeit hoch über all dem Niedrigen stehen, was ihm (auch im Verkehr mit kranken Menschen) etwa entgegentritt. Er muss aber nicht nur das Herz, er muss auch*
2. *den Kopf auf dem rechten Flecke haben. Eine gewisse anstellige Klugheit und eine genügende Volksschulbildung sind notwendig. Eine sog. höhere Bildung ist vorkommenden Falles ganz gut verwendbar, aber doch entbehrlich.*
3. *Krankenpfleger und -pflegerinnen müssen gesund sein. Die Krankenpflege nimmt nicht nur Herz und Verstand, sondern auch die Körperkräfte in Anspruch. [...]*
4. *Den Kranken gegenüber müssen Pfleger und Pflegerinnen ernst und gemessen und nicht zu vertraulich, aber dabei stets freundlich und geduldig und vor allem unverdrossen und pflichttreu sein.*
5. *Kleidung der Krankenpfleger: helles Waschkleid, leise Schuhe.*
6. *Der Arzt verlangt von Pflegern und Pflegerinnen: Sauberkeit, Ordnungsliebe und Pünktlichkeit!, sodann Umsicht, Geschick und Zuverlässigkeit!, endlich Bescheidenheit, Wahrheitsliebe und Taktgefühl!*[183]

1958 erschien im deutschsprachigen Raum endlich erstmals ein umfassendes Krankenpflegelehrbuch mit dem Titel „Die Pflege des kranken Menschen". Es war nicht von einem Arzt verfasst, sondern von 27 Schwestern, die über ihr Fachgebiet ein Kapitel schrieben. Alle führenden Schwestern der großen deutschen Schwesternverbände, ob kirchlich oder frei, ob vom Roten Kreuz oder dem Agnes-Karll-Verband, haben an dem Werk mitgearbeitet – vom W. Kohlhammer Verlag in Stuttgart damals ein geradezu genialer Schachzug in dem Bestreben, ein einheitliches und verbindliches Regelwerk für die Krankenpflegeausbildung in Deutschland zu schaffen. Das Buch wurde ein großer Erfolg und brachte es noch im Erscheinungsjahr zu einer zweiten Auflage. Aus heutiger Sicht kann man getrost sagen, dass dieses Lehrbuch über Jahrzehnte hinweg das Standardwerk war. Im Vorwort dazu lesen wir:

Im Mittelpunkt der Krankenpflege steht der kranke Mensch. An seinem Wesen und an der Besonderheit seines Leidens orientiert sich unser pflegerisches Tun. Unsere Arbeit besteht auch heute noch zum großen Teil aus den vielen, oft unscheinbaren Handreichungen und Hilfeleistungen, die unaufgefordert, zur rechten Zeit und wie selbstverständlich geschehen müssen, damit sich der Kranke wirklich geborgen fühlen kann. Dem Schwerkranken, der für die Zeit seiner Hilflosigkeit dem eigenen Lebensbereich fernrückt, ist die erfahrene Schwester oft näher als jeder andere Mensch. Daraus erwachsen ihr besondere Verpflichtungen. Die Entwicklung der medizinischen Wissenschaft brachte bedeutende Fortschritte in Untersuchungs- und Behandlungsmethoden. Dadurch wird die Schwester einbezogen in Hilfeleistungen, die ihren eigentlichen Wirkungsbereich überschreiten und doch einen großen Teil ihrer Tagesarbeit beanspruchen. Das Eindringen in die Zusammenhänge von ärztlicher Heilkunst und Krankenpflege ist notwendig, wollen wir unseren Kranken gerecht werden. Der Umgang mit den technischen Hilfsmitteln erfordert um der Kranken willen Übung und Geschick. Doch müssen wir uns selber Grenzen setzen und uns vor Übergriffen in andere Aufgabengebiete hüten, denn wir wissen, dass das Wesentliche unserer Arbeit dort liegt, wo wir es seit frühester Zeit finden: in der persönlichen Begegnung mit dem kranken Menschen, der unserer Hilfe bedarf. Die junge Schwester wird erst hineinwachsen in ihren Beruf. Sie wird lernen, das, was in der pflegerischen Arbeit von ihr gefordert wird, sorgfältig, verständnisvoll, dabei schonend und mit der rechten Ehrfurcht vor dem ihr anvertrauten Menschen zu tun. Möge ihr dabei dieses Lehrbuch, das von Schwestern für Schwestern geschrieben ist, eine Hilfe sein, und möge es allen Schwestern eine willkommene Ergänzung und Erneuerung ihrer Kenntnisse und allen Lehr- und Stationsschwestern ein Leitfaden für den Unterricht werden.[184]

Erstmals wurden in einem deutschen Krankenpflegelehrbuch auch Aussagen zur Gemeindekrankenpflege gemacht: „Wer die Arbeit einer Gemeindeschwester übernehmen will, muss gute Kenntnisse und praktische Erfahrungen in der Pflegetätigkeit und in der Gesundheitsfürsorge besitzen. Es ist unbedingt

Bild 54
Ein Ausweis zur Ausübung der Gemeindepflege aus dem Jahr 1975

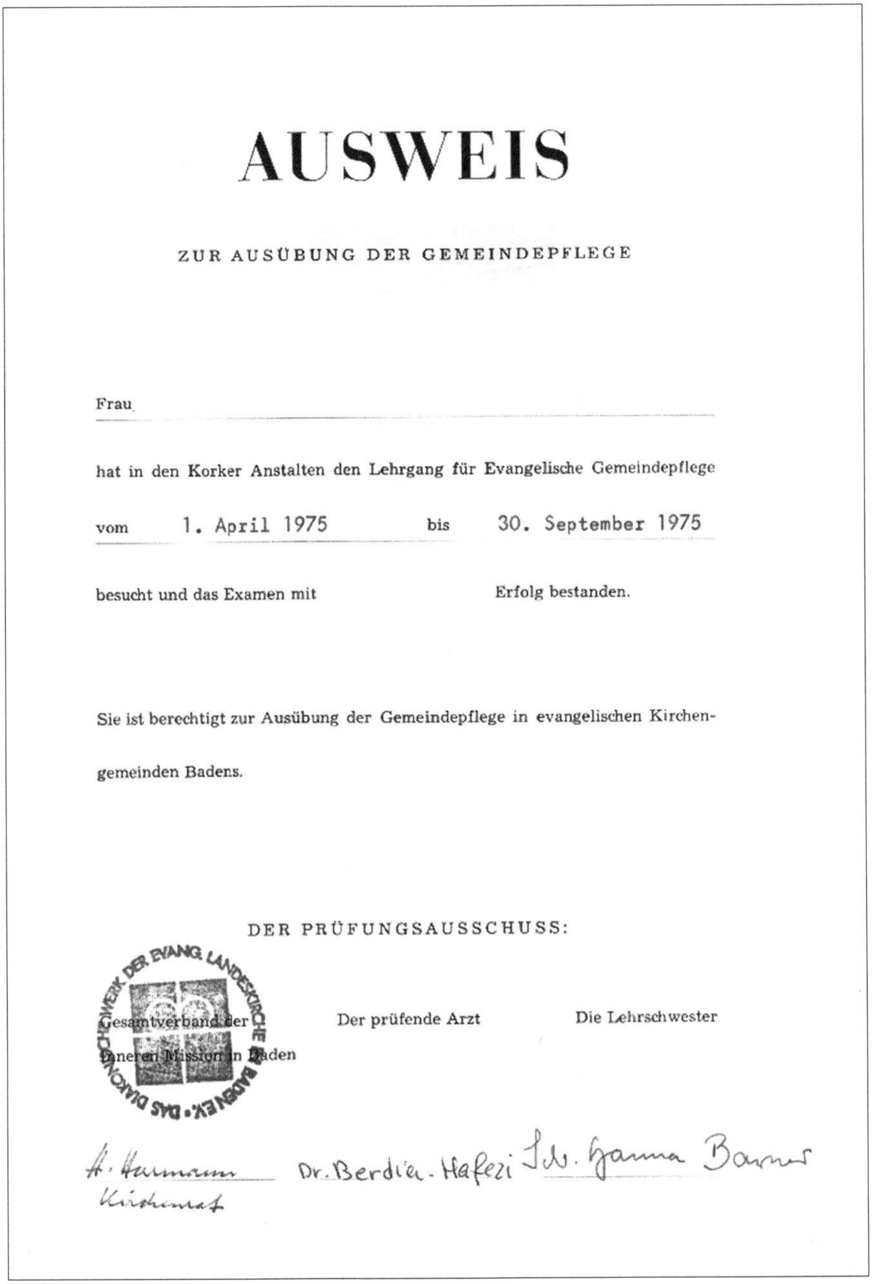

AUSWEIS

ZUR AUSÜBUNG DER GEMEINDEPFLEGE

Frau

hat in den Korker Anstalten den Lehrgang für Evangelische Gemeindepflege

vom 1. April 1975 bis 30. September 1975

besucht und das Examen mit Erfolg bestanden.

Sie ist berechtigt zur Ausübung der Gemeindepflege in evangelischen Kirchengemeinden Badens.

DER PRÜFUNGSAUSSCHUSS:

Gesamtverband der Inneren Mission in Baden | Der prüfende Arzt | Die Lehrschwester erforderlich, nach dem abgelegten staatlichen Krankenpflegeexamen noch einige Jahre auf verschiedenen klinischen Stationen gearbeitet zu haben. Da an die Fähigkeiten der Gemeindeschwester sehr vielseitige Anforderungen gestellt werden – sie wird Krankheitszuständen verschiedenster Art begegnen –, sollte sie möglichst mit allen Gebieten der Kranken- und Gesundheitspflege gleichermaßen vertraut sein und über ein breites, gut fundiertes Fachwissen verfügen."[185] Die Gemeindekrankenpflege war also bereits damals eine hochkomplexe Tätigkeit, die eine gründliche Ausbildung verlangte.

Wir können davon ausgehen, dass Schwester Hanna dieses wegweisende Lehrbuch für die Pflegeausbildung kannte. Dass sie sich trotzdem für eine gesonderte Helferinnenausbildung eingesetzt hatte, und dazu ausgerechnet in der anspruchsvollen Gemeindekrankenpflege, ist bis heute wirklich einmalig. Sie hatte sicherlich ihre eigenen Vorstellungen von dieser besonderen „Ausbildung". Vermutlich hatte sie verschiedene Aspekte ihrer beruflichen Entwicklung zusammengefasst, diese dann, nach längerem Nachdenken „verbarnert", also in ihre Strukturen gebracht, und schließlich umgesetzt. (Der Begriff „verbarnert" stammt übrigens von ihr selber, wie Schwester Dora mir in einem Gespräch mitgeteilt hat.) Ihre Gedanken zur Gemeindepflegerin erinnerten jedenfalls auffallend an ihre Ausbildung zur Gemeindehelferin, die zwar auf einem ganz anderen Niveau stattfand, aber durchaus vergleichbar war. Die gelernte Gemeindehelferin war „erst mal die Sekretärin vom Pfarrer, zu dem man gekommen ist. […] Das Verhältnis zwischen Pfarrer und Gemeindehelferin hat vielen nicht gepasst und war für viele zu eng. Der Pfarrer hat zu viel zu sagen gehabt. Aber das war halt in jener Zeit noch so. Man war an und für sich von der Landeskirche angestellt. An dem Ort, wo man gearbeitet hat, war man aber praktisch untergebene Mitarbeiterin vom Pfarrer, das war halt so."[186] Wie sehr sich Schwester Hanna mit diesem Beruf, den sie in der Praxis ja deutlich länger als die Krankenpflege ausgeübt hatte, auch noch Jahrzehnte später identifizierte, belegt eine kurze, aber deutliche Wortmeldung auf der Landessynode vom April 1970. In der dritten Sitzung stritt man sich trefflich um die Begrifflichkeiten „Diakonin", „Gemeindediakonin", „Gemeindehelferin" oder „Gemeindepädagogin". Als schließlich ein Synodaler in der hitzigen Diskussion die Meinung äußerte, „man müsste dann aber konsequenterweise vorerst auch bei dem Begriff ‚Gemeindehelferin' bleiben (großer Beifall!) und nicht etwa Gemeindepädagogin sagen"[187], konterte Schwester Hanna nicht nur mit der knappen und spitzen Bemerkung: „Als Gemeindehelferin von Beruf wollte ich doch auch darum bitten, dass man die eigentlich Beteiligten darüber fragt", wofür sie ebenfalls lebhaften Beifall erntete, sondern stellte gleich noch den Antrag, dass man dazu die Basis befragen möge. Ihm wurde selbstverständlich stattgegeben.

Schließlich finden sich auch Hinweise zur Gemeindeschwester in dem bereits erwähnten Büchlein „Schwesterndienst als Seelsorge" von Erich Schick aus dem Jahr 1956. Darin heißt es im 12. Kapitel: „Der Gemeindeschwester ist wohl der allgemeinste und vielfältigste Dienst aufgetragen, insbesondere in dörflichen Verhältnissen und geschlossenen Gemeinden. [...] Bei dem allem wird der Gemeindeschwester oft ein Maß von Einsamkeit zugemutet, das die meisten der Menschen, die ihrer Dienste oft so harmlos begehren, niemals sich selbst zumuten würden, ja das sie vielleicht kaum bedenken."[188] In dem Büchlein sind insbesondere in den Textpassagen zur Gemeindeschwester zahlreiche Anstreichungen von Schwester Hanna enthalten.

Wenn man bedenkt, dass im ersten Krankenpflegegesetz der Bundesrepublik Deutschland von 1957 die zweijährige Ausbildung mit anschließendem Praktikantenjahr verbindlich festgelegt wurde, kann man ermessen, mit welcher Energie Schwester Hanna den von ihr entworfenen Berufsstand der Gemeindepflegerin gegen die allgemeine Entwicklung der Pflegeberufe durchsetzte. Noch brisanter erscheint diese Entscheidung aus berufspolitischer Sicht, wenn man sich klarmacht, dass 1963 bereits eine heiße Diskussion darüber entbrannt war, die gesamte Krankenpflegeausbildung auf drei Jahre zu erhöhen, also durch deutlich mehr Theorie- und Praxisstunden aufzustocken. Zum Oktober 1965 war es dann tatsächlich so weit, die Krankenpflegeausbildung wurde in Deutschland verbindlich auf drei Jahre festgelegt. Man näherte sich internationalem Niveau. Da die Kurse in Kork jeweils zum April eines Jahres begannen, startete die erste dreijährige Ausbildung im April 1966. Doch unverdrossen bot Schwester Hanna die Ausbildung zur Gemeindepflegerin weiter an. 1967 holte sie sich gar die beste Adresse für diesen Bereich an Bord: Susanne Ewald, die neu eingestellte Fachreferentin des Diakonischen Werkes in Baden für den Bereich Gemeindekrankenpflege. Die beiden lernten sich rasch schätzen, zeitlebens verband sie eine gute Freundschaft.

Schwester Susanne, wie sie von Schwester Hanna genannt wurde, war eine besonders qualifizierte Krankenschwester – genau wie Schwester Hanna auch. Sie hatte ihre Ausbildung in England absolviert[189], ein ganz ungewöhnlicher Weg in der damaligen Zeit. Wer die Ausbildung in England gemacht hatte, war

*Bild 55
Susanne Ewald (2006), Krankenschwester, war Fachreferentin des Diakonischen Werkes in Baden für den Bereich Gemeindekrankenpflege.*

„Und wenn dann Abschluss bei den Gemeindepflegerinnen war, haben wir einen Ausflug gemacht. Ich bin gefahren, habe die alle eingeladen in mein Auto. Und dann hat Schwester Hanna gesagt, wir müssen uns eigentlich jährlich treffen. So ging das dann bei den Treffen von Freitag bis Sonntag.

Ich habe immer zur Schwester Hanna gesagt: ‚So fromm wie Sie bin ich nicht.' – ‚Na ja', hat sie gesagt, ‚dann bin ich eben der fromme Teil und Sie der weltliche Teil.' Wir ergänzten uns da wunderbar. Ich glaube, das ist auch bei den Teilnehmerinnen gut angekommen."

(das ist auch heute noch so) in der Krankenpflege besser qualifiziert. Und Schwester Susanne besaß Erfahrung in der Ausbildung von Schwesternhelferinnen des Roten Kreuzes, eine Tätigkeit, die sie nach ihrer Rückkehr nach Deutschland sieben Jahre lang ausgeübt hatte. Sie lernte Schwester Hanna im Rahmen ihrer Antrittsbesuche als neue Referentin für die Gemeindekrankenpflege des Diakonischen Werkes Baden kennen. Der Alleingang der eigenwilligen Oberin der Korker Anstalten war natürlich auch ein Thema für sie, da sie die Gemeindekrankenpflege nach der üblichen Art aufbauen wollte und sollte, nämlich erfahrene Schwestern und Pfleger nach dem dreijährigen Krankenpflegeexamen für die häusliche Krankenpflege vorzubereiten. Um es nochmals deutlich zu sagen: Kein Bereich der Krankenpflege erfordert mehr Selbstständigkeit und Verantwortungsbewusstsein als die häusliche Pflege. Die Pflegenden sind häufig auf sich allein gestellt und müssen sich zudem noch in jedem Haushalt, wo sich bekanntlich der eine von dem anderen stark unterscheidet, zurechtfinden.

Ihren ersten Eindruck von Schwester Hanna beschrieb Schwester Susanne wie folgt: „Ehrfurcht, muss ich sagen. Ja, Ehrfurcht und auch eine gewisse Distance und Bewunderung. Ich kam ja nach Kork unter ganz großen Vorbehalten, weil ich gesagt habe, was kann das denn schon sein, ein halbes Jahr? Bringt ja nichts von der Krankenpflege her."[190] Auf die Frage, wie sich ihre Tätigkeit in Kork im Rahmen der Gemeindepflegerinnenausbildung gestaltet hatte, antwortete sie: „Das waren mal ein paar Stunden, also sehr viel länger nicht. Und wenn dann Abschluss war, da war ich dabei, weil ich zum Prüfungsausschuss gehörte. Das hört sich an wie sonst was, aber war ja nichts. Dann haben wir einen Ausflug miteinander gemacht. Ich bin gefahren, hab' die alle eingeladen in mein Auto. [...] Und dann hat die Schwester Hanna gesagt, wir müssen das eigentlich so machen, dass wir uns einmal im Jahr treffen. Und dann ging das von Freitag bis Sonntag, da haben wir uns in Kork getroffen. Und da hat jeder aus seiner Erfahrung berichtet. Negatives und Positives. [...] Und so ist das eigentlich gewachsen, im Laufe der Zeit."[191]

Auf der Frühjahrssynode der Evangelischen Landeskirche in Baden 1977 meldete sich Schwester Hanna noch einmal in einer öffentlichen Diskussion zu ihrer letztlich gescheiterten Idee der Gemeindepflegerin: „Es arbeiten einige Gemeindepflegerinnen oder Frauen in den Gemeindepflegestationen, die keine genügende Ausbildung haben, zum Beispiel auch die Gemeindepflegerinnen, die wir in Kork gemeinsam ausgebildet haben. Sie haben ein Examen, das vom Diakonischen Werk mitverantwortet wurde. Es sind halbjährig ausgebildete

Leute, meist im dritten Lebensabschnitt. [...] Wir müssen versuchen, wenn irgend möglich, diese Frauen nachzuschulen; denn sie werden als Mitarbeiterinnen in den Sozialstationen nicht bezuschusst wie Krankenschwestern und wie die Altenpflegerinnen."192 Man war staatlicherseits eben nicht bereit, die Leistungen der sogenannten Gemeindepflegerinnen zu honorieren, und die Sozialstationen selbst konnten sich das auch nicht leisten. Trotzdem legte Schwester Hanna bis ins hohe Alter größten Wert auf die regelmäßigen Treffen mit „ihren" Gemeindepflegerinnen.

Doch zurück in die 60er-Jahre. Am 31. Oktober 1966 wurde in den Korker Anstalten beschlossen, in einem Gesamtvolumen von 6,5 Millionen DM die Kinderhäuser zu bauen. Diese Entscheidung fiel wegen der anhaltend knappen Mittel zunächst nicht leicht, denn zu diesem Zeitpunkt liefen die Baumaßnahmen für die „Kinderklinik" (die Neuropädiatrische Klinik) auf vollen Touren. Doch als sich Kork nach deren Eröffnung am 25. Februar 1967 rasch zu so etwas wie dem „Badischen Bethel" entwickelte, war allen klar, dass es eine gute und richtige Entscheidung war. Zum 82. Jahresfest der Korker Anstalten, genauer gesagt zum

Bild 56
Schwester Hanna im Jahr 1968 noch mit der Brosche der Inneren Mission. Diese Brosche wurde 1969 durch eine neue ersetzt.

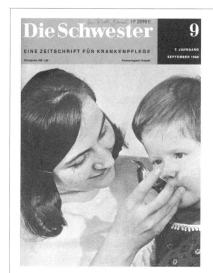

26. Mai 1974, brachte Pfarrer Geiger bereits einen Sonderdruck „Neuropädiatrische Klinik Kork 1967 – 1974" heraus, der das in den wenigen Jahren Geleistete stolz herausstrich. Prof. Dr. Ansgar Matthes hob in seinem Beitrag zur Entstehungsgeschichte der Klinik hervor, wie sehr diese Entwicklung Pfarrer

Bild 57 – 59
Auszüge aus der Zeitschrift „Die Schwester" aus dem Jahr 1968

Geiger zu verdanken war: „Der entscheidende Schritt wurde von dem seit 1963 amtierenden Direktor Pfarrer Geiger vollzogen. Seiner Initiative und Tatkraft ist die Planung einer kinderneurologischen Klinik und die Berufung von Kinderneurologen zu verdanken."[193] Geiger selbst äußerte sich im Vorwort über die schwierige finanzielle Anfangszeit der neuen Klinik: „Was anfangs Wagnis war, kann nach dieser Zeit zeigen, ob es eine ganze Sache wurde. Es kann sich zeigen, ob unsere Neuropädiatrische Klinik Korks Aufgabenstellung weiterführen und intensivieren konnte".[194]

Die medizinische Weiterentwicklung der Korker Anstalten durch die Erforschung und Behandlung der Epilepsie seit 1966 war eng mit den Ärzten Prof. Dr. Ansgar Matthes und (ab 1968) Prof. Dr. Rolf Kruse verbunden.[195] Beide waren anerkannte Topspezialisten auf ihrem Gebiet. Kork erreichte nun universitäres Behandlungs- und Ausbildungsniveau: „Die Anwesenheit von fünf Ordinarien der benachbarten Universitäten Straßburg, Heidelberg, Freiburg und Tübingen bei der Eröffnungsfeier dokumentierte den hohen medizinischen Anspruch, mit dem die an Bettenzahl relativ kleine Spezialklinik angetreten war"[196]. In der Folge wurden regelmäßig wissenschaftliche Symposien und Kongresse veranstaltet, entweder im besinnlichen Kork selber oder im benachbarten Kehl. Auch die Vielzahl wissenschaftlicher Veröffentlichungen dokumentierte den neuen Anspruch. Obwohl Kork schon Jahrzehnte zuvor auf die Behandlung von Menschen, die an Epilepsie erkrankt waren, spezialisiert war, publizierte Prof. Dr. Matthes eine ganze Informationsreihe im „Nickelblättchen" unter dem Titel „Unser Kind hat Anfälle". Ende der 60er-Jahre erreichte diese Entwicklung der Korker Anstalten ihren ersten Höhepunkt. Das spiegelte sich auch in der Septemberausgabe der größten deutschen Pflegezeitschrift „Die Schwester" des Jahres 1968 wider. Schwerpunktthema war die Pflege und Behandlung epilepsiekranker Kinder. Das Vorwort hatte Pfarrer Martin Geiger.[197] In dem darauffolgenden Artikel kam neben Schwester Hanna auch Schwester Dora zu Wort.[198] Ob sich danach vermehrt Krankenschwestern und Krankenpfleger für die Arbeit in Kork interessierten, lässt sich heute freilich nicht mehr feststellen, doch der gesamte Beitrag war ein Beispiel mustergültiger PR in der bis heute größten Pflegezeitschrift Deutschlands.

Nun hatten beide führenden Personen in der Anstaltsleitung ihre Schwerpunkte gefunden: Schwester Hanna nach wie vor das sehr gut nachgefragte, schon in einer Tradition stehende Diakonissenkrankenhaus, die Schwesternschaft und die Krankenpflegeschule, Pfarrer Geiger „seine" Neuropädiatrie und ab 1971 die damit verbundene Heilerziehungspflegeschule.[199] Aus heutiger Sicht können wir sagen, dass die Neuropädiatrie auf sehr hohem Niveau weiterentwickelt wurde und das Diakonissenkrankenhaus nur noch als Gebäude besteht. Der Betrieb wurde nach und nach eingestellt, das Diakonissenkrankenhaus hatte nach der Schließung der Chirurgie endgültig keine Chance mehr. Es ist, wie zahlreiche andere Einrichtungen in Deutschland, wegen seiner geringen Bettenkapazität dem Rotstift zum Opfer gefallen. Allerdings waren die Weichen zur Krankenhausschließung schon in den 60er-Jahren im Rahmen der Landeskrankenhausplanung gestellt. Die benachbarten Kreiskrankenhäuser in Kehl und Offenburg konnten die Nachfrage problemlos kompensieren.

Durch die rege Bautätigkeit seit Mitte der 60er-Jahre geriet Kork zunehmend in finanzielle Nöte, die durch Umstrukturierungen sowie die erhöhte Nachfrage seitens der Betreuung von Kranken noch verstärkt wurden. So kann man es fast schon als Fügung bezeichnen, dass Hanna Barner zu dieser Zeit in die landeskirchlichen Gremien berufen wurde und nun über entsprechenden Einfluss verfügte. Am 11. Februar 1966 erhielt sie folgenden Brief vom Landesbischof: „Liebe Schwester Hanna! Was ich neulich nur andeutete, geschieht jetzt offiziell und im Einverständnis mit dem Landeskirchenrat: Ich frage bei Ihnen an, ob Sie bereit sind, sich in die Landessynode berufen zu lassen. Seien Sie in der Hoffnung, dass Sie auch dieser offiziellen Anfrage eine zustimmende Antwort geben, herzlich gegrüßt von Ihrem dankbaren Wolfgang Heidland."[200] In ihrer Antwort deutete sie zwar an, dass sie Kork eigentlich vollkommen beanspruche, signalisierte dann aber doch im letzten Abschnitt ihre Bereitschaft: „Wir, Herr Pfarrer Geiger und ich, sind uns darin einig, dass wir die uns in unserem Werk zugewachsenen Erfahrungen und Kräfte gerne der Landeskirche zur Verfügung stellen wollen, und wissen, dass wir dann doch wieder in unserem Auftrag beschenkt und gestärkt werden. Und darum möchte ich doch in getroster Freudigkeit zusagen."[201]

Schwester Hanna wurde nicht nur in die Landessynode berufen. Ab 1966 gehörte sie auch dem Landeskirchenrat an. Sie war nun innerhalb eines Jahres in den höchsten landeskirchlichen Gremien vertreten und repräsentierte spätestens jetzt die Korker Anstalten nach außen. Und sie verstand ihren neuen Einfluss zu nutzen, denn innerhalb kürzester Zeit wurde sie zu einer „Vorderbänklerin", wie sich Oberkirchenrat i. R. Dieter Oloff erinnert: „In der Landessynode war sie nach meiner Wahrnehmung eine Autorität, und zwar eine

Bild 60
Die Brosche der Korker Schwesternschaft

geistliche Autorität vor allem. Das kann man, glaube ich, ohne Abstriche so sagen. [...] Was sie sagte, hat man gehört. Sie saß relativ weit vorne auf der linken Seite, und wenn Schwester Hanna sich meldete, wurde auf jeden Fall hingehört."[202] Dass Schwester Hanna 1980 der Bischofswahlkommission angehörte, war geradezu selbstverständlich. Sie war auch eine gefragte Vortragende, insbesondere in der kirchlichen Frauenarbeit, denn sie beherrschte die Sprache der Menschen, konnte komplexe theologisch-ethische Zusammenhänge auf den Punkt bringen, sodass jeder Zuhörer und jede Zuhörerin nach solchen Vorträgen bereichert nach Hause gehen konnte.

Erstaunlicherweise wurde Schwester Hanna in der Landessynode Mitglied des Finanzausschusses. Diese Entscheidung war sicher mit dem Anstaltsleiter Pfarrer Geiger abgesprochen. Denn im Finanzausschuss wurde über Geld geredet und entschieden – ein Problem, das auch in Kork akut geworden war. Schon in der ersten Sitzung der Landessynode, an der Schwester Hanna als neu berufene Synodale teilnahm, waren die Bauvorhaben und die Finanzprobleme der Korker Anstalten ein zentrales Thema. Der Finanzausschuss beriet über 1.000.000 DM, die von den Korker Anstalten als Zuschuss der Landeskirche für die geplanten baulichen Maßnahmen der Einrichtung erbeten worden waren. Der Synode wurde vom Finanzausschuss folgender „Beschlussvorschlag" zur Annahme empfohlen: „Die Synode erkennt die Notwendigkeit der von Kork geplanten Bauvorhaben an. Sie nimmt die Bitte um eine Finanzierungshilfe von 1 Million zur Kenntnis und ist bereit zu helfen, sobald die Finanzlage der Kirche es erlaubt. Hierüber soll auf der Herbstsynode 1966 erneut beraten werden."[203] Kein schlechter Einstand von Schwester Hanna im Finanzausschuss der Landessynode. Ob ihr Wunsch in Erfüllung ging und die beantragte Summe überwiesen wurde, vermag ich leider nicht zu sagen.

1969 wählte die Schwesternschaft eine neue Brosche, die allen am 13. September 1969 überreicht wurde. Die alte Brosche der Inneren Mission, welche die Schwesternschaft seit mehr als 30 Jahren getragen hatte, sollte durch eine zeitgemäße, von der Schwesternschaft gemeinsam entwickelte und inhaltlich besser passende abgelöst werden. Die neue Brosche sollte die nun folgende neue Ära der Schwesternschaft zum Ausdruck bringen. Im Rückblick schilderte Hanna Barner diese Zäsur folgendermaßen:

Ein entscheidender Einschnitt im Leben der Schwesternschaft war der 13. September 1969. Durch eine Predigt von Pfarrer Geiger war ihr ein Bibelwort

Bild 61
Oberkirchenrat i. R.
Dieter Oloff war zuvor
etliche Jahre Dekan
von Kehl.

„Es ist nicht ganz selbstverständlich, dass Landessynodale, die durch ihre Zugehörigkeit zur Landessynode eben auch zum Bezirkskirchenrat gehören, diese Ämter immer wahrnehmen. Sie hat das hingegen sehr bewusst und intensiv wahrgenommen. Sowohl im Bezirkskirchenrat, der ja doch relativ häufig tagt, ungefähr alle 1 bis 2 Monate, als auch in der Bezirkssynode, die zweimal jährlich tagt. Sie konnte sehr kurz und präzise in Diskussionen Sachen auf den Punkt bringen. Das war, glaube ich, auch eine Stärke von ihr.

Von außen gesehen war es für mich völlig außer Frage, dass das geistliche Zentrum der Anstalt bei Schwester Hanna lag."

Bild 62
Helene („Leni") Bärfacker
(ca. 1950)

Bild 63
Schwester Helga Baum
gehörte zu der Gruppe, die
1969 eingesegnet wurde.

geschenkt worden, das ihr wie kein anderes Mittel Zuspruch und Verheißung für ihren Lebensauftrag erschien. Es ist das Wort aus der Offenbarung des Johannes, Kapitel 1, 17 und 18. „Und er legte seine rechte Hand auf mich und sprach zu mir: Fürchte dich nicht! Ich bin der Erste und der Letzte und der Lebendige. Ich war tot, und siehe ich bin lebendig von Ewigkeit zu Ewigkeit und habe die Schlüssel der Hölle und des Todes." Aus diesem Wort heraus war eine neue Brosche für die Schwesternschaft gestaltet worden. Kreuz und Krone, Zeichen für die innere Gewissheit, dass Leiden und Herrlichkeit im Leben der Schwestern und im Leben der Kranken unlöslich verbunden sind. Dazu das Alpha und Omega, der Erste und der Letzte und der Lebendige, Zeichen für die jeden Tag neu zu glaubende Wirklichkeit, dass niemand von uns den ersten Schritt tun muss, keiner aber auch je der Letzte sein kann. Er, unser Herr, schließt die Türe auf zu neuen Aufgaben, zu anderen Menschen, er ist immer schon vorausgegangen und erwartet uns dort. Niemand kann und muss auch der Letzte sein. Hinter dem Schwächsten unserer Kranken, hinter unserem Scheitern im Umgang mit Menschen und in unseren Aufgaben, ja auch hinter dem Sterben und der Todesangst, steht immer Er, der Letzte, der Ewig-Lebendige, der die Schlüssel der Hölle und des Todes hat. In dieser zuversichtlichen Gewissheit wagte die Schwesterngemeinschaft an diesem Tag auch den Schritt, junge Menschen in einer neueren Form in ihre Schwesternschaft aufzunehmen; Schwestern, die sich gerufen wissen, im gleichen Geist sich dem Werk der Korker Anstalten zur Verfügung zu stellen. Sie möchten den älter und müde gewordenen Schwestern die froh machende und dankbare Gewissheit geben, dass das kostbare Erbe, das sie durch so viele Jahrzehnte oft unter schweren Belastungen bewahrt haben, aufgenommen und weitergetragen wird [...] Als einen letzten, entscheidenden Schritt darf wohl der Eintritt der Korker Schwesternschaft in den „Kaiserswerther Verband" genannt werden, der 1976 vollzogen wurde. Damit haben die Korker Schwestern nun auch die innere Verbindung zum weltweiten Zusammenschluss evangelischer Schwestern in der „Diakonia". Darüber hinaus aber weiß sich die Korker Schwesternschaft all denen verbunden, die das Wort von Vincent von Paul erfahren dürfen: „Wahrhaft königlich ist es, erbarmende Liebe zu üben."[204]

Schwester Hanna wollte übrigens nicht dem Kaiserswerther Verband, sondern dem Zehlendorfer Verband für Evangelische Diakonie beitreten, und zwar vermutlich aus zwei Gründen: Erstens kannte sie diese Schwesternschaft aus ihrer eigenen Ausbildungszeit und hatte den Kontakt dorthin immer gepflegt, zweitens unterlagen die Schwestern nicht, wie bereits mehrfach erwähnt, den strengeren Statuten des Kaiserswerther Verbandes. Letztlich kam es dazu aber nicht. Die Anstaltsleitung wollte nicht, dass Kork eine Extrarolle in der Verbandszugehörigkeit einnahm, schließlich waren alle nennenswerten umliegenden Diakonisseneinrichtungen dem Kaiserswerther Verband beigetreten, nicht zuletzt auch das Diakonissenhaus im benachbarten Nonnenweier.

Nur einen Tag nach der einschneidenden Predigt Pfarrer Geigers, am 14. September 1969, gelobten vierzehn Krankenschwestern, die meisten davon in Kork ausgebildet, zur Schwesternschaft zu gehören.[205] Vier Schwestern kamen aus dem Kreis der noch nicht eingesegneten Probeschwestern: Schwester Helga Baum, Schwester Helga Franz, Schwester Elsbeth Weber und Schwester Dora Zimmermann. Zehn weitere Frauen nannten sich von da an Schwestern „neuer Prägung". Am 4. November 1973 traten nochmals drei Frauen der Schwesternschaft neuer Prägung bei, wobei zwei davon nicht Krankenschwestern waren, also auch nicht mit „Schwester" angesprochen wurden und keine Tracht und Haube trugen. Wenn sich heute die Schwestern neuer Prägung gemeinsam mit den Diakonissen der Einrichtung treffen, fällt auf, dass nahezu alle Schwestern der neuen Prägung nur noch zu ganz besonderen Anlässen in Tracht und Haube auftreten. Dieses Bild ist also nahezu aus dem Alltag der Diakonie Kork verschwunden. Ganz sicher geht damit der „Korker Geist" mehr und mehr seinem Ende zu. Denn genau das war das Phänomen des Korker Geistes: gemeinsames Bekenntnis, auch in der äußeren Präsenz, zu den Werten der Diakonissengemeinschaft – selbst bei den meist jungen „weltlichen" Schwestern und Pflegern, die schon zu Ausbildungszeiten alles andere als einen Lebensstil in der gebotenen Enthaltsamkeit einer Diakonisse pflegten. Und das war auch der Grund, warum die jungen Menschen so geprägt wurden: Die Offenheit, die Geduld und die Weltlichkeit der Korker Diakonissen und Schwestern neuer Prägung waren nahezu unendlich. Wer in Kork Ausbildung machte, spürte das ganz genau.

Anfang 1970 erhielt Schwester Hanna Unterstützung durch eine persönliche Assistentin. Helene Bärfacker[206], die von 1957 an als Heimleiterin des früheren Altersheimes der Korker Anstalten beschäftigt war, wurde ab 1970 zur Unterstützung von Schwester Hanna eingesetzt. Vergessen wir nicht, ein

Bild 64 oben:
Ruth, Hannas Schwester

Bild 65 unten:
Skulptur im Park des Heinrich-Wiederkehr-Hauses, Feierabendhaus der Korker Schwestern

Arbeitstag der Oberin dauerte meist von morgens 5.00 Uhr bis spät abends, von einem Achtstundentag konnte also keine Rede sein. Insofern kam diese Hilfe sicherlich wie gerufen. Regelmäßig war die Mutter von Schwester Hanna für zwei bis drei Wochen zu Besuch in Kork. Im März 1975 stürzte Anna Barner bei einem dieser Besuche so schwer, dass sie sich einen Oberschenkelhalsbruch zuzog. Von der schweren Operation erholte sie sich nicht mehr. Anna Barner starb am 5. Mai 1975 im Korker Krankenhaus und wurde auf ausdrücklichen Wunsch neben ihrem Mann auf dem Friedhof der Diakonissenanstalt in Nonnenweier beerdigt. Das war ein weiterer Verlust und sollte nicht der letzte bleiben. Am 3. April 1980 starb Hannas Schwester Ruth im Alter von nur 58 Jahren.

Im Frühjahr 1978 kam es zu einer ernsten Krise in der Anstaltsleitung. Schwester Hanna kündigte mit Schreiben vom 9. April 1978 ihre Stellung als Mitglied dieses Gremiums, um sich in Zukunft stärker ihrem Amt als Oberin einer Schwesternschaft widmen zu können.[207] Die Belastung durch Aufgaben in der Verwaltung war inzwischen zu groß geworden:

Sehr geehrter Herr Dr. Hindelang, lieber Herr Pfarrer Geiger,
im Frühjahr 1979 wird das Haus der Korker Schwestern bezugsfertig sein. Da dies nicht nur ein Feierabendhaus werden soll, sondern ein Mittelpunkt für die Schwesternschaft – wie immer sich diese in den nächsten Jahren gestalten wird –, möchte ich dann in dieses Haus miteinziehen und meine Aufgaben des Amtes der Oberin von dort aus wahrnehmen.

Damit scheint mir der Zeitpunkt gegeben, dass ich meine Aufgabe in der Anstaltsleitung zur Verfügung stelle. Es scheint mir wichtig, dass nun in die Anstaltsleitung ein jüngerer Mensch berufen wird, der fähig ist, konstruktiv mitzuarbeiten und die Leitung der verschiedenen Bereiche mitzutragen und mitzugestalten in der heute gebotenen Form und Weise.
    [...]
Ich bitte, dass die Umstellung in der Anstaltsleitung mit dem Umzug in das Haus der Korker Schwestern geschehen kann, und – um einen Zeitpunkt zu nennen, was für eine Einstellung eines neuen Mitarbeiters notwendig ist – den 31. März 1979 als offizielle Beendigung meiner bisherigen Stellung anzusehen.

Schwester Hanna Barner

Bild 66
Pfarrer i. R. Martin Geiger, Leiter der früheren Korker Anstalten von 1963 bis 1993

"Schwester Hanna besuchte uns in Hausach, um den Kandidaten kennenzulernen, der für die Nachfolge von Pfarrer Meerwein vorgesehen war. Bei diesem Gespräch stellte sich heraus, dass meine Mutter vor ihrer Heirat ein Haushaltsjahr im Elternhaus von Schwester Hanna in Nonnenweier abgeleistet hatte. Schwester Hanna war lebendig und neugierig. Wir spürten, dass eine Zusammenarbeit sehr wohl denkbar ist. Schwester Hanna hat uns ermutigt, Ja zu sagen zur Mitarbeit in Kork. Dabei war beeindruckend, wie Schwester Hanna vom geistlichen Leben berichtete.

Nach dem Ausscheiden der bisherigen Oberin, Schwester Elisabeth Grüninger, kam Mitverantwortung für das gesamte Geschehen dazu. Schwester Hanna war dabei die Hüterin des geistlichen Lebens – bei den Patienten des Krankenhauses, später auch für die der Epilepsiekliniken, die Heimbewohner, die Pflege der Alterskranken und für die immer mehr wachsende Zahl der Mitarbeiter – ein eigentlich viel zu großes Arbeitsfeld.

Der Bau des Schwesternhauses mit der Kapelle setzte ein übergroßes Zeichen für das Herz des Dienstes. Die Andachten, zunächst dreimal am Tage, später morgens und abends. Bei den Morgenandachten übernahmen in der Regel Schwester Hanna und ich die Gestaltung. Das ‚Heinrich-Wiederkehr-Haus' trägt die Handschrift von Schwester Hanna, denn es ist das erste Haus, das ausschließlich für die Korker Schwestern gebaut wurde.

Man kann zu Recht sagen: Ohne Schwester Hannas geistliche Prägung wäre Kork nicht das geworden, was es geworden ist zu der Zeit, da sie in den Ruhestand eintrat."

Geschickt verband Schwester Hanna ihre Kündigung mit der Fertigstellung des sogenannten „Feierabendhauses" im Jahr 1979, an dessen Planung sie verantwortlich beteiligt gewesen war. Das „Heinrich-Wiederkehr-Haus", so die offizielle Bezeichnung des Gebäudes, war für sie ein willkommener Anlass, den Korker Geist, der gegenüber dem massiven Expansionskurs der Anstalt auf der Strecke zu bleiben drohte, wiederzubeleben. Sie wollte aus dem Haus einen lebendigen Mittelpunkt der Schwesternschaft machen und verhindern, dass es ein bloßes „Feierabendhaus" wurde, in das man sich zurückzog.

Dieses Schreiben löste offensichtlich Bestürzung aus. Man wurde sich plötzlich bewusst, welch großen Anteil Schwester Hanna an den Geschicken der Anstaltsleitung hatte, und wollte keinesfalls auf sie verzichten. Niemand sah jedoch, dass es ihr um eine Initiative für die Schwesternschaft ging. Die Kündigung stieß auf so großes Unverständnis, dass sich Schwester Hanna wenige Monate später genötigt sah, Pfarrer Geiger einen 14-seitigen Brief über ihre Beweggründe zu schreiben.[208] Hinter vielen Vorschlägen und Überlegungen, wie das geistliche Leben in Kork zu erneuern sei, kam auch die Vermutung zum Ausdruck, dass das bloße Nebeneinander, aber nicht mehr Miteinander von medizinischer Spezialklinik und christlicher Seelsorge letztlich auf ein Kommunikationsproblem zwischen den beiden Anstaltsleitern zurückgehen könnte. Mit Nachdruck hob sie hervor, dass es in der Frage ihrer Kündigung nicht nur um sie selber, sondern auch um das Selbstverständnis der Anstalt ging:

Wenn ich Ihnen heute einen so langen Brief zu schreiben gedenke, tue ich dies sehr zaghaft und nicht so gern. Aber es ist wohl besser, wenn ich ihn jetzt schreibe, weil es mich in diesen ruhigen Morgenstunden am ehesten zwingt, vor Ihren kritischen und auch Sie selbst betreffenden Gedanken, Impulsen, Zukunftsvorstellungen, Strukturwandlungen usw. die meinen klarzulegen.

Es ist mir sehr schnell klar geworden damals, nachdem ich meine „Kündigung" geschrieben hatte, dass ich im Kern nicht deutlich war, ja ihn eigentlich nicht getroffen hatte. Ich konnte ihn aber nicht finden, diesen Kern, der falsch ist in meinem Denken und Tun. Mein Direktor half mir nicht. Er nahm es an und dachte weiter. (Darin konnte er wohl auch nicht helfen, obwohl er sah, dass ich nicht sonnenklar war in meinen Vorstellungen!) Es war mir überhaupt ganz seltsam, dass kein einziger Mensch, mit dem ich so nach und nach sprach, Einwände brachte. Das Konzept meines Direktors machte mir doppelt deutlich, dass etwas danebengeht, nämlich das, was bei uns sein muss – nicht nur bei mir.

Bild 67 und 68
Schwester Hanna war den Dingen immer genau auf der Spur.

Bild 69
Der vertonte Konfirmationsspruch von Schwester Hanna

Bild 71 oben:
Schwester Hanna inmitten von „leicht bekleideten" Konsynodalen am Toten Meer in Israel

Bild 70
Titelbild einer Fotodokumentation zur Israelreise 1980

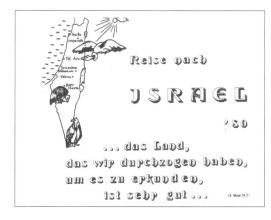

*Bild 72
Hans Bayer,
Landessynodalpräsident
von 1984 bis 1996*

„Sie war im Finanzausschuss und ich als Jurist im Rechtsausschuss. Ich erinnere mich noch gut, als wir 1972 die Berichte zu machen hatten. Da hat damals der Präsident Angelberger gesagt, den Bericht zu irgendeinem Bauvorhaben hält die Oberin Schwester Hanna. Daraufhin wurde stark Beifall geklatscht, dass jetzt die Diakonisse einen Bericht über ein Bauwerk hält im Finanzausschuss. Das war schon ganz ungewöhnlich. Irgendwie stach die Schwester Hanna hervor, sie war anders als die Diakonissen, die wir gewohnt waren. Was halt auch auffällig war, mit der Schwester Hanna konnte man Pferde stehlen. Die hat einfach alles mitgemacht. Ich werde das nie vergessen, wir sind im Toten Meer schwimmen gegangen. Neben mir schwamm Schwester Hanna, die ich nie ohne Haube gesehen habe. Im Toten Meer musste ich erst zweimal schauen, ob es die Schwester Hanna ist."

[...] Dass ich Ihnen alle diese Gedanken schreibe, ist nicht so sehr darum, dass ich sie los werde. Ich leide manchmal darunter, dass Sie so schnell fertige (oder scheinbar fertige??) Lösungen anbieten. Dass ich gar nicht erkennen kann, ob das halbe Fragen sind oder schon ganz feste Vorstellungen, die Sie anpeilen. Manchmal wundert es mich, wenn dann unter einem „Entwurf" steht, dass das Denkanstöße sein sollen, was für mich fix und fertig aussieht. Ich weiß, woher das kommt bei Ihnen. Sie sind sehr vorsichtig – wenigstens mir gegenüber –, emotionale Anstöße, Unbehaglichkeiten oder so preiszugeben. Das mag an mir liegen. Aber es ist deshalb für mich auch schwierig, mich rechtzeitig bei Ihnen zu melden.

Aber dieses Mal meine ich, dass wir auch harte Gespräche nicht scheuen sollten, um das Richtige zu finden. Dass mein Grundanliegen ganz genau das Ihre ist, nämlich dass die geistliche Seite, und zwar das Theologisch-Biblische sowohl wie das „Zum Leben helfen" (Miederer) bei uns zu kurz kommt, das weiß ich ganz bestimmt. Und was könnte uns ein hartes Gespräch schaden, da uns doch in der Tiefe nichts passieren kann nach so langer Zeit der Zusammenarbeit?

Bild 73
Dr. Wilhelm Angelberger, Mitglied der Landessynode von 1953 bis 1984, ab 1959 Präsident der Landessynode

Ob die angekündigten „harten" Gespräche zwischen Pfarrer Geiger und Schwester Hanna jemals stattfanden, darf bezweifelt werden. Weder sie noch er waren die „harten" Persönlichkeiten, die dazu nötig gewesen wären. Immerhin kam es am 22. August 1978 zu einem Treffen zwischen Pfarrer Geiger, Verwaltungsleiter Paskert und Schwester Hanna, bei dem man sich darauf einigte, dass Schwester Hanna nun doch weitermachte und in zahlreichen Aufgabengebieten die nötige Entlastung erhielt. So hatte sich die Angelegenheit durch ihr Einlenken zunächst beruhigt, doch die Nachfolgerinnenfrage war damit in jedem Fall eröffnet und sollte von da an zu einem jahrelangen Thema werden.

In den folgenden Jahren unternahm Schwester Hanna gemeinsam mit einigen Konsynodalen mehrere Reisen. Sie besuchte Israel, Griechenland, Italien und die Türkei. Besonders hervorzuheben ist die Israelreise aus dem Jahr 1980. Während dieser Reise vertonte die Dr. Erika Bayer, Ehefrau des Landessynodalen und späteren Landessynodalpräsidenten Hans Bayer[209], den Konfirmationsspruch von Schwester Hanna. „Die Vertonung ist bei unserer gemeinsamen Israelreise 1980 im Bus erfolgt. Schwester Hanna war schon damals begeistert und hat ihn gleich mit ihrer Schwester gesungen."[210]

Die Israelreise diente zur Vorbereitung auf die Herbstsynode 1980, die vom 9. bis zum 14. November in Bad-Herrenalb stattfand. Am zweiten Sitzungstag eröffnete nachmittags der damalige Präsident der Landessynode, Dr. Wilhelm Angelberger, die Sitzung unter dem Schwerpunktthema „Christen und Juden". Sie dauerte noch den gesamten nächsten Tag an und endete erst am späten Abend. Hochkarätige Referenten zu bedeutenden Themen waren für die zwei Tage angesagt:[211]

> *Einleitung in die Thematik und den Ablauf der Schwerpunktsynode*
> *(Synodaler Buschbeck)*
> *Referat über „Die Kirche und die Juden vor 1933" (Professor Dr. Seebaß)*
> *Referat über „Autobiographisches zum kirchlichen Antisemitismus"*
> *(Prälat i. R. Dr. Bornhäuser)*
> *Anschließend Abschluss im Plenarsaal mit Lied und Gebet*
> *(Prälat i. R. Dr. Bornhäuser)*
> *Morgenandacht im Plenarsaal (Landesrabbiner Dr. Levinson mit*
> *Oberkantor Rosenfeld)*
> *Arbeitsgruppen zur Behandlung von Römer 9 – 11:*
> *Religionsunterricht (Leitung: Synodale Gramlich/Synodaler Wenz)*
> *Liturgie und Gottesdienst (Leitung: Synodaler Buschbeck)*
> *Gesangbuch (Leitung: Synodaler Wendlandt)*
> *Predigt (Leitung: Synodale Übelacker/Synodaler von Adelsheim)*
> *Jüdische Grundlagen christlicher Ethik (Leitung: Synodaler Marquardt)*
> *Das christliche Bild des „Juden" (am Beispiel des Pharisäer)*
> *(Leitung: Pfarrer Ströhlein)*
> *Referate zum Thema „Hat Gott sein Volk verstoßen? – das sei ferne."*
> *Referat über „Paulus und die Juden" (Dr. Stegemann)*
> *Referat über „Die Juden und Paulus" (Professor Dr. Friedlaender)*
> *Referat über Konsequenzen aus dem Holocaust für unsere Kirche*
> *(Professor Dr. Rendtorff)*
> *Podiumsdiskussion im Plenum (Leitung: Moderator Rein)*

Diese Landessynode beschäftigte sich also sehr intensiv mit dem Verhältnis von Christen und Juden, einem Thema, welches insbesondere auch für die evangelische Kirche in Baden aufgrund ihrer Geschichte bedeutend war. Und für Hanna waren die Gespräche sicherlich ganz besonders bewegend. Ich erinnere mich noch gut, wie sie damals gegenüber uns Auszubildenden von der Israelreise berichtete. Sie war einmal mehr begeistert vom „Gelobten Land".

*Bild 74
Lore Angelberger ist die Ehefrau des verstorbenen früheren Landessynodalpräsidenten Dr. Wilhelm Angelberger.*

„Schwester Hanna hatte gerne Ikonen gehabt. Jedes Jahr zum Geburtstag im November habe ich ihr einen Ikonenkalender geschickt.

Die meisten Bilder von unseren gemeinsamen Urlaubsreisen habe ich von ihr nur von hinten. Sie ist immer gerannt. Unwahrscheinlich, sie war immer vorne dran, ganz egal, ob es die Leiter hochgegangen ist oder durch Löcher hindurch. Sie war ungeheuer lebendig, geistig und körperlich.

Als Diakonisse war sie bestimmt. Sie war auch sich selbst gegenüber bestimmt und war von dem, was sie gesagt hat, überzeugt. Deshalb wurde Schwester Hanna auch anerkannt, und sie war auch gütig."

Bild 75
Schwester Helga Veitel machte ihre Ausbildung zur Krankenschwester in Kork und trat in die Schwesternschaft neuer Prägung ein.

„Schwester Hanna war für mich bzw. für uns faszinierend. Sie hat es fertiggebracht, uns die Behindertenwelt, sage ich mal, näherzubringen und uns so zu begeistern. Schwester Hanna war so jemand, die einfach durch einen durchgeschaut hat. Das Formale hat ihr nicht gelegen. Das hat ihr auch niemand übel genommen. Es gab mal eine Zeit, als sie ein bisschen schwärmerisch war. Da haben wir manchmal ein wenig gelächelt. In unserem Kurs war der Bruder Peter, der lief hier in Kork mit einer Franziskanerkutte herum, war aber ursprünglich evangelisch. Er wollte mit Schwester Hanna eine Männerkommunität gründen, was nicht funktioniert hat."

Lore Angelberger, Ehefrau des früheren Präsidenten der Landessynode, beschreibt die Situation wie folgt: „Die Landessynode wollte eine Schwerpunktsynode machen, Christen und Juden. Das sollte nicht nur theoretisch sein, sondern man sollte auch etwas von dem kennen, von dem man dann auch spricht oder verhandelt. [...] Mein Mann hatte auch viel Kontakt zu Juden, weil er [als Staatsanwalt] bei KZ-Prozessen dabei war, und Simon Wiesenthal war bei uns in Waldshut zum Essen."[212]

Im Oktober 1980 stellte sich Pfarrer Martin Geiger im Rahmen einer außerordentlichen Tagung der Landessynode der Wahl zum Landesbischof.[213] Er wurde ausdrücklich gebeten, für dieses Amt zu kandidieren. Der spätere Landesbischof war in den zahlreichen vorausgegangenen Wahlgängen nicht zu der entsprechenden Zweidrittelmehrheit gekommen. Immerhin konnte Geiger das zweitbeste Ergebnis für sich verbuchen. Interessanterweise gehörte Schwester Hanna als berufenes Mitglied der Landessynode Baden, nun als gewähltes, nichttheologisches Mitglied, der Bischofswahlkommission an. Dass Schwester Hanna bei der Wahl zur Bischofswahlkommission bei Weitem das beste Stimmenergebnis auf sich verzeichnen konnte, belegt ihr hohes Ansehen in den landeskirchlichen Gremien.[214] Wem sie ihre Stimme zur Wahl des Landesbischofs gegeben hat, bleibt freilich ihr Geheimnis. An dieser Stelle darf angemerkt werden, dass wir, die wir uns damals in der Ausbildung zur Krankenpflege befanden, von diesen Ereignissen überhaupt nichts mitbekamen. Das muss man anerkennend sagen, denn die Krise war schon enorm. In dem Moment, wo sich Geiger zur Wahl des Landesbischofs stellte, wusste schließlich auch die ganze Landeskirche von den möglichen „Auflösungserscheinungen" in den Korker Anstalten. Absolut professionell hat man sich letztlich im Interesse der Einrichtung zusammengefunden. So zumindest der Eindruck eines Außenstehenden, der sich zu diesem Zeitpunkt immerhin beruflich auf dem Gelände der Korker Anstalten bewegte.

Zum 28. September 1981, kurz vor Schwester Hannas 65. Geburtstag, lud Pfarrer Geiger die Schwestern der neuen Prägung und Schwester Helga Baum, Schwester Elsbeth Weber sowie Schwester Dora Zimmermann zu einem Gespräch im Heinrich-Wiederkehr-Haus ein.[215] Erstmals wurden an diesem Abend die konkreten Vorstellungen zur Nachfolge von Schwester Hanna erörtert. Insbesondere die weitere Rolle von Schwester Hanna als „Alt-Oberin" war immer wieder Thema. Auffällig ist, dass die Frage, wer die Nachfolge antrat, nicht der Entscheidungsfindung der Schwesternschaften überlassen wurde. Offensichtlich stand zu diesem Zeitpunkt bereits fest, wer es werden sollte. Das führte in

Bild 76
Schwester Emi Enzmann machte ihre Ausbildung zur Krankenschwester in Kork, trat in die Schwesternschaft „neuer Prägung" ein und war lange Zeit als Oberschwester in Kork tätig.

„Sie war sehr prägend, hat ihren Unterricht lebendig gestaltet. Und eine ihrer Lieblingsbeschäftigungen war die Musik, das Singen. Das hat sie in uns geweckt und gefördert, das war sehr schön.

Ich werde nie vergessen, ich hatte in der Ausbildung auf einer Station einmal Schwierigkeiten und bin einfach zur Schwester Hanna gerannt. Während ich erzählte, hat sie eine Tischdecke in die Hand genommen und gestickt, es war eine ganz ruhige, entspannte Atmosphäre. Es hat sich für mich dann während des Gesprächs manches geklärt – eben auch, dass man nicht gerade davonrennen kann."

der Folgezeit zu heftigen, durchaus nachvollziehbaren Reaktionen. Helga Veitel, Schwester der neuen Prägung, schrieb am 4. Oktober 1981 aus Den Haag an Pfarrer Geiger: „Allerdings finde ich es traurig, dass diese Meinungsbildung nicht schon in den vergangenen zwei Jahren stattgefunden hat und erst jetzt, zwei Monate vor Schwester Hannas 65. Geburtstag, zur Diskussion steht. Außerdem entnehme ich Ihrem Brief, dass es für Sie, Herr Pfarrer, schon feststeht, dass eine neue Oberin kommt. [...] Das heißt für mich, dass überhaupt keine Möglichkeit zur Meinungsbildung besteht für die oben genannten Gruppen. Dass ich persönlich das zumindest sehr bedenklich finde, brauche ich Ihnen wohl kaum zu sagen."[216] Knapp zwei Wochen später antwortete Geiger: „Liebe Schwester Helga, Schwester Hanna meinte, ich bräuchte auf Ihren Brief vom 4. Oktober nicht zu reagieren. Sie bzw. die Schwestern der neuen Prägung hätten bereits mit Ihnen die anstehenden Fragen geklärt. Lassen Sie mich trotzdem diesen Brief schreiben, weil er mich betroffen gemacht hat. Ich bin betroffen darüber, dass Sie uns aufgrund dieser Information unterstellen, wir würden hier kurzatmig und überteilt die Nachfolge für Schwester Hanna lösen wollen. Die Sache ist sehr anders, als Sie aufgrund dieser Information wissen können. Wir sind schon seit 1976 am überlegen, wie wir eine für die Anstalten brauchbare Lösung schaffen für den Augenblick, in dem Schwester Hanna ihre Funktion in der Anstaltsleitung abgibt. Dabei ist die Formulierung einer Aufgabenbeschreibung für die Nachfolgerin schwierig, weil wir ja gewachsene Strukturen ein Stück weit verändern müssen."[217]

Zum 1. Oktober 1981 nahm die Schwesternschaft der neuen Prägung, unterstützt von den Diakonissen Schwester Helga Baum, Schwester Elsbeth Weber und Schwester Dora Zimmermann, gegenüber Pfarrer Martin Geiger und dem Verwaltungsrat Stellung zu der Frage, „ob die neue Oberin der Korker Anstalten die Korker Schwestern neuer Prägung leitend übernehmen sollte, oder ob Schwester Hanna Barner diese Aufgabe noch einige Jahre wahrnimmt."[218] Das Ergebnis des zweiseitigen, von Schwester Dora Zimmermann handschriftlich angefertigten Dokuments war eindeutig: Man wollte Schwester Hanna weiter als Oberin beider Prägungen haben. Die Schwestern machten deutlich:

Bild 77
Lore, Hannas Schwester

Im Hinblick auf die zu suchende Frau sind wir der Meinung:
- *Man sollte dieser Frau Zeit lassen, sich einzuleben und in die Aufgaben der Anstaltsleitung und des Gesamtwerkes hineinzuwachsen.*
- *Die neue Prägung möchte für diese Frau offen sein,*
- *sie sollte unseren Kreis kennenlernen,*
- *sie sollte ihre Stärken entfalten und auch neue Impulse geben können.*
- *Wir sollten uns gegenseitig kennenlernen, um besser entscheiden zu können.*
- *Diese Frau könnte dann in einigen Jahren besser sagen, ob sie Oberin der Schwesternschaft werden möchte*
- *und wir, ob wir sie als unsere Oberin annehmen können.*[219]

Diese Forderungen würden sich im weiteren Verlauf nicht umsetzen lassen. Dann würde man, aus der Sicht der Schwesternschaft betrachtet, eigentlich gar keine neue Oberin in der Anstaltsleitung benötigen, sondern allenfalls eine Oberschwester für die geschäftlichen Belange, die aber in der Person von Schwester Emi schon vorhanden war. Es war klar: Die Schwesternschaften wollten gar keine neue Oberin. Schwester Hanna als Alt-Oberin, mit all ihren Stärken der Kommunikation und Seelsorge, das war es, was sie sich wünschten.

Zur gleichen Zeit äußerte sich Schwester Hanna selber zur Frage ihrer Nachfolge gegenüber dem Verwaltungsrat: „Als ich den Entwurf von Pfarrer Geiger ‚Aufgabenbeschreibung für die Oberin der Korker Anstalten' zum ersten Mal sah (es war in der letzten Woche), war ich zunächst sehr betroffen. *So* hatte ich meine Nachfolge nicht verstanden."[220] Die Oberin in der Nachfolge sollte wieder das kaum zu bewältigende Doppelamt übernehmen: Arbeit in der Anstalts- und Geschäftsführung sowie Oberin der bestehenden Schwesternschaften. Diese Belastung war ja schon Jahre zuvor von Schwester Hanna als kaum zu bewältigen kritisiert worden. Sie schloss ihren zweiseitigen Brief an den Verwaltungsrat: „Dass ich mit diesem Lebensauftrag hier in Kork verwachsen bin, glücklich, sehr glücklich geworden bin, das möchte ich zum Schluss noch sagen. Dass andere den anderen Schwerpunkt haben müssen, damit das Werk funktioniert, das weiß ich sehr gut. Aber ich glaube, dass es Menschen beider Art und Lebensaufgaben geben muss."

Am 16. April 1982 tagte in Karlsruhe der mittlerweile vom Verwaltungsrat eingesetzte Ausschuss zur Frage der Nachfolge von Schwester Hanna Barner. Folgende Personen nahmen daran teil: Schwester Dora Zimmermann, Frau Hirrlinger, Frau Ritter, Herr Dr. Hindelang, Herr Friedrich, Herr Paskert und Pfarrer Geiger. Im Protokoll wird deutlich, dass der Verwaltungsrat dem Anstaltsleiter Geiger Handlungsvollmacht erteilte:

Der Ausschuss war der Meinung, dass die Stelle einer Oberin nicht ausgeschrieben werden sollte, sondern dass Pfarrer Geiger auf Schwester ... [Name nicht genannt] ... zugehen sollte. Ihr soll das vom Ausschuss akzeptierte Papier zugeschickt werden mit der Frage, ob sie eine derartige Aufgabenstellung übernehmen würde.

Hinter diesem Entschluss stehen wichtige Vorteile in der Person von Schwester ... [Name nicht genannt] ...: Sie ist Krankenschwester gewesen, d. h., sie kennt die praktische Arbeit auf der Station. Sie war als Diakoniehelferin im ... [Name nicht genannt] ... bei schwerbehinderten Epilepsiekranken, sie hat zuletzt 7 Jahre Seelsorgearbeit an Psychischkranken getan. Sie ist in eine Schwesternschaft hineingewachsen und hat dort bereits wichtige Funktionen übernommen. Sie hat eine Seelsorgerausbildung im Burkhardhaus absolviert und hat die Vocatio zum Halten von Gottesdiensten. Dies alles sind Fähigkeiten und Erfahrungen, die unmittelbar in Kork eingebracht werden können, die sicher nur wenige Bewerber in dieser Weise mitbringen können.

[...]

Es wurde deutlich, dass man einer neuen Oberin die gesamte Aufgabe übergeben sollte und dass mit ihr dann geklärt werden soll, welche Funktionen Schwester Hanna weiterhin übernehmen sollte. Es wurde ausgesprochen, dass dies für Schwester Hanna eine Härte sein kann, dass es aber richtig zu sein scheint im Blick darauf, dass hier eine Konzeption zu beschreiben ist, die mindestens für 20 Jahre gelten soll.[221]

Schon drei Tage später, am 19. April 1982, beabsichtigte Pfarrer Geiger, den Schwesternschaften in Kork von der Tagung des Ausschusses zu berichten. Schwester Hanna ließ die Schwesternschaften über Schwester Erdmute Fritz wissen: „Um Ihnen die Möglichkeit zu geben, sich ganz offen zu äußern ohne Rücksicht auf mich, werde ich nicht dabei sein. [...] Schwester Dora wird auch nicht anwesend sein. Sie ist auf dem Rothof."[222]

Am 14. Juli 1982 starb eine weitere Schwester von Hanna Barner, Lore, die jüngste der sieben Geschwister, im Alter von nur 52 Jahren. Schon wieder inmitten schwierigster Entscheidungen ein schwerer persönlicher Verlust. Nun lebten von den sieben Geschwistern nur noch zwei: Ursula und Hanna. Ich erinnere mich noch gut an diese schwere Zeit für sie. Oft war sie zur Begleitung ihrer schwer kranken Schwester in das behandelnde Krankenhaus gefahren. Wir, die wir Schwester Hanna regelmäßig im Unterricht erlebten, waren einmal mehr von ihrer tiefen Frömmigkeit beeindruckt, die sie immer wieder über solch schwere Stunden getragen hatte.

Die Schwesternschaften beider Prägungen trafen sich, ungeachtet der schwierigen Nachfolgefrage, auch weiterhin regelmäßig. Zum Ende ihrer Amtszeit gab Schwester Hanna zu bedenken, dass es „ja nicht um die Schwesternschaften in sich, sondern um den Auftrag [geht], um dessentwillen sie in unseren Werken sind. Dass jede Einzelne von Ihnen diesen Auftrag ernst nimmt, ist mir sehr bewusst. Aber als Gemeinschaft ist mir dies sehr fraglich geworden im Blick auf die vorhandenen und eben nicht vorhandenen Lebensäußerungen unserer Schwesternschaft."[223] Diese Äußerung erinnert an das langwierige Suchen und Ringen um die richtige Satzung für die Schwesternschaft. Beim Durcharbeiten der verschiedenen Dokumente kommt man zu dem Schluss, dass Schwester Hanna vermutlich schon in den frühen 70er-Jahren gespürt hatte, dass sie das Ziel, nach ihrem Ruhestand eine blühende Schwesternschaft zu hinterlassen, niemals erreichen würde. Und sie war ständig auf der Suche nach der richtigen Lebensform für sich und ihre Schwesternschaft. Die ursprüngliche Satzungsvorlage vom 16. November 1905 wurde 1943 überarbeitet, ist aber nie in Kraft getreten. Sie lautete wie folgt:

Satzung der Schwesternschaft der Korker Anstalten[224]

§ 1
Die Korker Anstalten ziehen die zur Erfüllung ihrer Aufgaben nötigen und geeigneten Schwestern selbst heran, bilden sie aus und vereinigen sie zu einer Schwesternschaft. Die Schwesternschaft ist der Diakoniegemeinschaft angeschlossen.

§ 2
1. *Vor Aufnahme in die Schwesternschaft ist eine zweijährige Lern- und Probezeit abzulegen. Das Alter beim Eintritt in die Probezeit soll in der Regel nicht unter 20 und nicht über 30 Jahre betragen.*
2. *Der Meldung ist außer den etwa vorhandenen Dienstzeugnissen ein kurzer, selbst verfasster Lebenslauf, ein Sittenzeugnis des Seelsorgers der Heimatgemeinde und ein ärztliches Zeugnis beizufügen.*
3. *Nach erfolgreichem Abschluss der Probezeit erfolgt durch die Einsegnung die feierliche Aufnahme in die Schwesternschaft. Von da ab trägt die Schwester volle Schwesterntracht.*

4. Tritt eine in einer anderen ähnlichen Anstalt oder in einem Diakonissenhaus schon ausgebildete Schwester in die Korker Anstalten ein, so kann sie je nach Alter und Bewährung auch früher, frühestens aber nach einem halben Jahr in die Schwesternschaft aufgenommen werden.

§ 3

1. Die Schwester verpflichtet sich beim Eintritt, ihren Dienst treu und gewissenhaft zu besorgen, den Vorgesetzten allezeit den schuldigen Gehorsam zu leisten, Dienstanweisung und Hausordnung pünktlich einzuhalten, einen dem Geist der Anstalt entsprechenden christlichen Lebenswandel zu führen, im Dienste wie außerhalb desselben und in allen Stücken das Wohl der Anstalt und ihr erfolgreiches Arbeiten zugunsten armer, hilfsbedürftiger Menschen im Auge zu behalten.
2. Nebenbeschäftigungen, die ihren Dienst im Hause beeinträchtigen und ihre Kraft, die der Anstalt gehört, ablenken oder ihr die nötige Ruhe rauben, sind der Schwester nicht gestattet.

§ 4

1. Die Schwestern erhalten als Vergütung:
   a) ein bares Monatsgehalt, das mit 45,– RM beginnt und in 3-jährigen Abständen um 3,– RM sich erhöht. Das Höchstgehalt beträgt monatlich 60,– RM;
   b) freie Wohnung und Verpflegung.
2. Leitende Schwestern größerer Abteilungen oder der Betriebe erhalten eine Dienstzulage von monatlich 5,– RM. Hausmütter eine solche von monatlich 10,– RM.

§ 5

1. Die Schwestern erhalten nach Möglichkeit jede dritte Woche einen ganzen freien Tag und in den dazwischen liegenden Wochen einen freien Nachmittag.
2. An Urlaub steht der Schwester zu:
   a) nach einer Dienstzeit von 1 Jahr: 1 Woche
   b) nach einer solchen von 2 Jahren: 2 Wochen
   c) nach einer solchen von 3 Jahren: 3 Wochen
   d) nach 4- und mehrjähriger Dienstzeit: 4 Wochen
3. Die Festsetzung der Freizeit und des Urlaubs erfolgt durch den Vorstand unter Berücksichtigung der Wünsche der Schwester, soweit das Anstaltsinteresse dies erlaubt.

§ 6
Im Falle der Erkrankung erhält die Schwester von der Anstalt 6 Wochen ihr Gehalt weiter. Die Anstalt gewährt ihr auch die Verpflegung für die Dauer von 6 Wochen, wenn die Schwester nicht in einem Krankenhaus Aufenthalt findet. Nach Ablauf der ersten 6 Wochen tritt die Schwester in den vollen Genuss der Leistungen der zuständigen Krankenkasse, wobei bei Verpflegung durch die Anstalt diese das Krankengeld erhält.

§ 7
1. *Nach mindestens 10-jähriger treuer Tätigkeit im Dienste der Korker Anstalten erwirbt sich die Schwester das Recht, nach Eintritt ihrer Arbeitsunfähigkeit bis zu ihrem Tode in den Anstalten selbst versorgt zu werden, sofern sie bis zum Eintritt ihrer Arbeitsunfähigkeit im Dienste der Korker Anstalten tätig gewesen ist. Die Invaliden- bzw. Angestelltenrente wird in diesem Falle an die Anstaltsleitung ausbezahlt und von dieser einbehalten. Die Schwester erhält ein angemessenes monatliches Taschengeld.*
2. *Auch die Feierabendschwestern wissen sich als Schwestern des Hauses und werden sein Wohl zu fördern suchen, soweit es in ihren Kräften steht.*
3. *Will oder kann eine Schwester sich nicht nach Abs. 1 versorgen lassen, so steht es ihr frei, ihren Lebensabend in anderer Weise zu verbringen. In diesem Falle hat sie jedoch vom Tage ihrer Invalidierung bzw. Altersversorgung ab keine Ansprüche gegen die Anstalt.*
4. *Will oder kann die Anstaltsleitung einer Schwester die Altersversorgung nach Abs. 1 in der Anstalt nicht gewähren, so hat sie ihr zusätzlich zu ihrer Alters- oder Invalidenrente eine monatliche Beihilfe zu gewähren, deren Höhe jeweils der Verwaltungsrat festsetzt.*

§ 8
1. *Das Dienstverhältnis kann während der Probezeit beiderseits auf den 1. eines jeden Monats unter Einhaltung einer Kündigungsfrist von 4 Wochen gelöst werden.*
2. *Nach der Einsegnung besteht gleichfalls beiderseits das Recht zur Auflösung des Dienstverhältnisses. Die Kündigung kann jedoch nur auf Ende eines Kalendervierteljahres unter Einhaltung einer Kündigungsfrist von 6 Wochen erfolgen.*

*§ 9
Bei Vorliegen besonders wichtiger Gründe, insbesondere wenn eine Schwester
einen Ärgernis erregenden Lebenswandel führen sollte, ist der Anstaltsvorstand
berechtigt, das Dienstverhältnis ohne Einhaltung einer Kündigungsfrist zu lösen.*

Schwester Ilse Wolfsdorff, seit 1984 Nachfolgerin von Schwester Hanna als Oberin, bemerkt dazu trefflich: „Aus dieser Satzung geht eindeutig hervor, in welch enger Verbindung die Schwesternschaft mit den Korker Anstalten gesehen wurde. An keiner Stelle wird eine gesonderte Leitung der Schwesternschaft angesprochen. Vielmehr werden ihre Mitglieder als ‚Schwestern des Hauses' bezeichnet. Auch von einer geistlichen Zurüstung ist nicht die Rede. Offenbar wird vorausgesetzt, dass eine Schwester aus dem Wort des Evangeliums lebt und dies in ihrem Dienst sichtbar wird. Ein gemeinsames Wohnen der Schwestern war wohl nicht vorgesehen; zumindest wird nicht von einem Mutterhaus gesprochen, wie es in anderen Schwesterngemeinschaften üblich war. Aus Berichten der Korker Schwestern geht hervor, dass sie in unmittelbarer Nähe ihres Arbeitsplatzes wohnten, manchmal in der Gruppe der ihnen anvertrauten Menschen selbst. So ist gut zu verstehen, dass sich die Schwestern von Anfang an mit dem Werk als Einheit sahen und von daher kein eigener Rechtsstatus für notwendig erachtet wurde. Vielleicht liegt gerade hierin ihre Besonderheit im Unterschied zu den am Anfang des 19. Jahrhunderts durch Theodor Fliedner gegründeten Diakonissengemeinschaften in Kaiserswerth. In Anlehnung an diese Schwesternschaften lebten die Korker Schwestern nach den sogenannten drei Evangelischen Räten: Armut, Keuschheit und Gehorsam. Die Korker Schwesternschaft war von Anfang an eine ‚Werkschwesternschaft'."[225] Ja, genau so ist es. Die Korker Schwestern standen von Anfang an voll im Dienst der Kranken. Im Vergleich zu anderen Schwesternschaften blieb nur begrenzt Zeit für geistliche Zurüstung oder Fortbildung. Und eigentlich, wenn man die Geschichte der Einrichtung genau betrachtet, war es mehr oder weniger Zufall, dass sich in Kork eine eigene Diakonissenschwesternschaft gebildet hatte. Es lag wohl eher an den Anstaltsleitungen vom ersten Tage an, dass sich dann über die Jahre hinweg eine Diakonissenschwesternschaft konstituierte, die ihren Aufschwung bei der ersten Einsegnung von sechs Schwestern am 16. Mai 1940 nahm. Paragraph 1 der zitierten Satzung wurde in der Folgezeit mit der Eröffnung der Krankenpflegeschule in jedem Fall erfüllt. Endlich konnte die Einrichtung tatsächlich „die zur Erfüllung ihrer Aufgaben nötigen und geeigneten Schwestern selbst" heranziehen, bildete diese aus und vereinigte sie auch zu einer meist zwar völlig freien, aber doch Kork verbunden gebliebenen „Schwesternschaft". Nur der Nachwuchs an Diakonissen ließ von Anfang an zu wünschen übrig. Das lag vermutlich auch an dem nicht vorhandenen Mutterhaus. Vergleichbare Einrichtungen hatten Nachwuchssorgen in dieser Ausprägung zunächst nicht zu verzeichnen. Jahre später nannte sich die Satzung der Schwesternschaft „Satzung des Schwesternverbandes der Heil- und Pflegeanstalt für Epileptische in Kork".

Parallel zur nie offiziell verabschiedeten Satzung entwickelte die Schwesternschaft mit Datum vom 15. November 1952 eine sogenannte „Lebensordnung"[226], die ebenfalls nie offiziell verabschiedet wurde:

1. *Die Korker Schwester stellt ihr ganzes Leben, im Vertrauen auf Gottes Ruf, in den Dienst unseres Werkes. Sie wird dadurch Kind des Hauses und trägt das äußere und innere Leben des Werkes mit der Leitung in Treue und Verantwortung.*
2. *Der tragende Grund ihres Lebens ist das Wort Gottes, das die Gemeinschaft täglich neu schafft und fördert. Darum nimmt die Schwester – soweit ihr Dienst es erlaubt – an allen Gottesdiensten und Hausandachten teil, um sich für ihre Arbeit ausrichten und stärken zu lassen.*
3. *Die Veranstaltungen zur Pflege der Gemeinschaft und zur geistigen Weiterbildung sind für die Schwester Pflicht und Freude.*
4. *Das persönliche Leben der Schwester wächst in der Gemeinschaft und findet an der Gestalt und dem Wesen des Werkes seine Ordnung. Zwischen der Schwester und der Leitung besteht gegenseitiges volles Vertrauen.*
5. *Die Schwester tut ihren Dienst in enger Fühlungnahme mit der Leitung und bespricht mit ihr unaufgefordert die Anliegen ihrer Arbeit.*
6. *Für die Schwester besteht Schweigepflicht über alles, was ihr durch ihre Stellung und ihre Arbeit bekannt und anvertraut wird, auch der Einblick, den sie erhält, entspricht einem Berufsgeheimnis, das auch den nicht verantwortlichen Mitarbeitern gegenüber gilt.*
7. *Der Arbeitsplatz der Schwester wird je nach Eignung und Notwendigkeit von der Leitung bestimmt.*
8. *In ihrer Lebensführung überlässt sich die Schwester der Leitung, die aus dem gegenseitigen Vertrauen heraus die persönlichen Anliegen mit ihr berät und ordnet.*
9. *Die Schwester fühlt sich für das Leben ihrer Mitschwester verantwortlich*

nach der urchristlichen Weisung: Durch Demut achte einer den andern höher denn sich selbst (Phil. 2,3). Nach dem Maß ihrer eigenen Gaben und Kräfte dient sie ihrer Mitschwester und trägt mit ihr die Schwierigkeiten des eigenen und gemeinsamen Lebens. So hilft sie mit bei der Gestaltung und dem inneren Ausbau der Schwesternschaft.

10. Den ihr anvertrauten Menschen begegnet die Schwester mit Liebe und Geduld und hilft ihnen, ihr Leben in jeder Lage zu bewältigen. Ihr Verhalten und ihre Maßnahmen den Anvertrauten gegenüber sind in jeder Situation zuchtvoll und unserer inneren Gesinnung gemäß.

11. Die gemeinsame Tracht ist das äußere Zeichen der Verbundenheit. Sie ist zugleich Schutz und Bekenntnis. Die Schwester hält sich darum an die eingeführte Trachtvorschrift. So ist die Korker Schwester sich dessen allezeit bewusst, dass sie mit ihrem Wesen und der Entfaltung ihres persönlichen Lebens jederzeit und überall dem Werk und seiner Aufgabe verpflichtet ist.

Der Begriff der Oberin fiel wiederum nicht. Mit „Leitung" hatte sich Schwester Hanna selbst bezeichnet. Sie war damals bekanntlich noch nicht Oberin, aber schon die „graue Eminenz".

Ende der 60er-Jahre begann eine erneute Diskussion über die Satzung der Schwesternschaft. Das hing direkt mit der Einsegnung der letzten Schwestern, nämlich Schwester Dora, Schwester Helga Baum, Schwester Helga Franz, Schwester Elsbeth als Diakonissen und den erstmals neu eingesegneten Schwestern neuer Prägung am 13. September 1969 zusammen. Zahlreiche weitere Entwürfe wurden produziert, zum ersten Mal wurde mit Datum vom 8./.9. Oktober 1969 die Frage der Oberin geregelt: „Die Schwesternschaft wird geleitet von einer von den Korker Schwestern gewählten Oberin, die dem Verwaltungsrat vorgeschlagen wird. Ihr steht der Anstaltsgeistliche und ein von den Korker Schwestern gewählter Schwesternrat zur Seite, der mindestens 7 Mitglieder hat. Der Schwesternrat wird für 3 Jahre, die Oberin für 10 Jahre gewählt. Der Schwesternrat tritt mindestens 2-mal jährlich zusammen. Der Anstaltsgeistliche hat im Schwesternrat Stimmrecht. Eine Schwester des Schwesternrates vertritt die Interessen der nicht verpflichteten Mitglieder der Schwesternschaft der Korker Anstalten. Die Schwesternschaft der Korker Anstalten gehört dem Zehlendorfer Verband für Evangelische Diakonie an."[227]

Zahlreiche weitere Aspekte wurden in dem Entwurf geregelt. So wurde die Stellung der Auszubildenden in der Krankenpflege geregelt – deren äußeres

Zeichen würde die neue Brosche sein, die sowohl in Bronze als auch nach Vollendung der Probezeit in Messing zu überreichen war. Die Diakonissen und Schwestern neuer Prägung tragen die Brosche bis zum heutigen Tage in Silber. Zudem wurde in dem Entwurf festgelegt, dass die Schwestern neuer Prägung fünf Prozent ihres Nettoeinkommens an die Korker Schwesternschaft abführen. „Über die Verwendung entscheidet der Schwesternrat". Und nur eine Zweidrittelmehrheit konnte diese Satzung in und außer Kraft setzen.

Ende der 70er-Jahre kam es erneut zu Diskussionen bezüglich der Zukunft der Schwesternschaft. Diesmal nicht mehr zu Fragen der Diakonissen – hier war weit und breit kein Nachwuchs mehr in Sicht –, sondern zu Fragen des Fortbestehens der neuen Prägung. Schwester Hanna und Schwestern der neuen Prägung trafen sich am 30. Oktober 1976 zu drängenden Problemen.[228] Zu diesem Zeitpunkt ahnte man schon, dass das Fortbestehen der neuen Prägung ausschließlich über die Menschen zu erreichen war, die in Kork ihre Pflegeausbildung gemacht hatten bzw. in den kommenden Jahren machen würden. Kurz wurde auch darüber diskutiert, ob man sich nicht auch für interessierte junge Menschen aus anderen Berufen öffnen sollte, so z. B. aus der Heilerziehungspflege. Mit solchen und anderen Überlegungen ließ sich der Rückgang der Schwesternschaften freilich nicht mehr aufhalten.

In einem Schreiben an den „Mittwoch-Kreis" schrieb Schwester Hanna kurz vor dem Eintritt in den Ruhestand: „Ich bin noch etwas benommen vom intensiven Besuch dreier Mutterhäuser und muss einmal wieder ‚Korker Luft' mit Ihnen atmen. Möchte es doch für uns alle ein gottgesegnetes Jahr 1983 werden. Ich bin sehr zuversichtlich!"[229] Ende 1983 war es dann so weit. Offiziell gaben Schwester Hanna und Pfarrer Geiger den Mitarbeitern und Mitarbeiterinnen der Einrichtung bekannt, dass Schwester Hanna auf unbestimmte Zeit Kork verlassen werde und Schwester Ilse nun endgültig bereit sei, das Amt der Oberin in der Nachfolge zu übernehmen:[230]

Liebe Mitarbeiter,

es ist ungewöhnlich, dass wir jeden Mitarbeiter in dieser Form anschreiben. Der Anlass dazu ist allerdings ebenso ungewöhnlich: Sie haben sicher gehört, dass Schwester Hanna Barner sich entschlossen hat, ihren Ruhestand in Freiburg zu verbringen. Darüber haben sich viele unter uns Gedanken gemacht. Es sind auch einige Gerüchte laut geworden, auch falsche Annahmen. Dies ist verständlich, weil bisher nicht die Rede davon war, dass Schwester Hanna von Kork weggeht. Viele können sich das auch nicht vorstellen.

Uns liegt nun sehr viel daran, dass Sie wissen, wie und warum es zu diesem Entschluss von Schwester Henna kam. Es wäre für uns alle fatal und für unseren Weiterweg schädlich, wenn hier Missverständnisse wuchern und Misstrauen wachsen könnten. Darum bitten wir Sie, die folgenden Ausführungen von Schwester Hanna zu lesen und zu akzeptieren.

> „Ich habe mich – ohne mit irgendeinem Menschen darüber zu reden – dazu entschlossen, mich auf unbestimmte Zeit räumlich von Kork zu entfernen. Ich tat dies, nachdem ich von Herrn Pfarrer Geiger erfahren hatte, dass Schwester Ilse Wolfsdorff – ihrem Diakonissengelübde treu – in die Korker Schwesternschaft alter Prägung eintreten will.
>
> Lassen Sie mich versuchen, Ihnen in ein paar Sätzen zu sagen, was dies für mich bedeutet. Schwester Ilse tritt nun nicht nur äußerlich, sondern mit ihrer innersten Einstellung meine Nachfolge an. Das ist für mich, für die Korker Schwesternschaft und doch wohl für das ganze Kork ein ganz großes Geschenk, mit dem ich nie und wohl die wenigsten unter Ihnen gerechnet haben.
>
> Es ist nun aber üblich in unseren Schwesternschaften und Werken – aus einer langen Erfahrung heraus, dass sich leitende Persönlichkeiten, wenn sie aus ihrem Amt scheiden, auf alle Fälle für eine gewisse Zeit aus dem Gesichtsfeld ihrer Nachfolger wegbegeben, damit diese sich frei mit allen ihren besonderen Gaben entfalten können. Jede Einrichtung braucht nach längerer Zeit neue Impulse, vielleicht einen neuen Stil für dieselbe Aufgabe. Abgesehen davon können zeitbedingte Veränderungen notwendig werden.
>
> Wir alle haben Schwester Ilse Wolfsdorff nun fast 8 Monate unter uns. Ich könnte mir keine geeignetere und meiner innersten Einstellung nähere Nachfolgerin wünschen als sie. Sie soll aber nicht durch mein Hiersein beengt werden und ihre neuen Impulse ohne Rücksicht auf mich und auf das ‚schon immer so Gewesene' verwirklichen können. Ich habe das Vertrauen, dass ihr dies gelingen kann mit Ihrer aller Hilfe. Auch wenn ich nicht in Kork lebe, bleibe ich Korker Schwester, nicht nur der Form nach. Und da sich die Liebe zu Kork erfahrungsgemäß

mit dem Quadrat der Entfernung verstärkt, habe ich keine Sorge, dass Kork – das eigentliche Kork – mich verliert."

Ich möchte Schwester Hanna dafür danken, dass sie sich zu diesem Entschluss durchringen konnte. Sie bringt ein Opfer für Kork und für den weiteren Weg. Sie öffnet einen Weg und überträgt damit Schwester Ilse Wolfsdorff die gesamte Verantwortung als Oberin.

Gleichzeitig danke ich Schwester Ilse, dass sie bereit ist, ganz und endgültig nach Kork zu kommen und das nicht einfache Amt der Oberin zu übernehmen.

Bitte lassen Sie uns gemeinsam diese Veränderungen bejahen und die Chance wahrnehmen, die in jedem Neuanfang liegt.

Wir grüßen Sie alle sehr herzlich

Ihre
Hanna Barner *Martin Geiger*

Bild 78
Schwester Hanna bei der Verabschiedung am 18. März 1984

4. Im Ruhestand 1984 – 2003
Zum 8. Februar 1984 zog Schwester Hanna auf unbestimmte Zeit in das Diakonissenmutterhaus in Freiburg.[231] Sämtliche Kosten übernahm die Korker Anstalt. Natürlich fiel ihr der Umzug nicht leicht, vielleicht so ähnlich wie vor 33 Jahren, als sie sich als junge Frau in umgekehrter Richtung von Freiburg nach Kork aufgemacht hatte. Es gab und gibt immer wieder Spekulationen, ob ihr Weggang freiwillig oder auf Druck bzw. Wunsch der Nachfolgerin Schwester Ilse und des Anstaltsleiters Pfarrer Geiger geschah. Der Entschluss dazu lag in der Tat bei Schwester Hanna selbst – sie wollte für ihre Nachfolgerin nicht die gleiche Situation provozieren, wie sie sie selbst als junge Oberin Jahrzehnte zuvor mit ihrer Vorgängerin erlebt hatte. Hören wir dazu Schwester Dora, ihre engste Vertraute: „Schwester Elisabeth konnte die Verantwortung für die Schwestern nur schwer aus der Hand geben. Sie wollte ihrem Motto treu bleiben: ‚Eine Wiederkehr stirbt in den Sielen!' Sie empfand nun, Schwester Hanna hat ihr das Amt der Oberin weggenommen. Darunter litt Schwester Hanna sehr; vorher bestand zwischen beiden ein herzliches, schwesterliches Verhältnis. Obwohl Schwester Hanna alle schwesternschaftlichen Belange mit Schwester Elisabeth besprach, spürte sie einen unausgesprochenen Vorwurf und Traurigkeit. Das belastete damals Schwester Hanna sehr und war sicher der Grund für ihren Entschluss, eine Zeit lang von Kork wegzugehen. Sie wollte ihrer Nachfolgerin, Schwester Ilse Wolfsdorff, nicht im Wege stehen und ihr freie Hand lassen."[232]

Die offizielle Verabschiedung war für den 18. März 1984 geplant und wurde seitens der Direktion, insbesondere von Pfarrer Geiger, akribisch vorbereitet. Es lag ihm am Herzen, dass es eine feierliche und würdige Veranstaltung zu Ehren von Schwester Hanna wurde. So sandte er eine Woche vor dem Termin zahlreiche Informationen an den amtierenden Landesbischof Engelhardt und den Schwester Hanna sehr verbundenen Oberkirchenrat Michel, damit sie sich gezielt vorbereiten konnten. Das Ereignis fand in der Dorfkirche von Kork statt. Mit der Verabschiedung von Schwester Hanna erfolgte die Einführung von Schwester Ilse als ihre Nachfolgerin. Der Landesbischof predigte an diesem Sonntag Reminiscere über Hebr 11, 8 – 10. Da diese Predigt für Schwester Hanna in den kommenden Jahren besonders wichtig werden sollte, sei sie hier in voller Länge wiedergegeben:

Festgottesdienst am 18. März 1984[233]

Sie hören den Predigttext zum heutigen Sonntag Reminiscere; er steht im Hebräerbrief, Kap. 11: „Durch den Glauben wurde gehorsam Abraham, als er berufen war hinzugehen in ein Land, das er erben sollte; und er ging hin und wusste nicht, wo er hinkäme. Durch den Glauben ist er ein Fremdling gewesen in dem verheißenen Lande, wie in einem fremden Land, und wohnte in Zelten mit Isaak und Jakob, den Miterben derselben Verheißung. Denn er wartete auf die Stadt, die einen festen Grund hat, deren Baumeister und Schöpfer Gott ist." Herr, darum bitten wir Dich, lass uns gehorsam werden, damit wir Deine Verheißungen sehen. Amen.

Liebe Gemeinde, und zunächst einmal liebe Kinder!

In einer Schulklasse fragt der Religionslehrer, wer den Satz „Ich glaube an Gott, den Vater" an die Tafel schreiben könne. Ein achtjähriges Mädchen meldet sich, geht nach vorn, nimmt ein Stück Kreide in die Hand, guckt die Tafel groß an, dreht die Kreide in den Fingern herum und legt sie wieder weg. Der Lehrer, wie es Lehrer in solchen Augenblicken zu tun pflegen, gleich triumphierend: „Na, geht wohl nicht. Ist wohl zu schwer zu schreiben ‚Ich glaube an Gott, den Vater'?" Darauf die Achtjährige: „Ich müsste dazu goldene Kreide haben."

Das 11. Kapitel im Hebräerbrief, eines der schönsten Kapitel in der Bibel, gleichsam wie mit goldener Kreide geschrieben, weil hier von einer ganzen Reihe von Menschen die Rede ist, die von sich aus sagen konnten: „Ich glaube an Gott, den Vater!" Aber die Adressaten dieses Hebräerbriefes – das sind keine strahlenden Christen. Im Gegenteil: Da ist kaum einer unter ihnen, der nicht müde und enttäuscht geworden war. Die große Erlösung hatten sie erwartet. Eine große Leere war über sie gekommen. Unsere Jungen würden heute sagen: Aus ihrem Glauben war die Luft raus, da läuft nichts mehr. An diese Menschen schreibt der uns unbekannte Verfasser des Hebräerbriefes seinen Brief mit diesem großartigen Glaubenskapitel 11. Das also ist Gemeinde Jesu! Wenn uns manchmal gar nicht mehr zum Glauben zumute ist, wenn wir uns leer fühlen, dann dürfen wir uns auf den Glauben anderer verlassen. Und das müssen dann gar keine großen, leuchtenden Reich-Gottes-Figuren sein. Das können auch kranke, behinderte Kinder sein. Ich denke an einen unvergesslichen Augenblick für uns alle, die wir das in der Landessynode miterlebt haben auf einer der letzten Tagungen: Wir diskutierten im Plenum wieder einmal über die Konfirmation, da meldet sich unsere Mitsynodale Schwester Hanna zu Wort und erzählt uns, wie die Kinder in Kork Konfirmation feiern. Das hat uns alle damals tief berührt. Man hätte eine Stecknadel fallen hören. Es hat uns beeindruckt, weil wir spürten, mit welcher Freude die Konfirmanden hier bei der Sache sind, wenn sie miteinander das Bekenntnis ablegen: „Ich glaube an Gott, den Vater." Auch Abraham, von dem in unserem Text erzählt wird, ist keineswegs so eine hehre Glaubensgestalt mit großartigen Eigenschaften gewesen. Das Fernsehen, wäre es damals schon erfunden gewesen, hätte sich für ihn kaum interessiert. Was macht denn seinen Glauben aus, dass er in dieses mit goldener Kreide geschriebene Kapitel 11 des Hebräerbriefes hineingefunden hat? Durch den Glauben wurde Abraham gehorsam, als er berufen wurde; und er zog aus und wusste nicht, wo er hinkäme.

Liebe Schwester Ilse!

Gehorsam steht im Besonderen über diesem Tag, über dem Schritt, den Sie gegangen sind. „Und wusste nicht, wo er hinkäme", heißt es hier von Abraham. Aus dem Gehorsam heraus Diakonisse zu werden, von Bethel nach Kork zu gehen – das ist keine Sache, wo man von vornherein genau weiß, wie es hinausläuft. Gehorsam bedeutet, den Verheißungen Gottes nachgehen können, die da und dort immer wieder einmal aufleuchten. Oberin einer Schwesternschaft zu sein, das bedeutet vor allem und zuerst, selbst gehorsam werden. Und was es mit diesem Gehorsam auf sich hat – ich möchte es am Beispiel eines Christen kurz erzählen, der, so vermute ich, wenn das Kapitel 11 des Hebräerbriefes heute noch einmal neu und fortgeschrieben würde, in diese illustre Reihe von Glaubenszeugen mit hineingenommen würde. In Brasilien in Recife lebt der Erzbischof Domhel da Camara. Ein wunderbarer Mensch. Er strahlt eine ganz große Wärme und Menschlichkeit aus. Hin vor allem zu den Menschen, die unter dem Strich leben, abgeschoben werden, hungern, um die sich sonst keiner kümmert. Woher nimmt er das Feuer zu solcher Wärme? Jeden Tag, sehr, sehr früh, um 2.00 Uhr in der Nacht, steht er auf und hält Nachtwache. Er liest in der Bibel, denkt darüber nach, meditiert, betet, und manchmal schreibt er auf, was ihm dabei einfällt. Er entdeckt, wie sich in dem Wort der Heiligen Schrift das Leben widerspiegelt, das er bald nach Tagesanbruch von früh bis spät in seiner ganzen Härte in diesem brasilianischen Alltag erleben wird. Von diesem Hören auf das Wort in der Nachtwache her fällt Licht auf den Tag und auf die Menschen, denen er dann manchmal hilflos genug begegnen wird. Das ist Gehorsam. So immer wieder auf Gottes Wort hören, sich in diese Botschaft hineinhorchen, dass Gott es gut meint mit den Menschen, die uns tagsüber begegnen. Das ist Gehorsam, liebe Schwester Ilse, sich immer wieder neu auch bei dem täglichen Kapellengebet, das Sie hier in Kork haben, davon überzeugen zu lassen, dass Sie bei den Menschen, für die Sie in der Schwesternschaft und in den Korker Anstalten als Oberin Verantwortung tragen, auf die Spuren der Verheißung Gottes stoßen. Miterben der Verheißung werden sie hier genannt. Sie sind nicht einfach Klientel.

Miterben der Verheißung! Ich wünsche Ihnen, dass Sie diese Erfahrung machen. Und ich wünsche es uns allen, liebe Schwestern und Brüder, dass wir so die Bibel lesen und im Glauben die uns Menschen und unsere Welt ins Gnadenlicht setzende Botschaft hören. Durch den Glauben wurde Abraham gehorsam. Durch den Glauben ist er ein Fremdling gewesen in dem verheißenen Land und wohnte in Zelten.

Zum Glauben kommt jetzt – eigenartig für manchen, der das hört und liest – das Wohnen in Zelten hinzu. Ja, warum hat denn der Abraham, nachdem er sein Ziel, das verheißene Land, erreicht hat, nicht ein Eigenheim gebaut? Es hätte ja nicht gleich eine Luxusvilla sein müssen. Aber immerhin ein fest gefügtes Haus mit solidem Fundament und starken vier Wänden, in dem er sich nach all dem Umherirren endlich, endlich hätte zu Hause fühlen können? Warum nicht? Liebe Gemeinde, wir können die Verheißungen Gottes nicht entdecken, wenn wir uns einmauern. Und dass wir manchmal Kirche sind, die so wenig von den Verheißungen Gottes über dieser Welt hier lebt – hängt es nicht damit zusammen, dass wir uns auch in unserer Kirche, ob Landeskirche, ob Gemeinde, immer wieder einmauern, festmachen, Türen schließen? Im Glauben wohnte Abraham in Zelten. Auf Neuaufbruch bereit! Spüren Sie, liebe Schwester Hanna, wie über Ihrem neuen Lebensabschnitt die Verheißungen Gottes von Neuem aufgehen wollen? Abschied von Ihrer Aufgabe hier in Kork, das tut weh – Ihnen und denen, die Sie hier zurücklassen. Aber Abschied nehmen können ist Leben, Wohnen in den Zelten. Immer wieder aufbrechen, um von Neuem auf noch ungewohnte Weise die Verheißungen Gottes zu entdecken. Aufbrechen können, auch älter geworden in eine äußerlich und innerlich neue Lebensphase eintreten – wer das im Glauben an Gott und im Vertrauen an unseren Heiland Jesus Christus wagt, dem wird von Neuem die Verheißung zuteil. Dessen Leben und Lebensabschnitt, der bisherige, klingt nicht einfach aus. Das ist der Segen, zum wandernden Gottesvolk zu gehören. Und wir wünschen Ihnen, liebe Schwester Hanna, dass Sie die Erfahrung dieses Segens auch im neuen Lebensabschnitt machen. Es ist ein wichtiger Dienst für die, die Sie hier in Kork zurücklassen, für uns alle, daran zu erinnern, was es heißt, im Glauben in Zelten zu wohnen. Durch den Glauben wartete Abraham auf die Stadt, die einen festen Grund hat, deren Baumeister Gott ist.

Ich möchte es einmal so sagen, liebe Schwestern und Brüder: Glaubensmenschen sind Leute, die auf die Ewigkeit hin ausgerichtet sind. Sind es also fromme Träumer, die sich über das vielfältige Elend der Welt hinwegmogeln, über unheilbare Krankheiten, über behindertes Leben? Abraham war alles andere als ein Träumer. Es ist und es bleibt wahr, dass immer wieder diejenigen unsere Welt ganz praktisch umgestaltet haben, die nicht einfach in dieser Welt aufgingen, weil sie in einer anderen Welt, in der ewigen Welt Gottes wurzelten und darauf ausgerichtet waren. Das ist das Geheimnis der Diakonie. Denken wir an die Väter und Mütter in der diakonischen Arbeit. Sie konnten so handgreiflich helfen. Einen Krüppel füttern; sich um Menschen kümmern, die andere weit von sich gewiesen haben; einen an seinem Körper über und über mit Schwüren bedeckten Kranken waschen, ihm zärtlich über die Stirn streichen, ihm beim Sterben die Hand halten – weil sie Menschen waren, die diese anderen von ihrem Warten auf die Ewigkeit Gottes her als Miterben der Verheißung angesehen haben. An Orten wie Kork und Bethel und Mosbach, um nur wenige zu nennen, bewährt sich immer wieder der Glaube von Menschen, die so wie Abraham dort auf die ewige Stadt Gottes, die vollkommen gelungene Welt, warten. Und das wirkt sich aus. Ich wünsche uns allen, dass wir diese Erfahrung machen als Menschen, die so wie Abraham warten.

Und noch ein Letztes: In unserem gleichsam wie mit goldener Kreide geschriebenen Glaubenskapitel Hebräer 11 werden sehr viele Männer genannt: Abel, Noah, Abraham, Isaak, Jakob, Joseph, Mose, Gideon, David, Samuel, die Propheten. Ist die Geschichte des Glaubens also eine Geschichte von Männern? Manchmal könnte man es ja auch in unserer Kirche glauben, wo wir Männer manchmal so ausschließlich das Sagen haben. Aber hier, wenn Sie das Kapitel einmal in einer ruhigen Stunde heute oder in den nächsten Tagen durchlesen, dann entdecken Sie, es werden auch zwei Frauen genannt. Sie heißen zwar nicht Hanna und Ilse, aber sie heißen Sara und Rahab. Das genügt. In die Geschichte des Glaubens unserer Kirche gehören auch die Mütter des Glaubens, die auf ihre Weise gehorsam gewesen sind, Verheißungen entdeckt und in die Kirche hineingelebt haben. Wenn wir uns das doch immer wieder von Neuem auch in unserer Kirche deutlich machen! Wenn wir uns spüren lassen, wie wir aufeinander angewiesen sind – Frauen und Männer einander wichtig nehmen sollen. Ich möchte heute auch einmal Ihnen, den Korker Schwestern und allen Schwestern, Diakonissen, die hierher gekommen sind, ganz herzlich danken für Ihren Dienst. Sie gehören in die Glaubensgeschichte unserer Kirche hinein. Und ich wünsche Ihnen, dass Sie jetzt dankbar für das Erlebte zusammen mit Schwester Hanna, mit Ihrer neuen Oberin, Schwester Ilse, auch etwas von dem erfahren, was Wohnen in Zelten ist, das Von-Neuem-Entdecken der Verheißungen Gottes.

Gott segne Sie alle hier in Kork, damit Sie alle, die Abschied nehmende und die neue Oberin, die Schwestern, die Mitarbeiter, die Heimbewohner, die Patienten, miteinander und voneinander und füreinander den Glauben lernen und jeder manchmal so den Wunsch hätte: So, jetzt hätte ich gerne ein goldenes Stück Kreide, um auf die Tafel schreiben zu können, was mein Herz bewegt: Ich glaube an Gott den Vater. Amen.

Im Anschluss wurde Schwester Ilse offiziell mit folgenden bischöflichen Worten in das Amt zur Oberin eingeführt: „Liebe Schwester Ilse, nach der Zustimmung der Korker Schwesternschaft und des Verwaltungsrates der Korker Anstalten sollen Sie heute in das Doppelamt der Oberin der Korker Schwesternschaft und der Korker Anstalten eingeführt werden. Sie werden damit die Leitung der Schwesternschaft übernehmen und als Mitglied der Anstaltsleitung die Mitverantwortung für die Mitarbeiter, Heimbewohner und Patienten dieses Werkes übertragen bekommen."[234] Schwester Ilse war seit 1. April 1983 in Kork und wurde somit bestätigt. Bestätigt in einem Amt, das letztlich nicht mehr nötig gewesen wäre. In den folgenden Jahren sollte sich die Einrichtung so verändern, dass für eine Oberin in der Anstaltsleitung gar kein Bedarf mehr war. Und in der Schwesternschaft – die zu diesem Zeitpunkt schon mehr als 10 Jahre lang keinerlei Nachwuchs mehr zu verzeichnen hatte – regten sich ja bekanntlich im Vorfeld kritische Stimmen, die übrigens vereinzelt bis heute nicht verstummt sind. Schwester Ilse hatte kaum eine Chance, wirklich in Kork zu landen. Wäre man dem Vorschlag der Alt-Oberin Schwester Hanna gefolgt, sie selbst als Oberin der Schwesternschaft zu belassen und in der Anstaltsleitung auf eine Oberin zu verzichten, hätte man, wie ich finde, zwei Menschen glücklicher gemacht: Schwester Hanna Barner und Schwester Ilse Wolfsdorff.

Sehr beeindruckend war wohl auch die Veranstaltung am Nachmittag des gleichen Tages, die von Pfarrer Martin Geiger unter der Überschrift „Mein Leben sei ein Wandern – Begegnungen – Stationen – Wegzeichen"[235] sehr präzise und aufwendig vorbereitet wurde. Geiger ließ die Stationen des Wirkens von Schwester Hanna in Wort und Bild Revue passieren. 13 Manuskriptseiten und insgesamt 39 gezeigte Dias weisen darauf hin, dass die Reise in die Vergangenheit sicherlich einige Zeit in Anspruch nahm, sowohl in der Vorbereitung als auch in der Präsentation.

Einen Monat später, am 19. April 1984, verfasste Schwester Hanna einen zweiseitigen Dankesbrief, der an dieser Stelle ebenfalls in seiner ganzen Länge zitiert werden soll:

Eigentlich wollte ich keinen Rundbrief mehr schreiben. Man sollte meinen, dass das im Ruhestand nicht mehr notwendig sein wird. Aber ein solcher Wechsel wie ein Oberinnenwechsel scheint so viele Menschen, die Kork kennen, zu bewegen, dass ich viel zu lange Zeit brauchen würde, um alle die lieben, dankbaren, Mut machenden und verstehenden Grüße zu beantworten. So sei es dieses Mal noch erlaubt.

Mein Abschied und die Einführung von Schw. Ilse Wolfsdorff war ein – für mich – großes, ernstes und dann auch wieder sehr frohes Fest. Pfarrer Geiger hat es sehr sorgfältig vorbereitet, sodass wir alle in Ruhe und innerer Sammlung dabei sein konnten. Die Predigt von Landesbischof Engelhardt wird jedem, der sie gehört hat, unvergessen bleiben. Die Gestalt des Abraham hat Abschiede und Neuanfänge, an denen sich zu orientieren guttut. Nicht nur wir Oberinnen. Am Nachmittag hat es Herr Pfarrer Geiger fertiggebracht, dass mir selber erst so recht zum Bewusstsein kam, was von allem, was die 32 Jahre in Kork für mich beinhalteten, mir selbst das Wichtigste und Wesentlichste war. Die vielen, herzlichen Grüße aus der Mitarbeiterschaft und auch aus der Synode, die Ehemaligen, die z. T. von weit her gekommen waren, haben mich von Herzen gefreut und auch beschämt. Dass so viele Mutterhäuser vertreten waren und befreundete Werke, hat uns allen wieder einmal gezeigt, wie groß die „Familie der Helfenden" ist und wie sehr wir auch in unserer Zeit wissen, wie nötig wir das Zusammenstehen haben, um die besonderen Nöte und Aufgaben dieser unserer Zeit zu erkennen und anzupacken. Ein Wechsel in den Leitungen unserer Werke und Häuser soll ja immer auch ein neuer

Aufbruch sein, eine Neuorientierung und einen frischen Wind bringen! Ich vermute, dass dies in Kork gelingen wird. Es wird mir ein Anliegen bleiben, so lange ich lebe.

Dass ich selbst seit dem 8. Februar ein freundliches Unterkommen im Freiburger Diakonissenhaus habe, ist ein großes Geschenk und Entgegenkommen dieses Hauses. Und ich bin alle Tage dankbar dafür. Ich weiß nicht, wie ich hätte leben sollen ohne die Gemeinschaft der Schwestern, die sich trägt und die zu tragen ist. Auch hier lebe ich mit Feierabendschwestern zusammen, die wissen, was dies bedeutet, und die das Gebet als ihre wichtigste Aufgabe sehen. Ich muss wohl nicht beteuern, dass man zu solchem Dienst auch der Stärkung, der täglichen Ermunterung zur Liebe bedarf. Und die Gedanken von einer Kapelle zur geliebten Korker Kapelle nehmen oft dem aufsteigenden Heimweh die Spitze und bringen mich ganz zur Ruhe.

Inzwischen durfte ich eine Reise nach Israel machen, die sehr auf Verständigung zwischen den Juden aus Deutschland und uns Deutschen ausgerichtet war. Unvergessliche Schicksale sind uns begegnet! Daneben haben wir das Land bereist, das mir viel Wiedersehensfreude brachte. Und die gemeinsamen Erlebnisse mit Familie Hüllstrung-Meerwein waren besonders schön.

Anschließend durfte ich noch einmal zur Oberinnenkonferenz nach St. Loup in Pompables in der franz. Schweiz. Das war auch noch ein guter Abschluss. Ich werde diese tapfere, lebendige Schwesterngemeinschaft, die nicht leicht an den Wandlungen unserer Zeit trägt, so in der Erinnerung behalten – auch in diesem schönen, im ersten Frühling stehenden Land.

Mein nächster Abschied wird der von der Landessynode sein. Ihr gehörte ich – als berufenes Mitglied – 18 Jahre an. Mit einigen dieser zu Freunden gewordenen Synodalen werde ich anschließend an die Synodaltagung noch eine Reise nach Rom machen. So wird mein Abschiedsweg am 20. Mai zu Ende sein in großer Dankbarkeit für alles Durchlebte.

Ihre Schw. Hanna Barner [236]

Während der Zeit in Freiburg konnte sich Schwester Hanna nur schlecht von Kork trennen. Zu wichtig war ihr diese Lebensaufgabe geworden, und sie fühlte sich auch noch nicht zum alten Eisen gehörig. Sie war nach wie vor geistig und körperlich auf voller Höhe. Eine große Stütze in dieser Zeit war ihre Familie, die Schwester Ursula, Nichten und Neffen und auch schon die Großnichten und

Großneffen. Zu ihrer Nichte Christine, die im September 1984 die Zwillinge Jan und Madeleine zur Welt brachte, hatte Schwester Hanna während der gesamten Freiburger Zeit eine innige Bindung. Wegen einer Toxoplasmoseinfektion während der Schwangerschaft kam Jan schwer behindert zur Welt. Zunächst war die Schwere der Behinderung nicht eindeutig, „und dann im Dezember hat er den ersten Anfall gehabt. [...] Und als die Kinder heimkamen, war es so, dass die Ulla [Ursula Willauer, Hannas Schwester] und die Schwester Hanna sich jedes Mal abgewechselt haben. Eine Woche kam die Tante Ulla und die nächste kam die Schwester Hanna. [...] Und als es dann klar war, dass der Jan behindert war, hat die Schwester Hanna ihn auf dem Arm gehabt und gesagt, jetzt haben wir ja in der Familie auch ein ‚Korker Kindle'. Und das war so eine enge Verbindung, auch zwischen den beiden und zur Madeleine sowieso – die war ja auch ein Sonnenschein. Was die Schwester Hanna mit dem Mädel alles angestellt hat! Die sind Schlitten fahren gegangen. Schwester Hanna, die hieß nicht Schwester Hanna bei ihr, die hieß ‚Hanna Hut', weil im Gegensatz zur Ulla hat die Hanna ja eine Mütze [die Diakonissenhaube] aufgehabt. [...] Purzelbäume auf der PH-Wiese hat die Schwester Hanna mit ihr gemacht. Und jedes Mal sind sie Eis essen gegangen. [...] Also, die ist richtig aufgeblüht. [...] Was Schwester Hanna immer am schönsten fand, waren seine [Jans] Hände. Dann hat sie immer gesagt: ‚Du wärst ein großer Klavierspieler geworden, Jan.'"237

Schwester Hanna unterstützte ihre Nichte Christine, wann und wo immer es ging. Sie war bekanntlich gelernte Krankenschwester mit früher Erfahrung in der Säuglings- und Kinderkrankenpflege und war jahrzehntelang in der Behindertenarbeit tätig gewesen. Die Betreuung des schwerstbehinderten Jan war für sie auch aus rein pflegerischer Sicht kein Problem. Und sie war rüstig genug, diese Aufgabe zu übernehmen. Wer mit gut 70 Jahren noch Purzelbäume auf der PH-Wiese in Freiburg schlagen konnte, musste sich um seinen körperlichen Zustand wahrhaftig keine Gedanken machen. Trotzdem würde Schwester Hanna der so schwer behinderte Großneffe gedanklich immer wieder begleiten. Traudel Müller, eine Krankenschwester, die auch in Kork ihre Ausbildung gemacht hatte und noch heute dort arbeitet, führte dazu aus: „Als wir uns mal getroffen hatten, ich weiß jetzt auch nicht mehr, wann das war [...], da ist sie irgendwie auf ihre Nichte zu sprechen gekommen. Das muss sie auch ziemlich mitgenommen haben, das Schicksal deren Kinder. Was da genau war, kann ich

Bild 79
Großneffe Jan und Großnichte Madeleine spielen mit Schwester Hanna.
Bild 80
Die Großtante ist immer für einen Spaß zu haben.
Bild 81
Im vertieften Gespräch mit der jugendlichen Großnichte Madeleine

Bild 82
Christine Drescher, eine Nichte von Schwester Hanna Barner, mit ihrem Sohn Jan

„Ich denke, das war schon der Einfluss von Schwester Hanna, dass wir so einen Draht zu Kork gehabt haben. Und es war uns vertraut, mit Behinderten umzugehen. Und damals habe ich gedacht, wenn ich einmal ein Kind bekomme und es behindert ist, dann soll es wenigstens ein ‚Korker Kind' sein.

1984 im November sind wir, Jan, Madeleine und ich, von Berlin zurück nach Schönau gekommen. Und im Dezember hat Jan seinen ersten Anfall gehabt. Und als es dann klar war, dass der Jan behindert war, hat Schwester Hanna ihn auf dem Arm gehabt und gesagt: ‚Jetzt haben wir ja in der Familie auch ein ‚Korker Kindle'."

gar nicht sagen. Scheinbar auch in Richtung Behinderung, Epilepsie. Da hat sie dann nur so gesagt: Da drauf ist sie dann mal gespannt, wenn sie quasi vor ihren Schöpfer, vor den Herrgott tritt, auf die Antwort, wofür das Leid doch letztendlich gut ist. Dieses oftmals schwere Leid, was Menschen zu tragen haben."

Pünktlich zu ihrem 70. Geburtstag, zum 7. November 1986, erhielt Schwester Hanna Post von einem alten Weggefährten – keinem Geringeren als Landesbischof i. R. Hans-Wolfgang Heidland (1912 – 1992), mit dem sie in der Landessynode und im Landeskirchenrat lange Jahre zusammengearbeitet hatte. Der bemerkenswerte, mit Maschine geschriebene Brief – Heidland konnte aus gesundheitlichen Gründen noch nicht einmal mehr mit der Hand unterschreiben – soll hier auch seinen Platz haben:

*Bild 83
Schwester Hanna
beim Lesen – eine ihrer
Lieblingsbeschäftigungen*

Liebe Schwester Hanna!
Willkommen in der erlauchten Gesellschaft der Siebzigjährigen! In ihr herrscht die Narrenfreiheit, nach der sich die Jüngeren sehnen. Das Alter ist ein Freibrief, der alles erlaubt, ausgenommen den Wunsch, jugendlich zu scheinen, ein peinliches Aus-der-Rolle-Fallen. Wenn ein junger Spund von 69 meint, er könne einem Siebzigjährigen damit ein Kompliment machen, dass er von ihm sagt, er sei noch immer jung, täuscht er sich gewaltig – verzeihlich angesichts seiner (des 69-Jährigen) Unerfahrenheit.

Die Wahrheit ist, dass man mit 70 endlich alt, verkalkt, sonderbar, schrullenhaft und sogar unleidlich sein darf. Jung war man sein ganzes Leben lang gewesen, es hängt das Jungsein einem zum Hals heraus. Altsein ist etwas wirklich Neues, ein Abenteuer, ein dem Jungen vorenthaltenes Lebensgefühl, das durch nichts eingehandelt werden kann, durch kein Geld, durch kein Wissen, durch kein Aussehen, das sich nur der leisten kann, der die Schwelle der 70 überschritten hat. Altsein ist ein Privileg, zu dem kein Star, kein Boris Becker, kein Nobelpreisträger befugt ist.

Was ich Ihnen also wünsche, ist, dass Sie dieses Vorrecht endlich – Sie haben dazu 70 Jahre gebraucht! – mit gutem Gewissen, mit bestem Gewissen genießen.

Im Ernst! Mir sind die über 70-Jährigen unheimlich, die immer noch die Welt verbessern wollen und den Jüngeren mit weisen Ratschlägen helfen möchten. Wer über 70 ist, soll Gott loben, soll das als Sinn seiner ihm noch verbleibenden Tage betrachten, dass er Gott lobt. Um es an mir zu veranschaulichen: Ich lobe Gott, dass er mich heute Nacht gesund schlafen ließ, ich lobe Gott, dass er auch meiner Frau die nächtliche Ruhe schenkte. Ich lobe Gott, dass er mich in diesem schönen Heim aufstehen ließ, mir ein komfortables Badezimmer für die morgendliche Toilette zur Verfügung stellte, mir das dank seiner Güte im Sommer von mir gespaltene Holz für den behaglich wärmenden Ofen zu richten und anzuzünden erlaubte usw. usf. (das wohlschmeckende Frühstück, die unfallfreie Fahrt nach Kandern zum Einkaufen, das Einkaufen, ohne auf den Pfennig achten zu müssen, das fantastische Mittagessen, von meiner Frau mit genialischem Geschick zubereitet, die leichte, gern getane Gartenarbeit – Herausnehmen der Dahlien- und Malvenknollen und ihr Verstauen im Keller –, der gemeinsame Spaziergang durch den herbstlich leuchtenden Wald, das Abschneiden von Farnkraut zum winterlichen Bedecken des Gemüselandes, die Heimkehr in das gemütlich gewärmte Wohnzimmer …).

Und wenn Situationen eintreten oder bewusst werden, die nach landläufiger Meinung keinen Grund zum Lob Gottes bieten? Dann will Gott gerade gelobt werden – um seiner selbst willen, um der Hoffnung auf die Erfüllung, der wir Alten ja nun wirklich nähergekommen sind – als die Jungen. Wir haben einen Vorsprung!

So, nun denken Sie hoffentlich nicht: ein seltsamer Geburtstagsbrief! Fallen Sie nicht in die Vergangenheit zurück! Stören Sie sich auch nicht an dem Fehlen der Unterschrift! Das war einmal, dass ich schwungvoll meinen Namen schrieb. Freilich, auch in Maschinenschrift bin ich immer Ihr alter Wolfgang Heidland.[238]

Am 7. Juni 1988 kehrte Schwester Hanna nach Kork zurück.[239] Sie erhielt das Zimmer 537 im Heinrich-Wiederkehr-Haus. Pfarrer Geiger wies die Personalabteilung an, zudem Taschen- und Urlaubsgeld sowie die übliche Essenskostenpauschale auszuzahlen. Er bedankte sich in einem Schreiben vom 27. Januar 1988 bei der Oberin in Freiburg und dem Vorsteher, Pfarrer Mayer: „Wir möchten dem Diakonissenhaus Freiburg sehr herzlich dafür danken, dass Schwester Hanna während der letzten Jahre bei Ihnen wohnen und leben konnte. Diese Zeit ‚im freundlichen Exil' hat wesentlich dazu beigetragen, dass sich Schwester Ilse Wolfsdorff bei uns einleben und wir uns auf sie einstellen konnten."[240]

Natürlich wurde die Rückkehr von Schwester Hanna mit Spannung erwartet. Schon Monate zuvor war es zu einem Gespräch zwischen Schwester Hanna und Schwester Ilse gekommen: „Am 2. Januar 1988 haben Schwester Hanna und Schwester Ilse darüber gesprochen, wie das Zurückkommen Schwester Hannas nach Kork gestaltet werden soll."[241] Bei dem Gespräch wurde auch „im gegenseitigen vollen Einverständnis" klar geregelt, dass Schwester Hanna keinerlei institutionalisierte Aufgaben sowohl im Epilepsiezentrum als auch bei der Schwesternschaft wahrnehmen durfte. Die kommenden 15 Jahre wurden für die Alt-Oberin und die amtierende Oberin nicht einfach. 1990 wurde schließlich die Krankenpflegeschule in Kork endgültig geschlossen. Ein Grund dafür war, dass man keinen Neuanfang mehr in diesem Bereich wollte. Das war ein herber Verlust für die Einrichtung, insbesondere für die ehemaligen Schulleiterinnen Schwester Hanna und Schwester Eva-Maria, die 1990 den letzten Kurs zum Examen geführt hatte. Die Korker Anstalten ließen es sich nicht nehmen, im Oktober 1990 noch einmal alle ehemaligen Auszubildenden zwei Tage lang

Bild 84
Der letzte Brief von Schwester Hanna an den Verfasser vom 29. Januar 2000

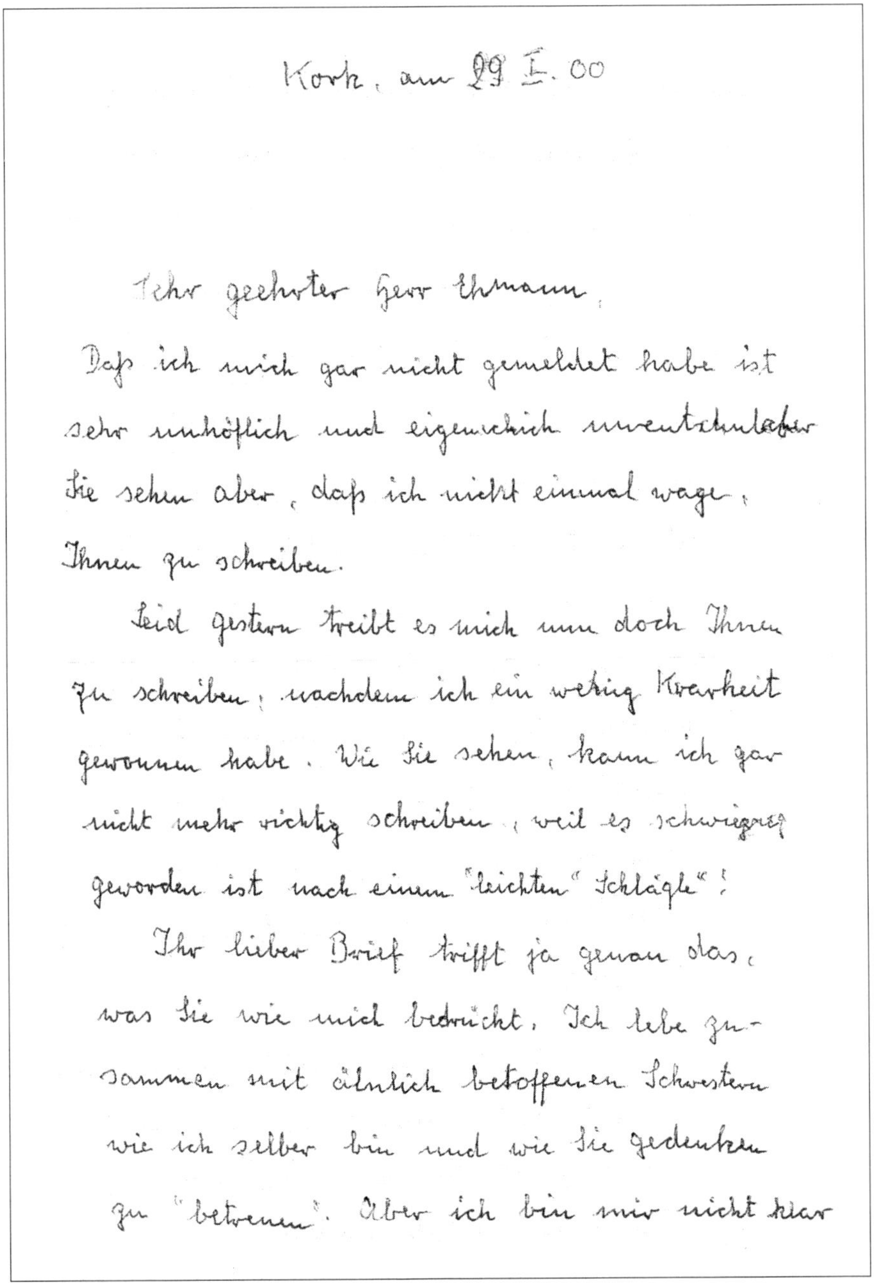

Kork, am 29 I. 00

Sehr geehrter Herr Ehmann,

Daß ich mich gar nicht gemeldet habe ist sehr unhöflich und eigentlich unentschuldbar. Sie sehen aber, daß ich nicht einmal wage, Ihnen zu schreiben.

Seit gestern treibt es mich um doch Ihnen zu schreiben, nachdem ich ein wenig Klarheit gewonnen habe. Wie Sie sehen, kann ich gar nicht mehr richtig schreiben, weil es schwierig geworden ist nach einem "leichten" Schläglei"!

Ihr lieber Brief trifft ja genau das, was Sie wie mich bedrückt. Ich lebe zusammen mit ähnlich betroffenen Schwestern wie ich selber bin und wie Sie gedenken zu "betreuen". Aber ich bin mir nicht klar

Bild 85
Ein Beispiel von zahlreichen Briefen, die mit Motiven der Schwesternkapelle verziert waren

9.7.94

Liebe Schwester Susanne,

Meine Briefkästen sind immer noch nicht recht in Ordnung. Im Terminkalender ist ein Strichlein an Ihrem Namen am 30.6. d.h. ich habe geschrieben. Aber ich kann mich nicht erinnern. Auf keinen Fall habe ich den letzten Brief mit der wunderschönen Karte + Photo aus der Kapelle nicht mit einem "geschrieben" bezeichnet. --

Nach diesem seltsamen Briefbeginn haben Sie einen Einblick, wie es bei mir ist, wenn ich eine längere Phase hinter mir habe, in der ich mit meinem Innenleben nicht klar komme. Dann kann ich nämlich nichts "gescheites" schreiben!

nach Kork einzuladen. Und zahlreiche kamen. Das war noch einmal das Fest von Oberin i. R. Schwester Hanna Barner. Wir alle spürten, wie groß ihre Freude und ihr Stolz waren. Immerhin hatte sie von den insgesamt 319 Auszubildenden, die das Krankenpflegeexamen in Kork absolviert hatten, 236 persönlich über die Ausbildungszeit begleitet und durch ihr starkes Charisma besonders geprägt. Wenn es auch bis in die heutige Zeit nicht gelungen ist, Nachwuchs bei den Diakonissen oder den Schwestern neuer Prägung zu rekrutieren, so ist doch die Zahl von Menschen, die, vom Korker Geist geprägt, in allen möglichen Bereichen des Pflegewesens noch heute arbeiten, eine stattliche.

Nach wie vor standen die meisten Schwestern hinter „ihrer" Schwester Hanna. Wie früher war sie immer wieder wichtige Gesprächspartnerin für viele Menschen, ungeachtet des nicht mehr vorhandenen Mandats. Und sie schrieb in diesen Jahren noch mehr Briefe als zuvor. In der Kartei von Schwester Hanna befanden sich die Adressen von mehr als 200 Menschen, die sie in regelmäßigen Abständen mit Briefen erfreute. Und Briefe von Schwester Hanna waren immer eine wertvolle Gabe, auch der vom 29. Januar 2000 an mich, vermutlich einer der letzten, wenn nicht gar der letzte handgeschriebene Brief von Schwester Hanna überhaupt. Wir können die Anzahl der Briefe nur schätzen: Einige Tausend sind es in jedem Fall. Und jeder Brief von Schwester Hanna war, wie schon angedeutet, ein individuelles und einmaliges Schriftstück. In der Regel waren die Briefe mehrere Seiten lang, und sie ließ sich dabei völlig auf die Person ein, die angeschrieben wurde. Fast alle Briefe waren mit der Hand geschrieben, nicht selten schön verziert. So möchte ich diese sicherlich nicht einfache Zeit nach der Rückkehr von Schwester Hanna auch anhand von Briefen darstellen, die sie an Susanne Ewald geschrieben hat. Die Auszüge sollen nicht weiter kommentiert werden – bis auf den einen Kommentar, dass sie in einem ausgezeichneten Stil verfasst wurden, eine Gabe, mit der Schwester Hanna von jungen Jahren an gesegnet war.

Nach Pfingsten 1988

Liebe Schwester Susanne,
haben Sie ganz herzlichen Dank für das wunderschöne ‚Lebenszeichen', das ich gar nicht gekannt habe! […] Seit einem Jahr kämpfe ich, um einen Art Zusammenbruch zu überwinden, was nur ganz langsam geht. Es ist nicht leicht, nun zu den zu Betreuenden zu gehören. Mit einem so praktischen Wägele fahre ich gerne an den Backer-See [sic!] und freue mich an den Feldern unterwegs.

Kork, den 10. Juli 1990

Liebe Schwester Susanne,
[…] Wir – meine Schwester und ich – waren 14 Tage in Südtirol und einige Male auf der Seiser Alm. Lange habe ich nicht mehr die Alpenblumen gesehen von dem großen Enzian bis zum ‚Alm-Rausch', den Gängen voller Alpenrosen! […] Seit ich wieder in Kork bin, ist mein Ruhestand ‚stabilisiert'. […] Dennoch: Das Älterwerden hat seine schönen Zeiten. Man löst sich irgendwie von den großen Entwicklungen und sieht alles mehr im Blick auf die Ewigkeit. Gestern war ich bei der Beerdigung der Tochter eines mir lieben Mitarbeiters, die mit ihrem Mann (eineinhalb Jahre verheiratet, 25 und 27 Jahre alt!) bei dem schweren Lastzugunglück auf der Werra-Brücke unter den Lastzug kam mit ihrem PKW und verbrannte. […] Ich dachte: Was wäre ich gewesen mit 25 Jahren? Und bin heute noch nicht fertig für die Ewigkeit!

23. März 1991

Liebe Schwester Susanne,
noch immer wirkt die Erinnerung an unser Treffen friedevoll beglückend in meine Tage! Die Karwoche liegt vor uns; ich liebe sie seit Kinderzeit besonders. […] Wir können ja nichts anderes tun, als das Beste unseres Wesens und Seins in die Waagschale zu werfen und zu vertrauen, dass auch die kleinen feinen Tropfen Öl und Essig – beides ist ja nötig! –, die wir hineingeben und wirken lassen dürfen, das Scherflein der Witwe ist, das Gott annimmt und bleiben und helfen will.

Offenburg, den 30. Juni 1992

Liebe Schwester Susanne,
mein erster Brief nach meiner Gallenoperation (‚Gallenempyem') ist mein Geburtstagsbrief an Sie! Woher soll der Mensch wissen, dass er Gallensteine hat seit Jahren, wenn sie sich nicht irgendeinmal bemerkbar machen? […] Morgen darf ich nun wieder nach Kork (1. Juli). Ich war aber sehr gern hier, Krankenhäuser sind uns, Ihnen und mir, ja ein Stück Leben, das verstehen viele Leute nicht. Und am liebsten habe ich die Stundenfrauen. Sie sind fast alle echte ‚Mütter' und sehen oft mehr als die Schwestern, die alle so jung und modern sind.

Kork, den 27. Juni 1994

Liebe Schwester Susanne,
es wird vielleicht ein seltsamer Geburtstagsbrief. Ich sitze in Karlsruhe im Hauptbahnhof, schön luftig an diesem heißen Tag, und warte auf den IC nach Kehl. Hinter mir liegt eine schöne Woche. Nachdem ich monatelang einfach nicht schreiben konnte, ‚Weg und Ziel' verloren hatte, bin ich nun wohl ein Stück durch das Gestrüpp der Gedankenunsicherheit zur ‚Klarheit' gekommen. Ich weiß jetzt, dass ich Durchblutungsstörungen hatte und immer wieder kriegen kann und annehmen muss, Medikamente zu nehmen und auf manches zu achten. Ich weiß und habe das angenommen, dass ich Gedächtnisstörungen habe und durch Schwindel in vielem gehemmt werde. Ich fange jetzt ernstlich damit an, vieles, was ich liebe und mir sehr wichtig war im Leben, dem Reißwolf anzuvertrauen.

Kork, den 3. März 1996

Liebe Schwester Susanne,
[...] Denken Sie: Ich habe die Zusammenkunft, die wir doch jährlich haben – hatten, völlig verdrängt. Ich dachte mit keinem Gedanken daran, bis Schwester Ruth in der Schwesternstunde offiziell fragte (Schw. Ilse fragte!), wann dieses Jahr das Gemeindeplegerinnen-Wochenende stattfände. [...] Wir kamen bis heute zu keinem Gespräch mit Schw. Ilse und den Übrigen. Ich will jetzt ganz ehrlich sein: Mir ist es ‚zuwider', ein Wochenende zu erleben, in dem ich nicht sein und leben kann, wie ich eigentlich bin und sein möchte. [...] Aber ehrlich: Wenn ich jetzt lese, was ich eben geschrieben habe, dann schäme ich mich. Ich weiß, dass ich gern dem aus dem Weg ginge, dass Schw. Ilse meint, ich würde wieder anfangen, mich zu betätigen. Das habe ich doch wirklich ‚in die Reihe gebracht'. [...] In Kork ist vieles anders geworden. Ich weiß von vielem gar nichts mehr. Es sind eigentlich nur die paar Schwestern, die in der damaligen Zeit so die tatkräftigsten waren und nun fast alle in Ruhestand.

*Bild 86
Lutz Drescher, ein Neffe von Schwester Hanna*

„Schwester Hanna war immer besonders. Schon allein von ihrer Aufmachung, sie hieß ja bei uns Tante Schwester. Als ich noch in Kork gearbeitet habe, das war so 1973/74, da kam sie mal völlig entnervt auf mich zu und sagte: ‚Also diese vielen Sitzungen, das ist doch unmenschlich. Man kommt gar nicht mehr zu dem, was man eigentlich machen will, bei den Menschen zu sein!' Da war sie sehr unglücklich darüber.

Ich weiß, dass wir einmal darüber gesprochen haben, dass ihre Form des ‚Diakonissendaseins' etwas ist, was nicht zukunftsfähig ist. Da hat sie sich keine Illusionen gemacht. Dass die sogenannte ‚neue Prägung' vielleicht für mehr Frauen attraktiv sein könnte, das hat sie sich sehr erhofft. Das ist sicherlich nicht spurlos an ihr vorübergegangen."

Die letzten Jahre wurden für Schwester Hanna recht beschwerlich. Nach „einem leichten Schlägle", wie sie mir am 29. Januar 2000 schrieb, wurde ihr das Schreiben und Sprechen schwer. Körperlich war sie fast so rüstig wie eh und je. Noch immer lief sie zielstrebig mit ihrer Gehhilfe über das Gelände „ihrer" Korker Anstalten. Erst ganz zum Schluss musste sie sich mit einem Rollstuhl von einem Ort zum anderen fahren lassen. Die Probleme in der Kommunikation bereiteten Schwester Hanna große Ängste. Am 22. Mai 2001 bevollmächtigte sie ihrem Neffen, Dr. Axel Wolfram Drescher, sie in allen Vermögens-, Renten-, Versorgungs-, Steuer- und sonstigen Rechtsangelegenheiten in jeder denkbaren Richtung zu vertreten. Auch in Fragen ärztlicher Versorgung erhielt der Neffe Vollmacht.

Es war ein weiterer Neffe, Lutz Drescher, der ihr kurz vor dem Tod ein wenig von den Ängsten nehmen konnte: „Die letzte Begegnung, die ich mit Hanna hatte, war zwei Wochen, bevor sie gestorben ist. Ich bin hingegangen und ich habe einfach nur gespürt, dass sie sich quält und unglücklich ist. Ich bin neben sie gesessen und habe sie dann in den Arm genommen. Alte Menschen werden ja immer kleiner, und alte Menschen sind dann oft wie Kinder. Ich hatte sie dann im Arm und habe gefragt, wie es ihr ginge. Sie antwortete: ‚Schlecht'. – ‚Gell, du quälst dich schrecklich', sagte ich. Ich habe sie dann noch gefragt, ob sie Angst hätte zu sterben. Sie meinte ‚Ja'. Dann habe ich ihr gesagt, während ich sie im Arm gehabt habe: ‚Weißt du, was ich zutiefst glaube mit dir und für dich? Wenn irgendwo eine Tür aufgeht, vielleicht am Ende von einem dunklen Gang, und dann da jemand ist, der die Arme ausbreitet und sagt: Ach Hannele, da bist du ja.' Da ging ein Strahlen über ihr Gesicht [...] Ich habe Schwester Dora gesagt, dass es wichtig ist, mit ihr über das Sterben zu reden und das nicht zu tabuisieren."[242] Schwester Hanna wurde in ihrer Kindheit und in der Jugend von ihren Freunden immer „Hannele" genannt. Offensichtlich konnte sie nach dem Gespräch zu einer inneren Ruhe finden, die sie bis zum Tode in den frühen Morgenstunden am 19. April 2003, dem Karsamstag, begleitete. „Sie hat schon sehr lange eine Lieblingsikone bei sich stehen gehabt. Daran erinnere ich mich noch, und über diese Ikone haben wir auch schon gesprochen in den 70er-Jahren, als ich meine Ausbildung gemacht habe, und zwar ist das die Karsamstagsikone, wo das geöffnete Grab zu sehen ist. Adam steigt aus dem Grab heraus, bzw. Christus zieht ihn aus dem Grab heraus, ein Auferstehungsbild. [...] Schwester Hanna ist nicht umsonst an einem Karsamstag gestorben, da bin ich zutiefst überzeugt davon."[243]

Im „Nickelblättchen" Nr. 4 vom Dezember 1967 schrieb Schwester Hanna dazu selbst:

Kurt Kluge hat uns ein Gedicht hinterlassen, entstanden in der Erschütterung des Ersten Weltkrieges, in dem er einen Gedanken ausspricht, der auch in diesem Bild zu liegen scheint: Das Heimkommen des Geschöpfes zum Vater, das Finden des Zieles nach langen – oft schmerzlichen und unverstandenen – Wegen.
„Aber es wird ein Oster-Sonnabend kommen
An dem dein letztes Kind
Allein ist mit den Erkenntnisgespenstern
der verschollenen Seelen
Dann
Eröffnest du deine Hände
Und streichelst das Haar deines Gequältesten
mit dem nun endlich
dieses unruhige Geschlecht
zurücksinkt
*in Dich"*244

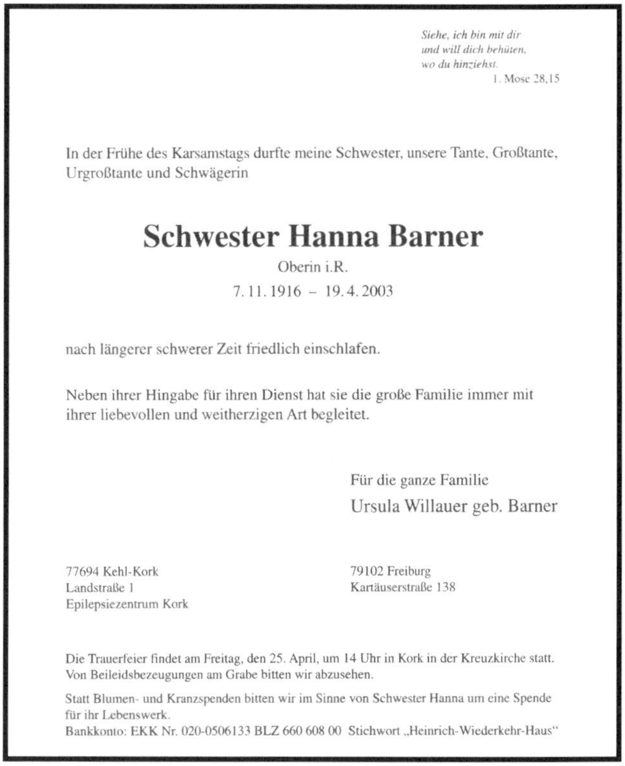

> *Siehe, ich bin mit dir und will dich behüten, wo du hinziehst.*
> 1. Mose 28,15
>
> In der Frühe des Karsamstags durfte meine Schwester, unsere Tante, Großtante, Urgroßtante und Schwägerin
>
> ## Schwester Hanna Barner
> Oberin i.R.
> 7. 11. 1916 – 19. 4. 2003
>
> nach längerer schwerer Zeit friedlich einschlafen.
>
> Neben ihrer Hingabe für ihren Dienst hat sie die große Familie immer mit ihrer liebevollen und weitherzigen Art begleitet.
>
> Für die ganze Familie
> Ursula Willauer geb. Barner
>
> 77694 Kehl-Kork   79102 Freiburg
> Landstraße 1   Kartäuserstraße 138
> Epilepsiezentrum Kork
>
> Die Trauerfeier findet am Freitag, den 25. April, um 14 Uhr in Kork in der Kreuzkirche statt. Von Beileidsbezeugungen am Grabe bitten wir abzusehen.
> Statt Blumen- und Kranzspenden bitten wir im Sinne von Schwester Hanna um eine Spende für ihr Lebenswerk.
> Bankkonto: EKK Nr. 020-0506133 BLZ 660 608 00 Stichwort „Heinrich-Wiederkehr-Haus"

Am 19. April 2003, in den frühen Morgenstunden des Karsamstags, wird für Oberin i. R. Schwester Johanna Hildegard Barner genau dies in Erfüllung gehen.

In memoriam Schwester Hanna

Bild 87
Todesanzeige der Familie von Schwester Hanna

Bild 88
Grab auf dem Friedhof in
Kork (Sommer 2006)

Bild 89
Das Areal der Korker Schwesternschaft auf dem Friedhof in Kork

Anhang

1. **Trauerpredigt von Prof. Dr. Joachim Walter am 24. April 2003**
Die Liebe Gottes erfülle unsere Herzen, die Gnade Jesu Christi schenke uns Trost, die Gemeinschaft des Heiligen Geistes stärke unseren Glauben.
Amen.

Liebe Frau Willauer, liebe Angehörige, liebe Korker Schwestern,
liebe Trauergemeinde!

Ja, sie durfte friedlich einschlafen, ist heimgekehrt. Noch konkreter: Sr. Hanna ist ihrem Herrn Jesus Christus im Sterben nachgefolgt. Er verstarb am Kreuz an Karfreitag – Sr. Hanna folgte ihm in den Morgenstunden des Karsamstags. Gibt es einen besseren Zeitpunkt? Sterben zwischen Karfreitag und Ostern? Und gibt es einen besseren Begleittext als die Losung des Karsamstags aus Psalm 63?
„Meine Seele hängt an dir, deine rechte Hand hält mich!" (Ps 63, 9)

Deine Hand hält mich! – Gerade dann, wenn Leid und Angst niederdrücken, wenn es mit zunehmendem Alter immer schwerer fällt, den Alltag, das eigene Leben steuernd „in die eigenen Hände zu nehmen"; gerade dann, wenn unsere Kräfte nachlassen, wenn wir selber immer mehr abgeben und loslassen müssen; wenn die eigene Hinfälligkeit fordert, so vieles aus den Händen zu geben.

Der Psalmbeter kennt auch die innere Unruhe, das nächtliche Wachliegen und Grübeln, denn zwei Verse zuvor wird beschrieben: „Wenn ich mich zu Bette lege, so denke ich an dich, wenn ich wach liege, sinne ich über dich nach" (Ps 63, 7). Und dann folgt die Gewissheit des Losungstextes von Karsamstag: „Denn du bist mein Helfer, deine rechte Hand hält mich" (Ps 63, 8 + 9).

In der Tat, die letzten Monate waren für Sr. Hanna eine zunehmend schwere Zeit, voller innerer Unruhe und großen Ängsten. „Ach – es ist alles so schrecklich", hat sie oft gerufen. So manche intensiven Gespräche, auch und besonders vor Kurzem noch mit ihrem Neffen, haben wohl dazu beigetragen, dass Sr. Hanna in ihren letzten Tagen ruhiger, zugewandter und offener war. Am Karfreitagnachmittag hat sie sehr wach hier am Gottesdienst teilgenommen und sich abends in großer Ruhe für die Nacht vorbereitet. – „Denn deine rechte Hand hält mich!" In der Frühe am Karsamstag ist sie still und in Frieden entschlafen.

Wir hören aus dem Gesangbuch der Evangelischen Brüdergemeine den Vers eines Liedes von Barby, der die Losung am Karsamstag ergänzt: „Mit dir, Herr Jesu, schlaf ich ein, mit dir will ich begraben sein und mit dir auferstehen. Mit dir will ich in Ähnlichkeit des Leibes, den dir Gott bereit, in Vaters Haus eingehen. Mit dir wird mir Fried und Freude, frei vom Leide, dort gegeben; mit dir werd ich ewig leben."

Als drittes Kind von sieben Geschwistern wurde Johanna Barner am 7. November 1916 in Nonnenweier geboren. Als der Vater, Pfarrer Alfred Barner, damals Mutterhausvorsteher in Nonnenweier, 1925 zum Pfarrer in Konstanz berufen wurde, zog Johanna, 9-jährig, mit der Familie an den Bodensee.

Nach dem Abitur 1935 absolvierte sie einen halbjährigen freiwilligen Arbeitsdienst. Dann folgte bis 1941 eine Ausbildung zur Krankenschwester im Martin-Luther-Krankenhaus in Berlin, an die Johanna Barner ab 1941 eine Ausbildung zur Gemeindehelferin an der damaligen Evangelisch-Sozialen Frauenschule in Freiburg anschloss.

Nach einer Tätigkeit in Mannheim und Radolfzell war sie nach dem Krieg ab 1946 in der Freiburger Christuskirche als Gemeindehelferin eingesetzt. In diese Zeit fällt auch die erneute Zusammenarbeit mit ihrer Ausbildungsstätte, der Evangelisch-Sozialen Frauenschule, dem späteren Seminar für Wohlfahrtspflege und Gemeindedienst bzw. der heutigen Fachhochschule in Freiburg.

Kühlewein, Pfarrer an der Christuskirche in Freiburg, ein Vetter Hanna Barners, war zugleich Vorsitzender des Verwaltungsrats der Korker Anstalten. Auf Bitten des damaligen Anstaltsleiters, Pfarrer Meerwein, vermittelte Kühlewein seine Gemeindehelferin nach Kork.

Im Oktober 1951 wurde Sr. Hanna als Probemeisterin berufen, wo sie als Schul- und Lehrschwester an der Krankenpflegeschule in Kork ihre vielfältigen Gaben einsetzte. Nicht nur Schwesternschülerinnen, sondern auch sogenannte Probeschwestern und Jungschwestern und viele weitere Mädchen und junge Frauen begeisterte sie und prägte sie nicht nur in ihrer geistlichen Ausrichtung, sondern auch in pädagogisch-diakonischen Seminaren und Schulungen wie z. B. in der halbjährigen Ausbildung zur Gemeindepflegerin, die sie neu entwickelt hatte.

Im April 1964 wurde Johanna Barner zur Oberin der Korker Schwesternschaft berufen. Dieses wichtige Amt hat sie engagiert und umsichtig ca. 20 Jahre ausgefüllt. Mit ihrem offenen, kommunikativen Wesen konnte sie sehr auf Leute zugehen. Für Menschen mit Problemen hat sie die richtigen Worte gefunden, weil sie sensibel erspürte, was andere belastete. Sie hatte stets offene Türen, viele fanden den Weg zu ihr und wurden ermutigt und bestärkt.

Kreativ und voller Ideen hat Sr. Hanna auch das geistliche Leben in Kork mitgeprägt. Noch viele erinnern sich an die Krippenspiele für und mit Heimbewohnern oder die Karfreitagsgottesdienste mit dem beeindruckenden Kreuztragen, ebenso die regelmäßigen Abendgebete in der Kapelle. Da sie sehr musikalisch war, hat sie auch einen Chor geleitet.

Aber ganz besonders war ihr die Kapelle neben dem Schwesternhaus ans Herz gewachsen mit dem wunderschönen Glasfries, dessen Symbole sie in einer kleinen Schrift erläuterte. Die Symbole des Glasfrieses wurden von der Schwesternschaft ausgewählt, sind also mitten aus dem Dienst der Schwestern herausgewachsen und möchten mit ihrer Aussage täglich wieder zum Dienst bestärken.

Weit über Kork hinaus hat Sr. Hanna in der Landeskirche Badens und ihrer Diakonie z. B. durch Vorträge in Gemeinden und bei Bezirksfrauentagen, durch diakonische Freizeiten für junge Menschen oder als jahrelanges Mitglied der Landessynode fruchtbringend gewirkt.

Und auch in ihrem Ruhestand hat sie zu vielen Freunden und ehemaligen Schülerinnen Kontakt gehalten, war Ansprechpartnerin. Nach vier Jahren in Freiburg kehrte Sr. Hanna ins Heinrich-Wiederkehr-Haus nach Kork zurück und verbrachte die letzten 15 Jahre im Kreis ihrer Mitschwestern.

Die letzten 2 bis 3 Jahre wurden immer schwerer, und Sr. Hanna war auf viel Hilfe und Unterstützung angewiesen. Still und ganz ruhig verschied Sr. Hanna am Morgen des vergangenen Karsamstags.

In ihren persönlichen Unterlagen fand sich ein Hinweis auf einen Vers aus dem Matthäus-Evangelium, den Sr. Hanna für ihre Grabplatte ausgewählt hatte und der sehr treffend die glaubende Gewissheit des Losungsverses aus Psalm 63 „Deine rechte Hand hält mich" aufnimmt: „Seid getrost! Ich bin's; fürchtet euch nicht!" (Mt 14, 27) Eines der schönsten Trostworte der Bibel überhaupt.

„Seid getrost!" – Zentraler Zuspruch und göttliche Ermutigung an Josua, Hiskia und den bedrohten, schiffbrüchigen Paulus. Eine bestärkende Ermutigung an alle Zagenden, Zweifelnden, Bedrängten und Gedemütigten.

Ebenso der Zuruf „Fürchtet euch nicht!" – stete und wiederkehrende Beruhigungsanrede der Engel Gottes. Wir alle kennen diesen Zuruf aus der Weihnachtsgeschichte Lukas 2, „Fürchtet euch nicht".

Und als Klammer zwischen dem Trostwort „Seid getrost" und der Angstberuhigung „Fürchtet euch nicht" die schlichten und doch so gewichtigen Worte „Ich bin's". – Sie erinnern an Jesu Ich-bin-Worte im Johannes-Evangelium („Ich bin das Licht der Welt"). Und sie erinnern an die Formel „Ich bin, der ich bin", mit der Gott im Alten Testament von sich selbst spricht und sich seinem Volk gegenüber als Retter und Herr der Welt vorstellt.

„Seid getrost, ich bin's, fürchtet euch nicht." Dieser Vers in Matthäus 14 steht im Zusammenhang des Berichts „Jesus geht über das Wasser". Nach der Speisung der 5.000 rudern die Jünger allein und ohne Jesus über den See und geraten in einen Sturm, der sie in schwere Bedrängnis bringt. Jesus kommt ihnen nachts am frühen Morgen über den See nach. Er geht auf dem Wasser. Matthäus berichtet: „Und als ihn die Jünger sahen auf dem See gehen, erschraken sie und riefen: ‚Es ist ein Gespenst!' und schrien vor Furcht und Angst. Sofort sprach Jesus sie an: ‚Seid getrost, ich bin's, fürchtet euch nicht.'" Und in den dämmernden zwielichtigen Morgen auf dem See kommt eine wunderbare Klarheit, in die chaotische Sturmsituation kommt Ruhe. Die Rettung aus der Gefahr führt die Jünger zu dem Bekenntnis in Vers 33: „Du bist wahrhaftig Gottes Sohn!"

Es liegt nahe und fällt nicht schwer, die Gedankenlinie fortzuführen zur vergleichbaren Situation der letzten Zeit im Leben unserer Sr. Hanna. Und in einem sehr tiefen, persönlichen Sinn wird dieses Trostwort erneut verständlich: „Seid getrost, ich bin's, fürchtet euch nicht."

Ja, das war Sr. Hanna wohl, als sie am Karsamstag verstarb: getröstet und ohne Furcht. Geborgen in der Liebe des Gottes, der verspricht, mitzugehen. Wie übrigens auch der Konfirmationsspruch von Johanna Barner aus 1. Mose 28 verheißt: „Siehe, ich bin mit dir und will dich behüten, wo du hinziehst." (1. Mose 28, 15) Dieser Vers stammt aus Jakobs Traum von der Himmelsleiter. Ein großer, ein tragender Bogen der Zusicherung und Hilfe von Jakobs Traum über den Psalmvers „Deine rechte Hand hält mich" bis zu Jesu Trostruf „Seid getrost, ich bin's, fürchtet euch nicht."

Liebe Gemeinde, in diesem Trost lässt sich trotz aller Trauer Abschied nehmen von Sr. Hanna. Und in dieser Gewissheit, „Gottes Hand hält uns", wissen wir das Leben von Sr. Hanna und unser Leben und das Leben derer, die nach uns kommen, geborgen und bewahrt in Gott.

Wir nehmen Abschied von Sr. Hanna Barner. Wir waren ihre Weggenossen, bis sie von uns ging. Doch wir sind es noch, denn wir werden ihr folgen. Mit ihr verbindet uns, dass wir alle in Gott geborgen sind. Er hat Gedanken des Friedens und nicht des Leides über uns. Diese Gedanken lassen uns über Särge und Gräber hinwegschauen. Sie tragen unser Leben, geben uns jenen Trost, der uns Angst, Leid und Traurigkeit bestehen lässt.

2. Nachruf des Landesbischofs der Evangelischen Landeskirche in Baden, Dr. Ulrich Fischer, vom 6. Mai 2003

Liebe Schwester Ilse, lieber Herr Professor Dr. Walter,
liebe Schwestern, liebe Mitarbeiterinnen und Mitarbeiter,
Sie mussten Abschied nehmen von Schwester Johanna Barner, die im hohen Alter von 86 Jahren in Frieden heimgegangen ist. Über 50 Jahre ihres Lebens hat sie in der Korker Schwesternschaft gelebt und gearbeitet, lange Zeit hat sie das Leben dieser Schwesternschaft geprägt. Sie sind ein Stück Ihres Lebensweges mit ihr gemeinsam gegangen, sind von ihr begleitet worden oder haben sie selbst begleitet, besonders in den letzten Jahren. Der biblische Zuspruch, der seit ihrer Konfirmation über Schwester Hannas Leben stand, ist nun zum Trostwort geworden für alle, die um sie trauern: „Siehe, ich bin mit dir und will dich behüten, wo du hinziehst."

Im Vertrauen auf diese Zusage Gottes, auf seine treue Begleitung und Wegweisung, hat Schwester Hanna ihr Leben geführt und in den Dienst ihrer Mitmenschen gestellt. Auch ihre verantwortungsvolle Aufgabe als Oberin hat sie in diesem Glauben ausgefüllt. So hat sie vielen, die ihr anvertraut waren, Halt und Orientierung geben können.

Dankbar für ihren Dienst und für alles, was sie mit hohem persönlichem Einsatz in unserer Kirche gestaltet hat, nehmen wir Abschied von ihr und sind gewiss, dass die Zusage, die über ihrem Leben stand, ihr auch jetzt noch gilt, im Tod und darüber hinaus. Am Ostersamstag, an dem Schwester Hanna gestorben ist, sind wir auch dieses Jahr wieder auf die Osternacht zugegangen und auf das Licht, das von Ostern her in unser Leben hereinstrahlt und selbst im Dunkel des Todes noch leuchtet, wie wir jetzt wieder in unseren Gottesdiensten singen:

Jesus lebt, mit ihm auch ich!
Tod, wo sind nun deine Schrecken?
Er, er lebt und wird auch mich
von den Toten auferwecken.
Er verklärt mich in sein Licht;
dies ist meine Zuversicht.

Bei ihm ist Schwester Hanna jetzt geborgen; er behüte auch Sie und uns alle.[245]

3. Nachruf der Präsidentin der Landessynode, Margit Fleckenstein, vom 20. Oktober 2003

Am 19. April 2003 verstarb unsere ehemalige Konsynodale Schwester Johanna Barner im Alter von 86 Jahren. Schwester Johanna Barner war von April 1966 bis Mai 1984 als berufenes Mitglied der Landessynode dem Finanzausschuss zugewiesen. In der Zeit von April 1966 bis April 1972 arbeitete sie auch im Landeskirchenrat mit.

Im April 1964 wurde sie durch den Verwaltungsrat zur Oberin der Korker Schwesternschaft berufen. Dieses Amt hat sie in großer Treue und mit ganzem Herzen bis zu ihrem Ruhestand ausgefüllt. Auch über den Ruhestand hinaus hat sie zu vielen ehemaligen Schülerinnen Kontakt gehalten und hat ihnen auch durch ihr glaubwürdiges Handeln Orientierung für ihr Leben gewiesen.[246]

4. Ilse Wolfsdorff, Starker Zuspruch auf dem Wege. Abschließende Segensworte anlässlich einer Feier am 20. November 2004 zur Umbenennung des Korker Schwesternhaussaals in Johanna-Barner-Saal

Wer unterwegs ist, braucht eine Begleitung. Wer einen Weg zu gehen hat, braucht einen starken Zuspruch. Solch einen Zuspruch bekam Schwester Hanna, als sie konfirmiert wurde. Im 1. Buch Mose im 28. Kapitel in Vers 15 steht dieses Wort: „Siehe, ich bin mit dir und will dich behüten, wo du hinziehst (... und will dich wieder herbringen in dies Land. Denn ich will dich nicht verlassen, bis ich alles tue, was ich dir zugesagt habe.)"

Wie kam es zu diesem Wort? Der Vater hatte für seine Konfirmandinnen und Konfirmanden eine Schale vor sich stehen mit all den guten Worten, die er vorher ausgesucht hatte. Und nun zog er für jeden Einzelnen eines der Worte. Als er für seine Tochter den Spruch gezogen hatte, war es eben dieses Wort aus dem 1. Mosebuch. Ich stelle mir vor, wie er mit Staunen und wohl mit großer Freude im Herzen das Wort gelesen hat: „Ich bin mit dir, ich behüte dich, wohin du auch gehst." Konnte seine Hand besser geführt werden als zu diesem Versprechen Gottes, das seine Tochter nun mit auf ihren Lebensweg bekam? In vollem Sinne wurden diese Worte für Schwester Hanna zum Begleiter. Unerschütterlich konnte sie sich daran halten, wohin auch immer ihr Weg führen mochte.

Nicht Menschenwort ist es, sondern der spricht, der sich offenbart hat als der ICH BIN, DER ICH BIN. Und ich füge hinzu: ICH BIN FÜR DICH DA. Darin eingeschlossen ist schon: Ich behüte dich. Nicht nur, ich gehe mit, wohin du auch gehst, sondern: Ich bin längst an dem Ort, an den du kommst. Das kann nur der lebendige Gott zusagen.

Wie manches Mal wird dieses Wort für Schwester Hanna zum Anker, zum Fels, zum Halt geworden sein. Gerade auf den vielfältigen Stationen ihres Dienstes und bei den mannigfaltigen Begegnungen mit Menschen, die Gott ihr in den Weg schickte.

Aber auch für sie selbst ist dieses Wort wahr geworden, als ihre Kräfte nachließen, als sich hier und da Furcht einstellen wollte. Da war spürbar: „Ich bin mit dir. Ich will dich behüten."

Dieses einmal gesprochene Wort gilt. Und es gilt über das Lebensende hinaus. Denn es ist und bleibt Wort des lebendigen, gnädigen, treuen Gottes. Und sein Wort ist niemals ein leeres Wort. Immer ist es Verheißung und Erfüllung.

So können wir nun mit einstimmen in eines der Lieder, die von der Erfahrung Schwester Hannas mit ihrem starken Zuspruch auf ihrem Weg zeugen:

„*Gelobt drum deine Treu, die jeden Morgen neu*
uns deine abgrundtiefe Liebe zeigt!
Wir preisen dich und bringen dir unser Lob mit Singen,
bis unser Mund im Tode schweigt."

Gerhard Fritzsche (1938)

Lasst uns um Gottes Beistand bitten:

Treuer Gott, wir danken dir für dein Nahesein,
für deine Zuneigung.
Wir bitten dich um deinen Segen für alle Menschen,
die in diesem Raum ein und aus gehen.
Segne Gespräche, Beratungen und Entscheidungen,
dass sie nach deinem Wort ausgerichtet bleiben.
Komm nun und segne uns,
lass durch dein Wort unsere Wege hell werden,
leite uns mit deiner starken Hand
und in unseren Herzen lass deinen Frieden wohnen.
So segne uns, du menschenfreundlicher, barmherziger Gott:
Vater, Sohn und Heiliger Geist. Amen.

5. Lutz Drescher, „… dass der Mensch immer im Werden ist."
   Prägungen durch Schwester Hanna

„Ich werde ‚ich' am Du" – die Art, in der Menschen mir begegnen, die Weise, in der sie mich sehen und ansprechen, all das hat großen Einfluss auf die Identität eines Menschen. Als Neffe und Patensohn hatte ich das Glück, von Kindheit an bis zu ihrem Tod fast 50 Jahre lang eine intensive Beziehung zu Schwester Hanna haben zu dürfen. Ich bin mir dessen bewusst, wie viel ich ihr verdanke, denn sie hat mich nachhaltig geprägt.

„Tante Schwester" – so nannten wir sie, als ich Kind war, und auf ihre Besuche haben wir uns immer sehr gefreut. Nicht nur, weil sie Geschenke mitbrachte – die richtigen meistens und das, was gerade dran war, und früh schon Bücher. Nein, es war mehr. Sicher hat sie mich schon als Kind und auch bei meiner Taufe in ihren Armen gehalten, aber eine Begegnung in früher Kindheit, bei der äußerlich gar nicht viel „passiert" ist, ist mir in lebendiger Erinnerung geblieben. Es war im Garten meiner Großmutter in Freiburg, und ich stand irgendwo und sie saß und unsere Blicke begegneten sich und ich habe dabei einfach nur gespürt, dass da ein Mensch ist, nämlich „meine" Tante, die mich innig liebt. Das habe ich immer wieder gespürt, gerade auch auf schwierigen Wegstücken meines Lebens. Später wussten wir beide, dass es eine geistliche Verbundenheit gibt, über Raum und – ich wage es einfach einmal, so zu sagen – über Zeit hinweg. Bevor ich für 8 Jahre nach Korea ging, hatte sie mir versprochen, immer in den Andachten, die sie, solange sie es konnte, täglich besucht hat, an mich zu denken. Und immer wieder an schwierigen Tagen ist mir irgendwann plötzlich eingefallen. „Ach, auch heute hat Schwester Hanna für mich gebetet" – das hat dann die „Schwere" des Tages relativiert. Da soll nur einer sagen, Gebete würden nichts bewirken! In ihrem letzten Brief, den sie 1999 an mich geschrieben hat, hat sie die Bedeutung des Betens nochmals betont: „Ich will mit diesem armseligen Brief Dir eigentlich nur sagen, dass ich mit gefalteten Händen hinter Dir stehe – in dieser Haltung können wir keine Fehler machen."

Ich denke, den tiefsten Einfluss hatte sie auf mein geistliches Leben, auf meine Spiritualität, wie wir heute sagen. Wahrscheinlich wäre ich ohne sie nicht „bei der Kirche gelandet", hätte nicht Religionspädagogik studiert, wäre nicht Gemeindediakon geworden und hätte vor allem wohl nicht gelernt, meine Arbeit aus einer Haltung des Betens heraus zu tun. Auf die Frage des Glaubens – die immer mitschwingt – werde ich noch ausdrücklich zu sprechen kommen, aber auch in manch anderer Hinsicht hat sie mich geprägt. Im Folgenden versuche ich, einigen dieser Prägungen nachzuspüren.

Weitherzig und tolerant sein

Ich war vielleicht 16, als sie mich bei einem meiner Besuche in Kork einlud, mitzugehen zum Jahresfest in Nonnenweier. Ihr Vater war dort Pfarrer und „Vorsteher", wie man früher sagte, des Diakonissenhauses gewesen und sie hat einen Teil ihrer Kindheit dort verbracht. Ich war im Hippielook, hatte lange Haare, trug rote Hosen und Kettchen und ging barfuß.

Ich hätte mich so wohl nicht mitgenommen, aber wo immer wir auftauchten, stellte sie mich ungeachtet der verdutzten Blicke des Gegenübers stolz als ihren Neffen vor. Damals habe ich begriffen, was Akzeptanz und Toleranz bedeutet und was Weitherzigkeit ist. Ich könnte weitere Beispiele anführen.

Woher kam diese Weitherzigkeit? Ich denke, das Zusammenleben in Kork mit den Heimbewohnern und den Mitarbeitenden – beides Gruppen von Menschen, die nicht immer ganz einfach sind – hat sie gelehrt, zuallererst einmal Menschen gelten zu lassen. In Kork ist ihr menschliches Leben in einer Vielfalt und einer Unterschiedlichkeit begegnet, dass verglichen damit rote Hosen und lange Haare nicht sehr ins Gewicht fallen. Aber hinter ihrer Weitherzigkeit könnte noch mehr stecken. Ich wage einfach einmal die These, dass sie sich selbst gut kannte und wusste, was alles an Höhen und Tiefen in einem Menschen steckt. Könnte es nicht sein, dass sie es hin und wieder schwer mit sich selbst hatte und damit gerungen hat, sich selbst gelten zu lassen? Könnte nicht dies eine Ursache dafür sein, dass sich ganz unterschiedliche Menschen von ihr akzeptiert und verstanden gefühlt haben?

Während ich dies schreibe, geht mir durch den Kopf, dass wohl Weitherzigkeit und Barmherzigkeit – ein Zentralbegriff ihres Lebens – ganz viel miteinander zu tun haben. Sie war barmherzig vor allem anderen gegenüber, aber immer wieder auch sich selbst.

Anderen Religionen mit Offenheit begegnen

Tolerant war sie auch meinen Versuchen gegenüber, etwas von den Spuren Gottes in anderen Religionen zu entdecken. So sehr sie selbst oder gerade weil sie in der christlichen Tradition tief verwurzelt war, so war sie dennoch offen dafür, etwas von der Wahrheit Gottes auch in anderen Religionen gelten zu lassen. Sie hat sich hin und wieder mit diesem Thema beschäftigt und mir einmal ein Buch in die Hand gedrückt, in dem ein Christ auf sehr nachdenkliche Art von seinen Reisen nach Asien und von seinen Begegnungen mit den Vertretern der Religionen dort berichtet. Ich weiß heute weder, wer der Autor war, noch erinnere ich mich an viele Details, aber ein Satz ist mir im Gedächtnis hängen geblieben und hat mich gleichsam begleitet. Der Autor berichtet davon, wie er buddhistischen Mönchen begegnete, die sich jeden Morgen in alle vier Himmelsrichtungen verneigten und um Frieden baten. „Vielleicht", so schließt er, „wäre die Welt ein noch friedloserer Ort, wenn es diese Gebete nicht gäbe." Bei meinen vielen Reisen nach Indien und in den Jahren, in denen ich in Korea gelebt habe, bin ich vielen Vertretern anderer Religionen begegnet und habe überall authentische Spiritualität erlebt. Ich habe dabei erlebt, wie mein eigener christlicher Glaube in diesen Begegnungen immer wieder infrage gestellt wurde und sich zugleich immer mehr vertieft hat. Und je tiefer er wird, desto offener werde ich. Heute als Verbindungsreferent für die Beziehungen nach Ostasien beim Evangelischen Missionswerk in Südwestdeutschland (EMS) bin ich unter anderem auch zuständig für ein interreligiöses Studienprogramm in Japan. Immer wieder neu nehme ich mit Staunen wahr, wie junge Theologiestudierende nach 6 Monaten aus Japan zurückkommen und es ihnen nun viel klarer ist, weshalb sie Christen und Christinnen sind, und zugleich haben sie eine neue Offenheit anderen gegenüber und ich spüre beglückt, dass dieses Erfahrung sie nicht nur in ihrem zukünftiges Studium, sondern darüber hinaus auch in ihrem Leben begleiten wird.

Ähnliches, aber auf einer anderen Ebene hat Schwester Hanna übrigens auch bei vielen jungen Menschen erlebt, die in Kork ein Praktikum oder eine Ausbildung gemacht haben. Sie wusste, dass diese Erfahrungen Menschen weiterhin begleiten werden, dass sie nachhaltigen Einfluss haben auf ihre Weltauffassung und ihr Menschenbild. Ihr Herz schlug für die jungen Menschen, und bis hin zu ihren allerletzten Briefen schreibt sie immer wieder mit großer Wertschätzung von den jungen Mitarbeitenden. In einem Rundbrief nach ihrem 75. Geburtstag heißt es z. B.: „Ich darf mich freuen an der Andersartigkeit unserer jungen engagierten Mitarbeiter ..." Weitherzigkeit, Toleranz und Offenheit.

Psychologie – Menschen tiefer verstehen
Mit zu ihrer Menschenkenntnis und Menschenfreundlichkeit hat wohl auch ihre intensive Beschäftigung mit Psychologie beigetragen. Schon Ende der 60er-Jahre, als ich 17 war, hat sie mir das Buch von Charlotte Bühler über die

„Geschichte der Psychologie" geschenkt, ein Buch, das für mich eine gute Einführung in die Psychologie wurde und zeitweise sogar den Wunsch in mir weckte, dieses Fach zu studieren. Es ist wohl kein Zufall, dass ich dann meine erste Diplomarbeit an der Evangelischen Fachhochschule in Freiburg über „Die Frage der Identität aus humanwissenschaftlicher und theologischer Perspektive" geschrieben habe. Die humanistische Psychologie, die Charlotte Bühler vertritt, hat mich seither begleitet und ist auch mir ein wichtiges Hilfsmittel in meiner Arbeit bis heute. Auch ihre Beschäftigung mit Psychologie und vor allem mit C. G. Jung war aus dem Wunsch heraus entstanden, tiefer zu verstehen, und zwar sowohl die Menschen wie auch die biblischen Geschichten. Ich erinnere mich, wie sie mir einmal ganz beglückt ein Buch mit Zeichnungen zu biblischen Geschichten zeigte. „Schau her, hier ist der Versucher als der Schatten dargestellt." In der Synode der Badischen Landeskirche hat sie sich dann zusammen mit anderen erfolgreich für eine Einführung der pastoralpsychologischen Ausbildung nach C. G. Jung eingesetzt, damit auch Pfarrer aus diesem tieferen Verstehen heraus ihre alltägliche Praxis gestalten können.

Diakonie – mit den Menschen sein

In den Jahren 1973/74 war ich selbst in Kork, habe in der Klinik und im Kinderdorf mit Kindern mit schweren Behinderungen gearbeitet, ein Jahr, in dem ich unglaublich viel gelernt habe. Z. B. gab es ein Mädchen, das nachts hin und wieder ins Bett gemacht hat. Ich war dann voller Mitleid und ganz nett zu ihr, mit dem nicht erstaunlichen Ergebnis, dass sie dann noch öfters ins Bett gemacht hat. Auch da hat mir die Psychologie geholfen – der pawlowsche Hund lässt grüßen –, und ich habe mir abgewöhnt, das Bettnässen noch durch Freundlichkeit und Zuwendung zu verstärken.

Freundlich und zugewandt den Heimbewohnern gegenüber war Schwester Hanna immer. Die meisten oder vielleicht sogar alle kannte sie beim Namen. Ihr war es wichtig, Menschen mit Behinderungen als eigenständige Persönlichkeiten wahr- und ernst zu nehmen. Dies hat sich auch an scheinbaren Nebensächlichkeiten festgemacht. Sie hat darauf Wert gelegt, dass die Erwachsenen im Allgemeinen mit „Sie" und nicht einfach mit „Du" angeredet werden, denn nur so begegnen wir ihnen mit dem Respekt, der ihnen zusteht. Sehr gerne war sie in den Wohnbereichen, hat den Heimbewohnern und den Mitarbeitenden zugehört und hat so etwas davon verkörpert, dass es nicht nur darum gehen kann, dass wir etwas „für" Menschen tun, sondern dass es viel mehr darauf ankommt, „mit" ihnen zu sein. „Helfen heißt mitgehen", so schreibt sie 1976 in einem Beitrag für ein Buch, der den Titel hat: „Die Gemeinschaft des Leidens und die Gabe der Barmherzigkeit".

Oft hat sie davon gesprochen, dass Kork wie eine Insel sei, in der andere Werte gelten. Während sonst überall gilt: „Ich bin, was ich leiste und mir leisten kann", wird in Kork etwas von der unverlierbaren Würde von Menschen deutlich, die vor aller Leistung und vor allem Besitz Geltung hat. Hin und wieder hat sie das Wort von Bodelschwingh zitiert, dass die Kranken unsere Professoren seien, „denn sie lehren uns die Liebe." Das Geheimnis dabei ist, dass es nicht nur darum geht, dass wir sie lieben, sondern lernen, uns von ihnen lieben zu lassen. Etwas davon habe ich wohl so nach und nach verstanden. Auch wenn es etwas romantisch klingen mag und im Rückblick vielleicht sogar etwas verklärt – zum Kostbarsten gehört wohl die Einsicht, dass mir die Kinder viel mehr gegeben haben als ich ihnen. Ich erinnere mich an das strahlende Lächeln von Wölfle im Sonnenblumenweg 4, wenn ich ihn versorgt habe. Ohne Vorbehalt kann ich dazu nur sagen, dass auch durch dieses Kind mir etwas von der wirklich im tiefsten Sinne des Wortes grenzenlosen Liebe Gottes begegnet ist.

Dies alles war eine gute Vorbereitung für die Jahre in Korea, in denen ich in einem Armenviertel gearbeitet und erneut erfahren habe, dass die Armen nicht Objekt unserer Fürsorge sind, sondern Subjekt ihrer Geschichte, und mehr noch, dass Gott selbst uns durch sie begegnet, manchmal als der, der uns braucht, oft genug aber auch als der, der uns segnet.

Authentisch glauben
Das alles klingt nun nach großer Glaubensgewissheit, und so haben ohne Zweifel auch viele Menschen Schwester Hanna erlebt. Aber echter Glaube ist kein Besitz, nicht etwas, was man eben „hat", sondern oft genug erkämpfter und auch erduldeter Glaube. „Glaube wächst in der Anfechtung", dieses Wort von Martin Luther hat sie mir und sich selbst immer wieder einmal zugesagt. Lange hing in ihrem Zimmer – in der Erinnerung ist es ein gerahmter, in großen Lettern kunstvoll geschriebener Spruch, aber vielleicht war es auch nur eine der Spruchkarten, die sie so liebte – das Wort: „Alles, was mir begegnet, muss zuerst an Christus vorbei." Und immer wieder einmal nahm sie in ihren Briefen Bezug auf die wunderbare Stelle im Johannes-Evangelium, in der Jesus den Jüngern nachts auf dem See begegnet und sie von Angst und Schrecken ergriffen werden und er ihnen sagt: „Ich bin's, fürchtet euch nicht!" (Jh 6, 20). In

einer älteren Übersetzung steht dort „Seid getrost! Ich bin's", und Schwester Hanna schreibt in einem Brief 1992 dazu: Es „ist eines der Hauptworte in meinem Leben. Ganz oft hat es mir schon in Krisenzeiten geholfen", und in diesem Zusammenhang: Wir wollen „bereit sein aufzunehmen, was uns entgegenkommt. Zuletzt ist es auch heute schon Er selbst in allem. Das ist Trost!"

Angefochten war ihr Glaube vor allem auch deswegen, weil sie immer und immer wieder miterlebt hat, wie das Leiden und oft genug auch das Sterben epilepsiekranker Kinder in Kork die Angehörigen „mitgenommen" hat. Auch sie selbst war dann manchmal sprachlos, weil sie gespürt hat, dass jedes Wort falsche „Vertröstung" gewesen wäre. Sie konnte nur mitleiden in der Hoffnung, dass das ein wenig Trost bringt. Und sie konnte beten, ihr Herz vor Gott ausschütten. Gott ist im Leben des Glaubenden oft genug „wunderbares Geheimnis", aber es gibt auch Zeiten, in denen er zum unbegreiflichen und rätselhaften Gott wird, in dem er selbst fraglich wird. „Dennoch an Gott festhalten" (vgl. Ps 73, 23), sich dem stellen, sich auflehnen, das aushalten – daran zerbricht Glaube und wird neu geschenkt und wächst. Es ist und bleibt „erduldeter" Glaube. Viel später habe ich gelernt, dass das chinesische Schriftzeichen für Geduld aus zwei Komponenten besteht: dem für Herz und dem für Schwert. (Mit)leidend glauben, Gott erdulden – vielleicht wird da etwas deutlich von dem, was auch Jesus gelebt und in Gethsemane und auf Golgatha erduldet hat.

Ich erinnere mich gut, und sie hat immer wieder auch davon geschrieben, wie sie bei Vorträgen nach Worten gesucht hat, wie sie darum gerungen hat, das auszudrücken, was ihr wirklich am Herzen lag, und sie hat versucht, auch in dem, was sie sagt, authentisch zu sein. Ich denke, die Zuhörenden haben das gespürt, und in vielen Vorträgen sind alte, vertraute Worte ganz neu zum „Klingen" gekommen.

Einem ihrer Vorträge lag ein Gedicht zugrunde von einem/einer mir unbekannten Autor/Autorin, das sie mir einmal geschickt hat:

Gott spricht zu uns
Durch kleine Fingerzeige
Durch Botschaften
Im Alltagsalphabet
Durch Fügungen
Von irgendwo
Wie Zweige

Im Staube
Der Straße
Hergeweht

Authentisch glauben, dazu gehört auch, immer wieder neu hinzuhören, die Bereitschaft, ihn als gefunden immer neu zu suchen, neu zu entdecken und sich von ihm immer wieder neu finden zu lassen. 1990 schreibt Schwester Hanna: „Ich staune immer wieder, wie Gott einen beim Wickel nimmt, manchmal ist es unversehens, manchmal spürt man, dass Er sich auf was in mir vorbereitet. Aber beides ist gut und hilfreich und Zeichen, dass wir nicht verlassen sind."

Gott bereitet sich in uns auf etwas vor. Luther hat es so ausgedrückt: „Christsein liegt nicht im Sein, sondern im Werden." Auch Schwester Hanna hat sich als werdend erlebt. Ende 1990 schreibt sie: „Dass alles im Werden ist – auch heute bei uns – das geht mir auch auf. Und dass der Mensch immer im Werden ist, im Werden am Sein, das spüre ich. Wenn man 74 Jahre alt ist und noch erschüttert werden kann in den Tiefen seines Wesens, dann kann man nur staunen und es tapfer aushalten. Möchte der Kern halten." Und zwei Jahre später: „Es werden sicher noch mehr Stagnationen kommen, aber ich weiß ja, dass sie kommen, um eine neue Stufe vorzubereiten. Glaub' nur nicht, dass du einmal fertig bist! Die letzte wird aber alle anderen völlig in den Schatten stellen, das glaub' ich fest."

Ins Sterben einwilligen

Auch meine erste bewusste Begegnung mit dem Sterben hatte ich in Kork. Ich erinnere mich an Markus, der an einer seltenen und unheilbaren Nervenkrankheit litt und immer schwächer wurde. Die Ärzte haben irgendwann einmal gesagt, dass er nun nicht mehr hören und sehen kann. Und dennoch begann er zu lächeln, wenn ich ins Zimmer kam. Es gibt eine tiefere Verbindung zwischen Menschen als die, die über das Hören und Sehen hergestellt wird. Meinen letzten Spaziergang mit Markus im Rollstuhl habe ich über den Friedhof gemacht und ihm oder mir vorgelesen, was da auf den Grabsteinen stand: „In meines Vaters Haus sind viele Wohnungen." „Ich lebe, und ihr sollt auch leben". Ich weiß noch, wie traurig ich war, dass dieses Kind sterben sollte, und zugleich begann damals die Überzeugung in mir zu keimen, dass sich im Tod eine Tür öffnet und dass unser aller Leben in Gott verwandelt und aufgehoben wird. Dieser Glaube ist im Lauf der Jahre gewachsen. Zehn Jahre später hatte ich das

Glück, für einige Wochen im Sterbehaus der Schwestern der Nächstenliebe von Mutter Theresa in Kalkutta mitarbeiten zu dürfen. Jeden Morgen haben wir die Kranken gewaschen, und eines Tages ist einer der Männer, während ich ihn in den Armen hielt, gestorben. Wir haben ihn dann in den Raum gebracht, in dem die Toten aufbewahrt werden. An der Wand stand der einfache Satz: „Er ist auf dem Weg in den Himmel." Das Sterben dieses Mannes hat mich tief berührt. Das Letzte, was er gespürt hat, waren meine Arme, die ihn hielten, aber dies war nur ein kleiner Vorgeschmack auf das, was ihn nun erwartete.

Von all dem habe ich Schwester Hanna erzählt, und ohne dass wir darüber nochmals gesprochen hätten, war es bei unserer letzten Begegnung zwei Wochen vor ihrem Tod ganz lebendig. Sie hatte es nicht immer leicht gehabt die letzten Jahre ihres Lebens, mit sich nicht und nicht mit Gott. Sie hat gespürt, dass sie nicht mehr alles versteht und oft nicht sagen kann, was sie auf dem Herzen hat. Manchmal war sie auch einsam.

„Du quälst dich, gell?", so habe ich sie gefragt, und sie hat geantwortet: „Schrecklich." Und dann habe ich sie in den Arm genommen, und wir haben über das Sterben gesprochen und die Angst davor. Hinter uns stand eine Ikone, die sie sehr geliebt hat. Sie zeigt Christus, der dem Adam die Hand hinstreckt und ihm hilft, aus seinem Grab aufzu(er)stehen. Ob es so stimmt, weiß ich gar nicht, aber es hat „Bedeutung" – für mich war es immer die Karsamstagsikone, gewidmet dem Tag an dem Christus – „hinabgestiegen in das Reich der Toten" – die Auferstehung vorbereitet. Nicht aus mir selbst heraus habe ich ihr ganz einfach gesagt: „Es wird sich eine Tür öffnen, und da ist jemand und sagt zu dir, ach Hannele, da bist du ja". „Hannele" – so, habe ich dann erfahren, haben sie ihre Freundinnen gerufen. „Gott als Freundin, die uns sehnsüchtig erwartet" – ein wunderbarer Gedanke! Es hat mich nicht gewundert, dass sie dann am Karsamstag, in die Freude des Ostermorgens hinein, gestorben ist – eine Tür hat sich geöffnet.

Quellennachweis

1 Vgl. Verhandlungen der Landessynode von 1965 bis 1983.
2 So etwa auf dem Arbeitsdienstausweis von 1935. Privatbesitz Ursula Willauer.
3 Interview mit Schwester Helga Baum vom 26. März 2006.
4 Personalakte Alfred Barner, Nr. 4387, Landeskirchliches Archiv Karlsruhe.
5 Lebenslauf Hanna Barner vom 1. Dezember 1941. Personalakte Hanna Barner, Nr. 1930, Landeskirchliches Archiv Karlsruhe.
6 Siegfried Barner, geb. in Nonnenweier am 9. September 1911, gest. in Konstanz am 11. November 1927. Schriftliche Mitteilung von Ursula Willauer an den Verfasser vom 17. Mai 2006.
7 Eberhard Barner, geb. am 11. Juni 1915 in Nonnenweier, galt seit Januar 1945 als vermisst in Tschechien. Ebd.
8 Ursula Willauer, geb. Barner, geb. am 28. Juli 1919. Ebd.
9 Ruth Barner (3. April 1922 – 7. Oktober 1980). Ebd.
10 Lore Barner (23. September 1929 – 14. Juli 1982). Ebd.
11 Hanna Barner, Prägungen. Vortrag auf den Bezirksfrauentagen vom 27. u. 28. Januar 1991. Privatbesitz Schwester Dora Zimmermann.
12 Alfred Ludwig Barner, geb. in Karlsruhe am 27. September 1876, gest. in Konstanz am 8. November 1940 und auf eigenen Wunsch in Nonnenweier bestattet. Schriftliche Mitteilung von Ursula Willauer an den Verfasser vom 17. Mai 2006.
13 Anna Berta Minna Köllner, geb. in Stebbach am 3. September 1891, verh. in Köndringen am 26. Oktober 1910 mit Alfred Ludwig Barner, gest. in Kork am 5. Mai 1975. Ebd.
14 Wilhelm Köllner, geb. in Elberfeld am 14. August 1859, verh. am 28. April 1887 mit Anna, geb. Katz (1863 – 1947), gest. in Freiburg am 6. Juni 1930. Ebd.
15 Personalakte Alfred Barner, Nr. 4388, Landeskirchliches Archiv Karlsruhe.
15 Ebd.
17 Regine (Julie) Jolberg, geb. Zimmern, verw. Neustetel (30. Juni 1800 – 5. März 1870), stammte aus einer jüdischen Familie und trat am 18. September 1826 durch Taufe in die Evangelische Kirche ein. Sie ließ sich Julie taufen. Daten zur Mutterhausgeschichte, Archiv des Diakonissenhauses Nonnenweier.
18 Ebd.
19 Ebd.
20 Ebd.
21 So in Worms das Städtische Krankenhaus (1921), in Herrenalb die Marthaschule (1922), die Käthe-Luther-Schule (1923) und die Charlottenruhe (1924). Ebd.
22 Ebd.
23 Hanna Barner, Prägungen. A. a. O.
24 Ebd.
25 Interview mit Ursula Willauer vom 25. März 2006. Vgl. auch Lebenslauf Hanna Barner vom 1. Dezember 1941. Personalakte Hanna Barner, Nr. 1930, Landeskirchliches Archiv Karlsruhe.
26 Hanna Barner, Prägungen. A. a. O.
27 Dr. Wilhelm Angelberger, Ehemann von Lore Angelberger, war seit 1953 Mitglied und von 1959 bis 1984 Präsident der Landessynode der Evangelischen Kirche in Baden. Über die Jahre hinweg entstand ein inniges Verhältnis der Familie Angelberger zu Hanna und deren Schwester Ursula Willauer. In dem zitierten Brief beschreibt Ursula Willauer

den letzten Kontakt mit ihrer Schwester Hanna.
28 Andreas Barner, geb. in Korntal am 12. Februar 1835, verh. in Rhodt am 5. Juli 1866 mit Maria, geb. Meyer (28. August 1847 – 19. Juli 1913), gest. in Karlsruhe am 5. Mai 1910. Schriftliche Mitteilung von Ursula Willauer an den Verfasser vom 17. Mai 2006.
29 http://www.podium-wendel.de/Liefer-Programm/Auftrags-Produktionen/Orgel_ELG-01/orgel_elg-01.html.
30 Stammbaum Hanna Barner von Dr. Wolf Drescher.
31 Ebd.
32 Ebd.
33 Hanna Barner, Prägungen. A. a. O.
34 Interview mit Ursula Willauer vom 25. März 2006.
35 Personalakte Alfred Barner, Nr. 4388, Landeskirchliches Archiv Karlsruhe.
36 Interview mit Ursula Willauer vom 25. März 2006.
37 50 Jahre Höhere Mädchenschule Konstanz 1877 – 1927. Sonderdruck.
38 Hanna Barner, Prägungen. A. a. O.
39 Vgl. Personalakte Hanna Barner, Archiv der Diakonie Kork.
40 Interview mit Ursula Willauer vom 25. März 2006.
41 Interview mit Hans Bayer vom 7. April 2006.
42 Schriftliche Mitteilung von Ursula Willauer an den Verfasser vom 17. Mai 2006.
43 Interview mit Ursula Willauer vom 25. März 2006.
44 Lebenslauf Hanna Barner vom 1. Dezember 1941. Personalakte Hanna Barner, Nr. 1930, Landeskirchliches Archiv Karlsruhe. Zu den Mädchenbibelkreisen vgl. Jürgen Henkys, Bibelarbeit. Der Umgang mit der Heiligen Schrift in den evangelischen Jugendverbänden nach dem Ersten Weltkrieg. Hamburg 1966, S. 199 ff.
45 Lebenslauf Hanna Barner vom 1. Dezember 1941. Personalakte Hanna Barner, Nr. 1930, Landeskirchliches Archiv Karlsruhe. Zum Kontext vgl. Dieter Horst Toboll, Evangelische Jugendbewegung 1919 – 1933. Dargestellt an dem Bund Deutscher Jugendvereine und dem Christdeutschen Bund. Dissertation Bonn 1971.
46 Interview mit Ursula Willauer vom 25. März 2006.
47 Evangelisches Gesangbuch, Ausgabe für die Evangelische Landeskirche in Baden, Nr. 408.
48 Lebenslauf Hanna Barner vom 1. Dezember 1941. Personalakte Hanna Barner, Nr. 1930, Landeskirchliches Archiv Karlsruhe.
49 Vgl. auch die folgende Erinnerung von Hannas Schwester Ursula Willauer: „Hanna hat nach dem Abitur diesen freiwilligen Arbeitsdienst gemacht, da sie die Krankenpflegeausbildung noch nicht anfangen konnte. Diesen Arbeitsdienst gab es zu der Zeit noch, in meiner Zeit musste man vor dem Studium den Arbeitsdienst gemacht haben, da ich aber vorher geheiratet habe, blieb mir dieser erspart." (Interview mit Ursula Willauer vom 25. März 2006.)
50 Hanna Barner, Prägungen. A. a. O.
51 Ebd.
52 Vgl. Henning Köhler, Arbeitsdienst in Deutschland. Pläne und Verwirklichungsformen bis zur Einführung der

Arbeitsdienstpflicht im Jahre 1935. Dissertation Berlin 1967.
53 Vgl. Christian Illian, Der Evangelische Arbeitsdienst. Krisenprojekt zwischen Weimarer Demokratie und NS-Diktatur. Ein Beitrag zur Geschichte des Sozialen Protestantismus. Gütersloh 2005.
54 Vgl. Dagmar G. Morgan, Weiblicher Arbeitsdienst in Deutschland. Dissertation Mainz 1978, S. 46 ff.
55 Vgl. Christian Illian, Der Evangelische Arbeitsdienst. A. a. O., S. 155 ff.
56 Vgl. ebd., S. 158.
57 Dagmar G. Morgan, Weiblicher Arbeitsdienst in Deutschland. A. a. O., S. 51.
58 Vgl. ebd., S. 135 ff.; Gisela Miller, Erziehung durch den Reichsarbeitsdienst für die weibliche Jugend (RADwJ). Ein Beitrag zur Aufklärung nationalsozialistischer Erziehungsideologie. In: Manfred Heinemann (Hg.), Erziehung und Schulung im Dritten Reich. Teil 2: Hochschule, Erwachsenenbildung. Stuttgart 1980, S. 170 – 193.
59 Lore Kleiber, „Wo ihr seid, da soll die Sonne scheinen" – Der Frauenarbeitsdienst am Ende der Weimarer Republik und im Nationalsozialismus. In: Frauengruppe Faschismusforschung, Mutterkreuz und Arbeitsbuch. Zur Geschichte der Frauen in der Weimarer Republik und im Nationalsozialismus. Frankfurt am Main 1981, S. 188 – 214. Hier: S. 203 ff.
60 Vgl. die propagandistische Abbildung in: Maruta Schmidt/Gabi Dietz (Hg.), Frauen unterm Hakenkreuz. Eine Dokumentation. München 1985, S. 44. (Dort auch weitere propagandistische Abbildungen aus dem Lagerleben und der Arbeit auf den Siedlungshöfen.)

61 Elisabeth Siegel, Dafür und dagegen. Ein Leben für die Sozialpädagogik. Stuttgart 1981, S. 97 ff.
62 Wolfgang Benz, Vom Freiwilligen Arbeitsdienst zur Arbeitsdienstpflicht. In: Vierteljahrshefte für Zeitgeschichte 16 (1968), S. 317 – 346. Hier: S. 343.
63 Gisela Miller, Erziehung durch den Reichsarbeitsdienst für die weibliche Jugend (RADwJ). A. a. O., S. 178.
64 Arbeitsdienstzeugnis Nr. 3314/Pommern (Abschrift). Privatbesitz Ursula Willauer.
65 Interview mit Ursula Willauer vom 25. März 2006.
66 Hanna Barner, Prägungen. A. a. O.
67 Interview mit Ruth Bauer vom 26. März 2006.
68 Brief von Ursula Willauer vom 28. Mai 2006 an den Verfasser.
69 Interview mit Oberkirchenrat i. R. Dieter Oloff vom 8. April 2006.
70 Vgl. hierzu und zum Folgenden die einschlägigen Dokumente in: Personalakte Alfred Barner, Nr. 4387, Landeskirchliches Archiv Karlsruhe.
71 Personalakte Alfred Barner, Nr. 4388, Landeskirchliches Archiv Karlsruhe.
72 Vgl. Matthias Riemenschneider, Die Geschichte der kirchlich-positiven Vereinigung in Baden. In: Hermann Erbacher (Hg.), Beiträge zur kirchlichen Zeitgeschichte der Evangelischen Landeskirche in Baden. Karlsruhe 1989, S. 1 – 89.
73 Vgl. Adolf Hasenclever, Hundert Jahre Protestantismus 1807 – 1907. Festschrift zur Feier des hundertjährigen Jubiläums der evangel. Gemeinde in Freiburg i. Br. Freiburg 1907, S. 212 ff.
74 Brief von Oberkirchenratspräsident Albert Helbing an Alfred Barner vom

21. November 1907. Personalakte Alfred Barner, Nr. 4387, Landeskirchliches Archiv Karlsruhe.
75 Vgl. Adolf Hasenclever, Hundert Jahre Protestantismus 1807 – 1907. A. a. O., S. 271 ff.
76 Ebd., S. 264.
77 Daniel Schenkel, Das Charakterbild Jesu. Nach den biblischen Urkunden wissenschaftlich untersucht und dargestellt. Wiesbaden 1864.
78 Alfred Barner, Visitationsabschiedspredigt am 4. Oktober 1925 zu Nonnenweier. Personalakte Alfred Barner, Nr. 4387, Landeskirchliches Archiv Karlsruhe.
79 Vgl. Jörg Thierfelder, Die badische Landeskirche in der Zeit des Nationalsozialismus – Anpassen und Widerstehen. In: Die Evangelische Landeskirche im „Dritten Reich", Bd. VI, hg. von Gerhard Schwinge, Karlsruhe 2005, S. 287 – 366. Hier: S. 293 f. u. 300 ff.
80 Alfred Barner, Visitationsabschiedspredigt am 4. Oktober 1925 zu Nonnenweier. Personalakte Alfred Barner, Nr. 4387, Landeskirchliches Archiv Karlsruhe.
81 Predigt anlässlich der Kirchenvisitation am 25. September 1932 über den Text 2. Mose, 32, 30 – 34. Personalakte Alfred Barner, Nr. 4387, Landeskirchliches Archiv Karlsruhe.
82 Julius Walter Wolfgang Kühlewein (1873 – 1948) war verheiratet mit Elsa Barner (1874 – 1921), der Schwester von Alfred Barner. Schriftliche Mitteilung von Ursula Willauer an den Verfasser vom 17. Mai 2006.
83 Zit. n. Jörg Thierfelder, Die badische Landeskirche in der Zeit des Nationalsozialismus – Anpassen und Widerstehen. A. a. O., S. 311.
84 Ebd., S. 313 ff.
85 Ebd., S. 324 ff.
86 Ebd., S. 326 f.
87 Schreiben von Pfarrer Alfred Barner an Landesbischof Julius Kühlewein vom 7. November 1934. In: Die Evangelische Landeskirche in Baden im „Dritten Reich", Bd. III, hg. von Hermann Rückleben u. Hermann Erbacher, Karlsruhe 1995, S. 301.
88 Schreiben von Pfarrer Heinrich Sauerhöfer an Reichskirchenminister Hanns Kerrl vom 30. Oktober 1935. In: Die Evangelische Landeskirche in Baden im „Dritten Reich", Bd. IV, hg. von Gerhard Schwinge, Karlsruhe 2003, S. 45 f.
89 Vgl. Jörg Thierfelder, Die badische Landeskirche in der Zeit des Nationalsozialismus – Anpassen und Widerstehen. A. a. O., S. 332 ff.
90 Schreiben von Pfarrer Alfred Barner an den Evangelischen Oberkirchenrat vom 28. April 1934. In: Die Evangelische Landeskirche in Baden im „Dritten Reich", Band III. A. a. O., S. 352 f.
91 Hanna Barner, Prägungen. A. a. O.
92 Lebenslauf Hanna Barner vom 1. Dezember 1941. Personalakte Hanna Barner, Nr. 1930, Landeskirchliches Archiv Karlsruhe.
93 http://www.mlk-berlin.de/profil/geschichte.html
94 Zum Diakonieverein als Alternative zur Mutterhausdiakonie vgl. Liselotte Katscher, Krankenpflege und „Drittes

Reich". Der Weg der Schwesternschaft des Evangelischen Diakonievereins 1933 – 1939. Reutlingen ²1994, S. 16 ff.; Jutta Schmidt, Beruf: Schwester. Mutterhausdiakonie im 19. Jahrhundert. Frankfurt am Main 1998, S. 228 ff.
95 Zit. n. Lutz Drescher, „... dass der Mensch immer im Werden ist." Prägungen durch Schwester Hanna. (Vgl. Anhang.)
96 http://www.mlk-berlin.de/profil/geschichte.html
97 Hanna Barner, Prägungen. A. a. O.
98 Interview mit Traudel Müller am 25. März 2006.
99 Hanna Barner, Prägungen. A. a. O.
100 Zeugnis, ausgestellt am 3. Januar 1941 zur Bewerbung an der Evangelisch-Sozialen Frauenschule in Freiburg. Personalakte Hanna Barner, Nr. 1930, Landeskirchliches Archiv Karlsruhe.
101 Personalakte Alfred Barner, Nr. 4387, Landeskirchliches Archiv Karlsruhe.
102 Vgl. Hans Ulrich Nübel, Die Frauenschule 1918 – 1955. In: Ders. (Hg.), Frauen, Fenster, Wege, Aktivitäten. Zum 70-jährigen Bestehen der Fachhochschule für Sozialwesen, Religionspädagogik und Gemeindediakonie der Evangelischen Landeskirche in Baden. Freiburg 1988, S. 1 – 11: Hier: S. 1.
103 Ebd., S. 2.
104 Ebd., S. 3.
105 Brief von Freifrau von Marschall an Oberkirchenrat Karl Ludwig Bender vom 27. Januar 1934. In: Die Evangelische Landeskirche in Baden im „Dritten Reich", Bd. III. A. a. O., S. 757.
106 Schreiben des Evangelischen Frauenverbandes für Innere Mission in Baden an Landesbischof Julius Kühlewein vom 12. August 1933. Ebd., S. 747.
107 Vgl. Hans Ulrich Nübel, Die Frauenschule 1918 – 1955. A. a. O., S. 4 ff.
108 Julie Schenck, Begrüßungsansprache zum Frauenschultag 1938. In: Nachrichten aus der Evangelisch-Sozialen Frauenschule Freiburg, Nr. 15, Advent 1938, S. 7 – 9. Hier: S. 9.
109 Julie Schenck, Liebe Schülerinnen. In: Nachrichten aus der Evangelisch-Sozialen Frauenschule Freiburg, Nr. 18, Advent 1941, S. 1.
110 Hanna Barner, Prägungen. A. a. O.
111 Interview mit Elsbeth Bühler vom 15. Mai 2006.
112 Hanna Barner, Prägungen. A. a. O.
113 Personalakte Hanna Barner, Nr. 1930, Landeskirchliches Archiv Karlsruhe.
114 Ebd.
115 Archiv der Evangelischen Fachhochschule Freiburg.
116 Personalakte Hanna Barner, Nr. 1930, Landeskirchliches Archiv Karlsruhe.
117 Die Evangelische Landeskirche in Baden im „Dritten Reich", Bd. VI. A. a. O., S. 19.
118 Brief von Pfarrer Eugen Speck an Pfarrer Karl Dürr vom 18. September 1933. In: Die Evangelische Landeskirche in Baden im „Dritten Reich", Bd. II, hg. von Hermann Rückleben u. Hermann Erbacher, Karlsruhe 1992, S. 335 f.
119 Vgl. Liste der Geistlichen, die den Hirtenbrief mit der „Erklärung" gelesen haben. In: Die Evangelische Landeskirche in Baden im „Dritten Reich", Bd. III. A. a. O., S. 199.

120 Personalakte Eugen Speck, Nr. 5208, Landeskirchliches Archiv Karlsruhe.
121 Ebd.
122 Ebd.
123 Interview mit Elsbeth Bühler vom 15. Mai 2006.
124 Ebd.
125 Personalakte Eugen Speck, Nr. 5208, Landeskirchliches Archiv Karlsruhe.
126 Personalakte Hanna Barner, Nr. 1930, Landeskirchliches Archiv Karlsruhe.
127 Interview mit Ursula Willauer vom 25. März 2006.
128 Ernst Willauer, Das Problem der theologischen Anthropologie bei Karl Barth. Bonn 1935.
129 Julius Bender war von 1946 bis 1964 Landesbischof.
130 Zur Geschichte der Einrichtung vgl. Udo Beenken, 50 Jahre Evangelische Internatsschule – eine Wegbeschreibung. In: http://www.schloss-gaienhofen.de/aktuelles/downloads.
131 Schreiben von Hanna Barner an Landesbischof Julius Bender vom 14. Juli 1946. Personalakte Hanna Barner, Nr. 1930, Landeskirchliches Archiv Karlsruhe.
132 Daten zur Mutterhausgeschichte, Archiv des Diakonissenhauses Nonnenweier.
133 Brief von Landesbischof Julius Bender an Hanna Barner vom 18. Juli 1946. Personalakte Hanna Barner, Nr. 1930, Landeskirchliches Archiv Karlsruhe.
134 Das geht aus dem Antwortschreiben Rosts hervor. Vgl. Brief von Oberkirchenrat Gustav Rost an Hanna Barner vom 3. Oktober 1946. Personalakte Hanna Barner, Nr. 1930, Landeskirchliches Archiv Karlsruhe.
135 Brief von Oberkirchenrat Gustav Rost an Anna Barner vom 1. Juli 1947.
136 Personalakte Hanna Barner, Nr. 1930, Landeskirchliches Archiv Karlsruhe.
137 Julie Schenck, Liebe Freunde! In: Nachrichten aus der Evangelisch-Sozialen Frauenschule Freiburg, Advent 1941, S. 2 – 4. Hier: S. 2.
138 Ebd., S. 4.
139 Julie Schenck, Liebe Freunde! In: Nachrichten aus der Evangelisch-Sozialen Frauenschule Freiburg, Advent 1951, S. 1 – 2. Hier: S. 2.
140 Eva Deeg/Annegret Hauß, Streiflichter 1952. In: Nachrichten aus der Evangelisch-Sozialen Frauenschule Freiburg, Advent 1952, S. 4 – 5. Hier: S. 5.
141 Oberin Elisabeth Grüninger (4. September 1893 – 14. Juli 1968) war eine geborene Wiederkehr, Tochter des ersten Anstaltsleiters, Kirchenrat Heinrich Wiederkehr. Vgl. Maria Heinsius, 70 Jahre Korker Anstalten 1892 – 1962. Kork 1962, S. 30. (Selbstverlag)
142 Berthold Kühlewein war Mitglied im Verwaltungsrat der Korker Anstalten seit dem 30. Oktober 1946 und Vorsitzender des Gremiums vom 26. Juli 1948 bis 10. Dezember 1967. Direktionsakte Diakonie Kork.
143 Personalakte Hanna Barner, Archiv der Diakonie Kork.
144 Personalakte Hanna Barner, Nr. 1930, Landeskirchliches Archiv Karlsruhe.
145 Anmeldung bei der Ortspolizei und Eintritt in das Werk erfolgten am 15. Oktober 1951. Personalakte Hanna Barner, Archiv der Diakonie Kork.
146 Personalakte Hanna Barner, Nr. 1930, Landeskirchliches Archiv Karlsruhe.

147 Vgl. Maria Heinsius, 70 Jahre Korker Anstalten 1892 – 1962. A. a. O., S. 9, 15 u. 20.
148 Ebd., S. 25.
149 Ebd., S. 35.
150 Zur Besonderheit der Korker Schwesternschaft vgl. Ilse Wolfsdorff, Was ihr getan habt ... In: Dies./Joachim Walter (Hg.), Was ihr getan habt ... 100 Jahre Korker Schwesternschaft. Lahr 2005, S. 11 – 51. Hier: S. 14 ff.
151 Vgl. zum Folgenden Maria Heinsius, 70 Jahre Korker Anstalten 1892 – 1962. A. a. O., S. 45 ff.
152 Vgl. ebd., S. 14.
153 Vgl. ebd., S. 27.
154 Vgl. ebd., S. 36 ff.; Ilse Wolfsdorff, Was ihr getan habt ... A. a. O., S. 38 ff.
155 Vgl. Jörg Thierfelder, Gustav Adolf Meerwein. Leben und Wirken. Kehl 2006, S. 24 ff. u. 50.
156 Hanna Barner, Prägungen. A. a. O.
157 Interview mit Dr. Eberhard Kittel vom 25. März 2006.
158 Ansprache von Schwester Eva-Maria Hänsch am 20. November 2004 zur Umbenennung des Schwesternsaales in Johanna-Barner-Saal.
159 Interview mit Dr. Eberhard Kittel vom 25. März 2006.
160 Ansprache von Schwester Eva-Maria Hänsch am 20. November 2004 zur Umbenennung des Schwesternsaales in Johanna-Barner-Saal.
161 Personalakte Hanna Barner, Archiv der Diakonie Kork.
162 Interview mit Schwester Helga Baum vom 26. März 2006.
163 Interview mit Schwester Irmtraud Schellenberg vom 26. März 2006.
164 Schriftliche Mitteilung von Schwester Dora Zimmermann an den Verfasser vom 26. September 2006.
165 Erich Schick, Der Engel von Morcote. Basel 1942.
166 Verfasser/-in unbekannt.
167 Zu Erich Schick vgl. http://www.bautz.de/bbkl/s/s1/schick_e.shtml http://www.brockhaus-interaktiv.net/theologischebe/3_06.htm
168 Erich Schick, Begegnungen mit dem Vorbild. Von Lebenskrisen und Lebenswende. Basel ^{2}1948.
169 Erich Schick, Vom Segnen. Stuttgart ^{8}1955.
170 Erich Schick, Schwesterndienst als Seelsorge. Ein Wort des Dankes und der Ermutigung. Hamburg 1956.
171 Erich Schick, Sei ein Nächster! Eine Besinnung über die Geschichte vom barmherzigen Samariter. Hamburg 1957.
172 Erich Schick, Schwesterndienst als Seelsorge. A. a. O., S. 5.
173 Gudrun Geiger hatte das erste Examen vor der Pfälzer Landeskirche abgelegt und verfügte über eine einjährige Vikarserfahrung in Germersheim, bevor sie die weitere Ausbildung zur Pfarrerin wegen ihrer Heirat aufgab.
174 Interview mit Schwester Dora Zimmermann vom 24. März 2006.
175 Ebd.
176 Ebd.
177 Ebd.
178 Korker Anstalten (Hg.), Unsere Kapelle. Kork o. J.
179 Schreiben von Schwester Eva-Maria Hänsch an den Autor vom 24. April 2006.
180 „Ausweis zur Ausübung der Gemeinde-

pflege" von Elvira Homberger, 30. September 1975 (Privatbesitz).
181 Interview mit Elvira Homberger vom 23. März 2006.
182 http://de.wikipedia.org/wiki/Florence_Nightingale.
183 Paul Rupprecht, Die Krankenpflege im Frieden und im Kriege. Leipzig ⁶1908, S. 1 f.
184 Arbeitsgemeinschaft Deutscher Schwesternverbände (Hg.), Die Pflege des kranken Menschen. Lehrbuch für Krankenpflegeschulen. Stuttgart 1958, Vorwort.
185 Ebd., S. 610.
186 Interview mit Elsbeth Bühler vom 15. Mai 2006.
187 Verhandlungen der Landessynode der Evangelischen Landeskirche in Baden. Ordentliche Tagung vom April 1970, Dritte Sitzung, S. 92.
188 Erich Schick, Schwesterndienst als Seelsorge. A. a. O., S. 40.
189 Interview mit Susanne Ewald vom 12. Mai 2006.
190 Ebd.
191 Ebd.
192 Verhandlungen der Landessynode der Evangelischen Landeskirche in Baden. Ordentliche Tagung vom 17. bis 22. April 1977, Fünfte Sitzung, S. 169.
193 Ansgar Matthes, Entstehungsgeschichte der Neuropädiatrischen Klinik. In: Epilepsiezentrum Kork – Korker Anstalten (Hg.), Neuropädiatrische Klinik Kork 1967 – 1974. Sonderdruck 1974, S. 6 – 9. Hier: S. 7.
194 Martin Geiger, Vorwort. Ebd., S. 5.
195 Prof. Dr. Ansgar Matthes war von 1966 bis 1985 und Prof. Dr. Rolf Kruse von 1968 bis 1993 Chefarzt in der Neuropädiatrie. In der Zeit von 1928 bis 1966 waren die Bewohner/-innen von Dr. Heinrich Wiederkehr, einem Bruder der Oberin Elisabeth Grüninger, betreut worden.
196 Ansgar Matthes, Entstehungsgeschichte der Neuropädiatrischen Klinik. Ebd., S. 8 f.
197 Martin Geiger, Ein heilsames Nebeneinander. In: Die Schwester 7 (1968), H. 9, S. 3. (Heute nennt sich diese Fachzeitschrift übrigens „Die Schwester Der Pfleger".)
198 Die Korker Anstalten. Ebd., S. 4 – 11.
199 Zur Eröffnung der Heilerziehungsschule vgl. Schreiben des Regierungspräsidiums Südbaden vom 10. März 1971. Archiv der Diakonie Kork.
200 Schreiben von Landesbischof Wolfgang Heidland an Hanna Barner vom 11. Februar 1966. Personalakte Hanna Barner, Archiv der Diakonie Kork.
201 Schreiben von Hanna Barner an Landesbischof Wolfgang Heidland vom 15. Februar 1966. Personalakte Hanna Barner, Archiv der Diakonie Kork.
202 Interview mit Oberkirchenrat i. R. Dieter Oloff vom 8. April 2006.
203 Verhandlungen der Landessynode der Evangelischen Landeskirche in Baden. Ordentliche Tagung vom April 1966, Vierte Sitzung, S. 89.
204 Hanna Barner, Die Schwesternschaft der Korker Anstalten, S. 11 – 12.
205 Ebd.
206 Helene Bärfacker, 8. Juni 1905 – 13. Januar 2001. Personalakte Helene Bärfacker, Archiv der Diakonie Kork.
207 Schreiben von Hanna Barner an

Dr. Hindelang und Pfarrer Martin Geiger vom 9. April 1978. Archiv der Diakonie Kork.
208 Brief von Hanna Barner an Pfarrer Martin Geiger vom 22. u. 23. Juli 1978. Archiv der Diakonie Kork.
209 Hans Bayer war von 1972 bis 1996 Landessynodaler der Evangelischen Kirche in Baden, darunter von 1984 bis 1996 Präsident der Landessynode.
210 Schreiben von Hans Bayer an den Verfasser vom 16. April 2006.
211 Verhandlungen der Landessynode der Evangelischen Landeskirche in Baden, Ordentliche Tagung vom 9. bis 14. November 1980, S. 19 – 70.
212 Interview mit Lore Angelberger vom 18. April 2006.
213 Verhandlungen der Landessynode, Zweite außerordentliche Tagung am 9./10. Oktober 1980.
214 Ebd.
215 Schreiben von Pfarrer Martin Geiger an die Korker Schwestern neuer Prägung und die Schwestern Helga Baum, Dora Zimmermann und Elsbeth Weber vom 25. September 1981. Generalakte Diakonie Kork.
216 Brief von Helga Veitel an Pfarrer Martin Geiger vom 4. Oktober 1981. Ebd.
217 Brief von Pfarrer Martin Geiger an Helga Veitel vom 15. Oktober 1981. Ebd.
218 Stellungnahme der Schwesternschaft vom 1. Oktober 1981. Ebd.
219 Ebd.
220 Schreiben von Hanna Barner an den Verwaltungsrat der Korker Anstalten vom 2. Oktober 1981. Personalakte Hanna Barner, Archiv der Diakonie Kork.
221 Ergebnisprotokoll über das Gespräch des vom Verwaltungsrat eingesetzten Ausschusses zur Frage der Nachfolge von Schwester Hanna Barner – am 16. April 1982, 15.30 bis 19.00 Uhr in Karlsruhe (Kopie). Generalakte Diakonie Kork.
222 Brief von Schwester Hanna Barner an Schwester Erdmute Fritz vom 19. April 1982. Privatbesitz Schwester Erdmute Fritz.
223 Brief von Schwester Hanna Barner an die Schwestern vom „Mittwoch-Kreis" vom 14. November 1982. Privatbesitz Schwester Erdmute Fritz.
224 Zit. n. Ilse Wolfsdorff, Was ihr getan habt … A. a. O., S. 15 – 17.
225 Ilse Wolfsdorff, Was ihr getan habt … A. a. O., S. 17.
226 Entwurf zu einer Lebensordnung zur Ergänzung der Satzungen des Korker Schwesternverbandes. Privatbesitz Schwester Erdmute Fritz.
227 Entwurf einer Satzung der Schwesternschaften der Korker Anstalten vom 8./9. Oktober 1969. Privatbesitz Schwester Erdmute Fritz.
228 Protokoll vom Studientag am 30. Oktober 1976 bei Schwester Brigitte in Neumühl. Privatbesitz Schwester Erdmute Fritz.
229 Brief von Schwester Hanna Barner an die Schwestern vom „Mittwoch-Kreis" vom 15. Januar 1983. Privatbesitz Schwester Erdmute Fritz.
230 Mitteilung von Hanna Barner und Pfarrer Martin Geiger vom 23. November 1983. Archiv der Diakonie Kork.
231 Personalakte Hanna Barner, Archiv der Diakonie Kork.

232 Brief von Dora Zimmermann an den Verfasser vom 26. September 2006.
233 Festgottesdienst am 18. März 1984 in der evangelischen Dorfkirche zu Kork, gehalten von Landesbischof Prof. Dr. Klaus Engelhardt. Archiv der Diakonie Kork.
234 Personalakte Hanna Barner, Archiv der Diakonie Kork.
235 Direktionsakte Diakonie Kork.
236 Personalakte Hanna Barner, Archiv der Diakonie Kork.
237 Interview mit Christine Drescher vom 25. März 2006.
238 Brief von Hans-Wolfgang Heidland an Hanna Barner vom 4. November 1986. Nachlass Hanna Barner.
239 Personalakte Hanna Barner, Archiv der Diakonie Kork.
240 Ebd.
241 Ebd.
242 Interview mit Lutz Drescher vom 5. April 2006.
243 Ebd.
244 Nickelblättchen, Mitteilungen der Korker Anstalten, Dezember 1967, Nr. 4, S. 6.
245 Landesbischof Dr. Ulrich Fischer, Nachruf Hanna Barner. Personalakte Hanna Barner, Nr. 1930, Landeskirchliches Archiv Karlsruhe.
246 Präsidentin der Landessynode Margit Fleckenstein, Nachruf Hanna Barner. Verhandlungen der Landessynode der Evangelischen Landeskirche in Baden, Ordentliche Tagung vom 19. Oktober bis 23. Oktober 2003, S. 7.

Bildnachweis

Bild 1, 44, 46, 50, 51, 56, 78, 83
Privatbesitz Dora Zimmermann

Bild 2, 9, 10, 15, 16, 17, 18, 19,
21, 23, 25, 28, 29, 64, 77, 87
Privatbesitz Ursula Willauer

Bild 4, 6, 7, 8, 12, 20, 22, 27, 41,
42, 45, 47, 55, 60, 61, 63, 65, 72,
74, 75, 76, 82, 84, 86, 88, 89
Privatbesitz Michael Ehmann

Bild 3, 5, 13, 14
Archiv des Diakonissenhauses
in Nonnenweier

Bild 11, 31 – 40, 43, 48, 49, 52, 62
Bildarchiv der Diakonie Kork

Bild 24
Privatbesitz Elsbeth Bühler

Bild 26
Bildarchiv der Evangelischen
Fachhochschule in Freiburg

Bild 30
Privatbesitz Martin Meerwein

Bild 53, 54
Privatbesitz Elvira Homberger

Bild 57 – 59
Nachdruck aus „Die Schwester"
aus dem Jahr 1968

Bild 66
Privatbesitz Stefan Geiger

Bild 67 – 70
Privatbesitz Hans Bayer

Bild 73
Privatbesitz Lore Angelberger

Bild 79 – 81
Privatbesitz Christine Drescher

Bild 85
Privatbesitz Susanne Ewald

Namens- und Ortsregister

Adelsheim von 116
Angelberger Lore 117, 119, 180
Angelberger Wilhelm 115, 116, 172
Bärfacker Helene 108, 109, 179
Barner Alfred Ludwig (Vater) 7, 8, 10, 28 – 36, 40, 41, 52, 83, 157, 172 – 176
Barner Andreas (Großvater) 14, 16, 173
Barner Anna Berta Minna, geb. Köllner (Mutter) 7, 8, 110, 172
Barner Barbara (Schwester) 9
Barner Eberhard (Bruder) 7, 9, 13, 21, 53, 54, 172
Barner Maria, geb. Meyer (Großmutter) 172
Barner Ruth (Schwester) 7, 9, 18, 54, 109, 110, 172
Barner Siegfried (Bruder) 7, 9, 20, 21, 172
Barth Karl 54, 177
Bastian Friedrich 56
Bauer Ruth 4, 27, 29
Baum Helga 4, 108, 109, 119, 121, 129, 172, 178, 180
Bayer Erika 113, 115
Bayer Hans 21, 114, 115, 173, 180
Beenken Udo 177
Bender Julius 54, 56, 177
Bender Karl Ludwig 176
Benz Wolfgang 174
Berlin 3, 36 – 41, 78
Böcklin von Böcklinsau Ruprecht Baron 10
Bohner Marie 4
Bornhäuser Prälat 116
Buck 57
Bühler Elsbeth, geb. Dick 42, 45, 46, 176, 179
Bühler Vikar 51, 52
Buschbeck 116
Dannhäuser Rosa 4
Dietz Gabi 174
Drescher Christine (Nichte) 141, 142, 181
Drescher Jan (Großneffe) 141, 142

Drescher Lore, geb. Barner (Schwester) 9, 54, 122, 172
Drescher Lutz (Neffe) 3, 151, 152, 163, 176, 181
Drescher Madeleine (Großnichte) 141
Drescher Wolf (Schwager) 173
Drescher Wolfram (Neffe) 152
Dungern Freiin Helene von 42
Dürr Karl 48
Engelhardt Klaus 133 – 138, 181
Enzmann Emi 120, 122
Erbacher Hermann 175, 176
Ernst Magdalena „Lenchen" 4
Ewald Susanne 100 – 102, 148 – 150, 179
Fischer Ulrich 3, 160, 181
Fleckenstein Margit 3, 161, 181
Fliedner Theodor 127
Franz Helga 4, 109, 129
Freiburg 3, 42 – 47, 57 – 59, 130, 133 – 144
Friedlaender 116
Friedrich 122
Friedrich I. Großherzog von Baden 16
Fritz Bertha 4
Fritz Erdmute 123, 180
Fritzsche Gerhard 162
Fürst Mathilde 73
Geiger Gudrun 90, 178
Geiger Martin 90, 92, 103, 104, 106, 109 – 112, 119, 121 – 123, 132, 133, 139, 145, 179, 180
Gersbach 20
Gliniars Elise 4
Grafeneck 77
Gräßle Martha 4
Groß Luise 4
Grüninger Elisabeth, geb. Wiederkehr 60, 77 – 79, 91, 133, 177, 179
Grünwalde 25, 27
Hänsch Eva-Maria 81, 94, 145, 178

Namens- und Ortsregister

Hasenclever Adolf 28, 30, 174, 175
Heidland Wolfgang 105, 142, 144, 145, 179, 181
Helbing Albert 174
Heinemann Manfred 174
Heinsius Maria 177, 178
Heusser Anneliese 4
Hindelang 110, 122, 180
Hirrlinger 122
Hitler Adolf 33
Hof Otto 45
Höflin Ida 10, 11, 14
Holbein der Jüngere Hans 16
Holtz Christa, geb. Willauer (Nichte) 54
Homberger Elvira 93, 94, 179
Hüllstrung-Meerwein 140
Illian Christian 174
Im Thurn Karoline 10
Jaudas Martha 4
Jolberg Regine (Julie) 10
Kamm Frieda 4
Kast Martha 4
Katscher Liselotte 175
Kattermann Philipp 44
Kempf Katharina „Käthe" 4
Kiefer Hilda 4
Kittel Eberhard 78, 80, 178
Kleiber Lore 174
Kluge Kurt 153
Köhler Henning 173
Köllner Anna, geb. Katz (Großmutter) 172
Köllner Wilhelm (Großvater) 172
Konstanz 3, 18 – 22, 41
Kork 3, 5, 22, 60 – 133
Köslin 24
Kruse Rolf 104
Kühlewein Berthold (Cousin) 57, 60, 65, 157, 177
Kühlewein Elsa, geb. Barner (Tante) 42, 175

Kühlewein Julius Walter Wolfgang (Onkel) 33, 34, 42, 57, 175, 176
Lahusen Christian 22
Laut Lore 42
Levinson Landesrabbiner 116
Lingner Lina 37, 39, 91
Mannheim 3, 48 – 52
Marschall zu Bieberstein Marie von 42, 44, 58
Matthes Ansgar 103, 104, 179
Mayer 145
Mechtersheimer Martha 42
Meerwein Gustav Adolf 60 – 73, 77, 78, 90, 92, 157
Meerwein Julie 71
Meyer-Kulenkampff 42
Mez Karl 31
Michel 133
Miller Gisela 174
Mono Jakob Friedrich 52
Morgan Dagmar G. 174
Moser Hedwig 4
Moser Marie 12, 14, 23
Müller Marianne 4, 91
Müller Traudel 40, 176
Nagel Emma 4
Niemöller Martin 48
Nightingale Florence 95
Nohl Herman 24
Noll Lydia 4
Nonnenweier 3, 9 – 18, 22, 40, 73
Nübel Hans Ulrich 176
Oberried Amalie, geb. Zscheggenbürlin 16
Oberried Hans 16
Oloff Dieter 27, 105, 107, 179
Paskert 122
Pötzsch Arno 22
Radolfzell 3, 52 – 57
Rein 116

Rendtorff 116
Ritter 122
Rosenfeld Oberkantor 116
Rost Gustav 48, 57, 58, 65, 177
Rost Liselotte, geb. Kattermann 42, 44, 57, 58
Rückleben Hermann 175, 176
Rummelsburg 27
Ruska 65
Sauerhöfer Heinrich 34, 35, 175
Sauter Karoline „Lina" 4
Schellenberg Irmtraud 84, 85, 178
Schenck Julie 42, 44, 45, 57, 59, 62, 65, 176
Schenkel Daniel 31, 175
Schick Dora 89
Schick Erich 86, 89, 100, 178, 179
Schmidt Maruta 174
Schwinge Gerhard 175
Seebaß 116
Senges Hermann 52, 54, 55
Siegel Elisabeth 25, 174
Sigmann Pauline 42
Speck Eugen 48, 52, 176, 177
Spittler Klara 4
Stegemann 116
Stockmar Dorothea, geb. Willauer (Nichte) 54

Ströhlein 116
Thierfelder Jörg 175, 178
Übelacker 116
Varchmin 25, 27
Veitel Helga 118, 121, 180
Viebahn Alexander von 25
Wahrer Luise 13, 14, 22, 36, 70
Walter Joachim 3, 156, 160, 178
Weber Elsbeth 4, 109, 119, 121, 129, 180
Weinhold Gertrud 4
Wendtland 116
Wiederkehr Heinrich (sen.) 177
Wiederkehr Heinrich (jun.) 179
Wiesenthal Simon 119
Willaredt Elise 4
Willauer Ernst (Schwager) 54, 177
Willauer Ursula, geb. Barner (Schwester) 7, 9, 15, 16, 18, 21, 42, 54, 123, 141, 156, 172 – 175, 177
Wolfsdorff Ilse 3, 127, 133, 138, 145, 160, 161, 178, 180
Ziegler Johanna 4
Zimmermann Dora 4, 9, 14, 86, 87, 91, 99, 109, 119, 121, 123, 129, 133, 152, 178, 180, 181

Zeittafel

1916	7. November: geboren in Nonnenweier Vater: Alfred Ludwig Barner (1876 – 1940), Pfarrer Mutter: Anna Berta Minna, geb. Köllner (1891 – 1975) 6 Geschwister: Siegfried (1911 – 1927), Eberhard (1915 – 1945), Ursula (1919), Barbara (1919 – 1919), Ruth (1922 – 1980), Lore (1929 – 1982)
1922 – 1925	Volksschule Nonnenweier
1926 – 1935	Höhere Mädchenschule Konstanz
1935	Freiwilliger Arbeitsdienst: bis zum 30. Juni im Umschulungslager Grünwalde, Kreis Rummelsburg, danach, vom 1. Juli bis zum 23. Oktober Einsatz in der Siedlungsgruppe Varchmin, Kreis Köslin
1936 – 1938	Ausbildung zur Krankenschwester am Martin-Luther-Krankenhaus in Berlin und Eintritt in die Jungschwesternschaft des Evangelischen Diakonievereins, Berlin-Zehlendorf
1941 – 1942	Verkürzte Ausbildung zur Gemeindehelferin an der Evangelisch-Sozialen Frauenschule in Freiburg
1942 – 1944	Gemeindehelferin an der Markuskirche in Mannheim bei Pfarrer Eugen Speck
1944 – 1947	Gemeindehelferin in Radolfzell bei Pfarrer Hermann Senges
1947 – 1949	Gemeindehelferin an der Christuskirche in Freiburg bei Pfarrer Berthold Kühlewein
1949 – 1951	Heimleiterin an der Evangelisch-Sozialen Frauenschule in Freiburg
1951	15. Oktober: Dienstantritt als Probemeisterin und Lehrschwester in den Korker Anstalten
1952	2. Juni: Einsegnung zur Diakonisse
1964	12. April: Amtseinführung als Oberin der Korker Anstalten
1966	Mitglied in der Landessynode (bis 1984) und des Landeskirchenrates (bis 1972) der Evangelischen Landeskirche in Baden
1969	13. September: Die neue Brosche der Schwesternschaft wird den Korker Schwestern überreicht. Am 14. September treten 10 Frauen der Schwesternschaft neuer Prägung bei, 4 Probeschwestern werden als Diakonissen eingesegnet.

1973	4. November: Drei Frauen treten der Schwesternschaft neuer Prägung bei
1984	18. März: Verabschiedung als Oberin durch Landesbischof Prof. Dr. Klaus Engelhardt
1984	8. Februar: Umzug in das Diakonissenmutterhaus in Freiburg
1988	7. Juni: Rückkehr nach Kork in das Feierabendhaus der Korker Schwestern
2003	19. April: Schwester Hanna Barner stirbt in den frühen Morgenstunden des Karsamstags.